Karl Gollmick

Auto-Biographie

Karl Gollmick

Auto-Biographie

ISBN/EAN: 9783742898258

Hergestellt in Europa, USA, Kanada, Australien, Japan

Cover: Foto ©ninafisch / pixelio.de

Manufactured and distributed by brebook publishing software
(www.brebook.com)

Karl Gollmick

Auto-Biographie

Auto-Biographie

von

Carl Gollmick.

Nebst einigen Momenten

aus der

Geschichte des Frankfurter Theaters.

Frankfurt am Main.

Druck und Verlag von C. Adelmann.

1866.

„Geboren … in … " litt … Stellen
Gebränkt in Sorgens Nothgä. Stun …..
Verwandle sie in Freuen Willen
und löthlich wird die unglich …

Namensverzeichniß der geehrten Subscribenten.

(Nach alphabetischer Ordnung.)

Herr Abel, J., Frankfurt.
„ Achten, F., Frankfurt.
„ Abelmann. E., Frankfurt.
„ Aguilar, Emanuel, London.
„ André, E. A., Frankfurt.
„ André, Julius, Frankfurt.
„ Appum, Georg, Tonkünstler und Orgelbauer, Hanau.
„ Arndt, Siegm., Frankfurt.
„ Askenasy, Georg, v., Frankf.
„ Auerbach, Dr S. J., Frankf.
„ Baumann, E. E., Frankfrt.
„ Beer, Fr., Frankfurt
„ Becker, Kammersgr., Darmst.
„ Belli-Seufferheld, Frankfrt.
„ Bendzintti, Frankfurt
„ Benele, Geh. Med. Rath, Marburg.
„ Beyschlag, E. Louis, Frankf.
„ Blumenthal, Jos. Leop., Frkf.
„ Böhm, Val., Frankfurt.
„ Brand, Th. Carl, Frankfurt.
„ Brandt, Carl, Maschinenmeister, Darmstadt.

Frau Brandt, S , Frankfurt.
Herr Braungardt, Frankfurt.
„ Brenner, Georg, Hanau.
„ Buhl, A., Frankfurt.
„ Buschinsky, A., Nauheim.
„ Butterweck, Regiss., Darmst.
„ Buzzi, H., Frankfurt.
„ Camozzi, J. B., Frankfurt.
Frau Capitain-(Haase) Elise, Heidelberg.
„ Christ, E H , Wwe., Frankf.
Herr Christen, Ab., München.
„ Conrad, E., Frankfurt.
„ Cramolini, Gr. Oberregisseur, Darmstadt.
„ Creiznach, Ignatz, Frankfrt.
„ Cuhn, B. W., Frankfurt.
„ Dahn, München.
Frau Dahn-Hausmann, Marie, München.
Herr Dancker-Voltz, E , Frankf.
„ Degen, Conrad, Frankfurt.
„ Deines, A., Hanau.
„ Deines, Gurt, jun., Hanau.

IV

Frl. Deinet, Anna, München.
Herr Deinet, Julius, Frankfurt.
  „ Derenburg, J., Frankfurt.
  „ Dietz, F. W., Frankfurt.
Frau Dilthey, Frankfurt.
Frl. Dilthey, Charlotte, Hanau.
Herr Donbork, B., Frankfurt.
  „ Drescher, Dr. J. E., Frankf.
  „ Du Mont, Jerome, Frankf.
  „ Eliason, H., Frankfurt.
  „ Ellinger, Philipp, Frankfrt.
  „ Ellissen, Philipp, Frankfurt.
  „ Essen, J., von, Frankfurt.
  „ Esser, Heinrich, Wien.
  „ Falk, F., Frankfurt.
  „ Farnbacher, G., Frankfurt.
  „ Fertsch, Eduard, Frankfurt.
  „ Fester, Dr. jur, Frankfurt.
  „ Fichtmüller, Ferd., Frankf.
  „ Frank, J., Frankfurt.
  „ Frank, S., Frankfurt.
  „ Fresenius, August, Frankf.
  „ Freyeisen, Frd., Frankfurt.
  „ Fuchs, G., Frankfurt.
  „ Fues, Carl, Otto, Hanau.
Frl. Gaa, Auguste, Frankfurt.
Herr Geisow, Dr., Frankfurt.
  „ Geisow, Heinrich, Frankfrt.
  „ Gellert, Ludwig, Frankfurt.
  „ Goldschmidt, L. S., Frankf.
  „ Goldschmidt, M.S., Frankf.
  „ Gollnick, Adolph, London.
  „ Goltermann, G., Frankfurt.
  „ Grote, A, Frankfurt.
Frl. Grün, Fr., Hofopernsängerin, Kassel.

Herr Gutermann, Conné, Frkft.
Frl. Gutermann, Frieder., Schottland.
Herr Gutermann, Prof, Frankf.
  „ Haas, David, Frankfurt.
  „ Haas, David, Frankfurt.
  „ Hachenburger, Leopold, Frkft.
  „ Häußgen, Georg, Frankfrt.
  „ Hammerschmidt, Matthäus, Frankfurt.
Frl. Happel, Elise und Sophie, Frankfurt.
Herr Hassel, P. C., Frankfurt.
  „ Hauff, Joh. Christ., Frankf.
  „ Haupt, Moritz, Moskau.
  „ Hecht, Eduard, Manchester.
  „ Hecht, Heinrich, Frankfurt.
  „ Heerdt, J. B., Major a. D. Frankfurt.
  „ Heinrich, H. S., München.
  „ Henkel, H., Frankfurt.
  „ Hermann, Alex., Frankfurt.
  „ Herrmann, Raimund, Frkft.
  „ Heroux, Franz, Frankfurt.
  „ Herz, Franz, München.
  „ Herzig, J., Frankfurt.
  „ Hill, Wilhelm, Frankfurt.
  „ Hörster, H., Frankfurt.
  „ Hoffmann, Balletmeister, Darmstadt.
  „ Hofmann, Sekr., Frankfurt.
  „ Hoppe, Georg, Sekr. der K. Hannov. Gesandtschaft.
  „ Horr, G., Frankfurt.
  „ Jekel, Oberlehrer, Frankfurt.
  „ Jung, H. L., Frankfurt.

Herr Kaminski, von, Frankfurt.
„ Kindermann, Aug., München.
„ Kitz, Wilh., Frankfurt.
„ Klotz, Carl, Frankfurt.
„ Koch, Wilhelm, Frankfurt.
„ Krebs, Carl, Buchhändler, Aschaffenburg.
„ Krepp, Friedr., Frankfurt.
„ Krepp, Georg, Frankfurt.
Frau Küster, Baronin, L., Petersb.
Frl. Labitzky, Frankfurt.
Herr Lachner, Franz, General-Hofkapellmeister, München.
„ Lachner, J., Frankfurt.
„ Lachner, Vincenz, Hofkapellmeister, Mannheim.
„ Lang, Ferd., München.
„ Lebrün, Albert, Frankfurt.
„ Lehrberger, J., Frankfurt.
„ Leuchs, Ferdinand, Frankf.
„ Leykam, C., Frankfurt.
„ Lichtenstein, Leopold, Frankf.
Frau Liechtenstein, Fürstin Sophie, Ofen.
Herr Liebmann, E., Frankfurt.
„ Liebel, J., Post-Cassirer, Frankfurt.
„ Löhr, J., Frankfurt.
„ ☐ zur aufgehenden Morgenröthe, Frankfurt.
„ ☐ zum Frankfurter Adler.
„ Lorié, G., Frankfurt.
„ Löwe, Fedor, Stuttgart.
„ Löwe, Friedrich, Kronberg.
„ Löwe, Dr. Julius, Frankfurt.
„ Lutz, Wm., Frankfurt.

Herr Marx, Carl, Auditor, Aschaffenburg.
„ Mauß, Aug., Frankfurt.
„ Mehling, Joseph, Staatsanwalt, Aschaffenburg.
„ Meister, Jost, Frankfurt.
Frl. Merton, Mathilde, Frankfrt.
Herr Merton, Ralph, Frankfurt.
„ Merton, Ludwig, Frankfurt.
„ Mertz, E., Obergerichtsrath, Hanau.
„ Metz, Hauptmann, Frankf.
„ Metzger, H., Frankfurt.
Mohr, Geschw., Frankfurt.
Herr Muck, Dr. J., Musikdirektor, Würzburg.
„ Müller, August, Hof-Concertmeister, Darmstadt.
Frau Müller, von, Hofschauspielerin, Darmstadt.
Herr Mumm, Carl, Frankfurt.
„ Nachbauer, Gastsp., Darmst.
Frl. Narz, Dora, Frankfurt.
Frau Neubrunner, Doris, Kronberg.
Herr Neumann, Frankfurt.
„ Neumann, Edmund, Kapellmeister, Nauheim.
„ Niemann, Aug., München.
„ Noetel, Philipp, Garderobe-Inspektor, Darmstadt.
„ Oeser, Rudolph, Baden-Bad.
„ Olff, Carl, Frankfurt.
„ Offenbach, Christian, Frankf.
„ Pasqué, G. Ernst, Hoftheater-Oekon.-Insp., Darmst.

Frau Peschka-Leutner, Hofsängerin,
  Darmstadt.
Herr Petri, J. P., Frankfurt.
  „ Pichler, Carl, Frankfurt.
Frau Pilgram-Diel, M., Butzbach.
Herr Pirazzi, Joseph, Offenb. a. M.
  „ Possart, Ernst, München.
  „ Rau, Georg, Frankfurt.
  „ Rau, Heribert, Frankfurt.
  „ Rauch, J. N., Frankfurt.
  „ Reinganum, E., Frankfurt.
  „ Reinganum, Dr. Paul, Frkft.
  „ Reiß, Carl, Kurf. Hofkapell-
    meister, Kassel.
  „ Reutlinger, J. Ph., Frankf.
  „ Richter, F. H., Frankfurt.
  „ Richter, Heinrich, München.
  „ Ripps, Dr., Frankfurt.
  „ Roll, Anton, Frankfurt.
  „ Ruppert, Louis, Meisenheim.
  „ Rüthling, Bernh., München.
  „ Saul, Friedr., Frankfurt.
  „ Scarisbrick, C., Hanau.
  „ Scarisbrick, Wm, Hanau.
Frl. Schäffner, Karoline, Paris.
  „ Schäffner, Mina, Dortmund.
Herr Schäfer, B., Frankfurt.
  „ Schelhaas, Friedrich, Ober-
    laufungen.
  „ Scherer, C., Frankfurt.
  „ Schlegel, J, Frankfurt.
  „ Schlemmer, Dr, Frankfurt.
  „ Schloß, S., Frankfurt.
  „ Schlösser, Hofkapellmeister,
    Darmstadt.
  „ Schmitt, Dr., Aloys, Frankf.

Frau Schmitt, Dr., A., Frankfurt.
Herr Schneider, Emil, Frankfurt.
  „ Schnepf, F., Frankfurt.
  „ Schoch, J., Frankfurt.
  „ Schölles, Peter, Frankfurt.
  „ Schömbs, Heinr., Frankfurt.
  „ Schönfeld, Ernst, Hanau.
  „ Schwager, J Ph., Frankfrt.
  „ Schwahn, Friedrich, Frankf.
  „ Schweitzer, Senator, von,
    Frankfurt.
Frl. Seibt, Sophie, Frankfurt.
Herr Seifert, Eduard, Frankfurt
  „ Sentzner, Carl, Frankfu.
  „ Siebert, J., Frankfurt.
  „ Siebentopf, C., Frankfurt
  „ Sigl, Ed., München.
  „ Söhner, Chr., Frankfurt.
  „ Speier, Wm, Frankfurt.
Frau Spohr, General-Musikdirek-
    tors Ww., Kassel.
Herr Sponsel, J., Hanau.
  „ Stahl, Hofkammerrath, Lim-
    burg a. d. L.
  „ Stamm, G. A., Frankfu
  „ Steinheuer, Carl, Hanau
  „ Stiehle, Adolph, Frankfurt
  „ Stilgebauer, O. u G., Frkft.
Frl. Stöger, Hofsängerin, Darm-
    stadt.
Herr Stotz, Otto, Frankfurt.
  „ Strauß, Adolph, Frankfrt.
  „ Strauß, H. S., Frankfurt.
  „ Sulzer, C., Theaterdirektor,
    Frankfurt.
  „ Suppus, Anton, Frankfurt.

Tausend, Carl, Frankfurt.
Tomschitz, Ernst, München.
Tomschitz, Joseph, Liverpool.
Trapp, Carl, Hofopernsänger, Darmstadt.
Trost, O., Frankfurt.
Valentin, Frankfurt.
Vieuxtemps, Henri, Frankft.
Voigt, Dr., Frankfurt.
Vollmer, Ph., Frankfurt.
Wachsmann, Kapellmeister, Frankfurt.
Wackendorff, Dr. med., H., Frankfurt
Wagener, E., Frankfurt.
Wagener, C. Herrm., Frkft.
Wagener, J. Carl, Oberpostamts-Secretär, Frankfurt.

Herr Wagener-Renner, H., Frkft.
„ Wallenstein, M., Frankfurt.
„ Waltz, A., Hanau.
„ Waltz, Joseph, Hanau
„ Wartensee, Schnyder, von, Frankfurt.
„ Weins, W., Musikdirektor, Hanau.
„ Weishaupt, Anton, Hanau.
„ Weishaupt, H., Hanau.
„ Welker, E., Frankfurt.
„ Werner, Franz, Frankfurt.
„ Wiegand, Frankfurt.
„ Winkelmann, J., Frankfurt.
„ Wolff, Friedr. Wilh, Frkft.
„ Wolff, H, Frankfurt.
Frau Wurster, Henriette, Frankft.

Inhalts-Verzeichniß.

Erster Theil.

Verzeichniß der verschiedenen Theaterphasen

zur Erleichterung des Auffindens.

Erster Theil.

Zweiter Theil.

Dritter Theil.

Errata.

Ludwig Spohr's erste Gattin war eine geb. Scheidler, nicht Schindler. Deren Töchter hießen Emilie und Ida. Siehe 1. Theil, Artikel L. Spohr.

Der Preis für die bei Schott herausgegebene deutsche Uebersetzung meiner „Regimentstochter" betrug 50, nicht 30 Gulden.

Zur Einleitung.

Bis zu welcher Reife auch meine künstlerischen Bestrebungen gediehen sein mögen, so kann hier nicht von wichtigen äußeren Resultaten, sondern nur von einem inneren psychologischen Entwicklungsgang die Rede sein. Nicht also der Gelehrte, oder Virtuose will sich hier geltend machen, sondern dem Empiriker, der durch gute und selbst böse Beispiele warnen und nützen möchte, sei es gestattet hier mit Bescheidenheit aufzutreten. Nur, indem ich nach A n d e r e n schaute, wurde mir der Begriff einer S e l b s t s c h a u möglich, und wenn ich meinen Blick tiefer nach innen kehre und in Bezug auf mein früheres Urtheil rekapitulire, sichte und läutere so viel ich vermag, wenn ich in meinen Ansichten und Arbeiten gleichsam eine Wiedertaufe antrete, so dürfte

1

die Benennung Selbstkritik ebenfalls als gerechtfertigt erscheinen.

Auf diese beiden Dinge wünschte ich also die Aufmerksamkeit meiner Leser besonders gelenkt zu wissen.

Da mich die Inkonsequenzen meiner ganzen Erziehung nicht
zu der, Eines aus dem Andern sich entwickelnden Ruhe und Ordnung kommen lassen, mit welcher eine solche Aufgabe gelöst werden muß, und wie meine wenigen Talente einem geistigen Wan-
derleben gleichen, nicht einem solchen, das sich etwa durch Reisen
ausgebildet hätte — dafür sorgt schon der Fluch des stereotypen
Orchesterdienstes — sondern das sich wie ein gepeitschter Kreisel
mit leidenschaftlicher Hast auf einer Stelle bewegt, so ist es eben
kein Wunder, wenn auch die Darstellungsweise dieses Werks der
nöthigen Ruhe und Einheit entbehrt.

Dennoch aber habe ich mich eines Vortheils zu erfreuen, den
nicht Allzuviele meiner Leidensgefährten mit mir gemein haben
mögen, denn, wenn mich auch keine Sturm- und Drangfahrten
nach allen Windrosen zusteuern ließen, um Berühmtheiten aufzusuchen, so hatte ich's desto bequemer..., die Berühmtheiten
kamen hierher, und theilweise — ich darf mich dessen rühmen,
wohl auch ein wenig zu mir. Mögen mich nachsichtsvolle Freunde
vielseitig nennen, so zöge ich doch statt der ewig sich zersplittern-
den Kräfte in meinen Wirkungskreisen, ein allmählig, aber um so
sicherer zum Ziele führendes Prinzip vor. Da mir nun das Schicksal diese Gunst versagt hat, muß ich mich um so mehr bemühen,

in den häufigen Sprüngen von einem Gegenstand zum andere
die nöthige Klarheit in so viele bunte Bilder einen Zusammen=
hang zu bringen. Vor allem machte mir die Form zu schaffen.
Ein Erschöpfen der einzelnen Kapitel, worin ich mein Buch ein=
theilte, mit dem Vorbehalt nach Gutdünken rückschreiten und wie=
der anknüpfen zu dürfen, schien mir für diese Form tauglich, und
es soll mich freuen, wenn es mir einigermaßen gelungen, sie be=
wahrt zu haben.

Ein kleines Gleichniß möge dieses anschaulicher machen: ich
stellte mir nemlich unter einer solchen größeren Phase einen schiff=
baren Fluß vor an dessen Ufern Städtchen, Dörfer, Wälder,
Wiesen und Blumen der verschiedensten Gattungen, gefällige,
stattliche oder auch düstere Ansichten gewähren. Je nachdem sich
der Fluß ausdehnt und Krümmungen macht, laufen auf beiden
Seiten die Nebenerscheinungen nebeneinander und münden in
demselben Bette. So wird Großes und Kleines mit einander ge=
boren, wächst und schwindet, ohne daß hoffentlich meine Mitthei=
lungen an Verständniß verlieren. Hätte ich mich darin betrogen,
so mögen meine werthen Leser mir des schwierigen Arguments
wegen vergeben.

Was meinen Styl betrifft, so halte ich mich an das Wort
jenes berühmten Franzosen »le style c'est l'homme« und glaube
ich Alles damit gesagt zu haben. Doch sei mir hier noch eine
Randglosse erlaubt. Ich hatte mich leider schon während meiner
ersten schriftstellerischen Versuche daran gewöhnt, häufig Rund=

1*

fragen bei den Gelehrten zu machen, und ließ dieselben hie und da wohl auch Einsicht in meine Manustripte thun. Nun, wer am Wege steht, dem fehlt es nie an Rathgebern, deßhalb wollte es jeder am Besten wissen, so daß mich meine eigenen Erfahrungen im Stich lassen wollten, und ich zuletzt ganz irre an mir selbst wurde. Jeder wußte etwas anderes, dieser lobte was jener tadelte, und so umgekehrt; jener strich mir ohne weiteres ganze Sätze aus, ein Anderer machte Anhängsel daran. Am ärgsten aber wühlten die allmächtigen Herren Recensenten in mein armes Fleisch und Blut, und schon träumte mir von der Brüderschaft eines gewissen lydischen Königs, Midas genannt. Dieser Gefahr zu entgehen ermannte ich mich endlich, war so frei, frei sein zu wollen, und meine späteren Opuscula zu lassen, wie sie anfangs waren. Und also bin ich auch mit meiner Selbstschau verfahren. Ich wollte unkorrigirt ich, selbst in meinen Fehlern ich selbst sein, und kein anderer. Wenigstens hoffe ich mir dadurch den Vortheil der Selbstständigkeit, ja vielleicht einiger Originalität zu bewahren, um welchen Preis mir die gestrenge Presse vergeben mag, wenn mein Styl nicht gerade klassisch genannt wird.

Mein Tagebuch das ich vom Jahr 1816 bis zum August 1853 mit pedantischer Gewissenhaftigkeit geführt habe, der intime Umgang mit geistigen Autoritäten, die daraus resultirenden Briefe und sonstigen Citate, dürften mir bei meiner Arbeit nicht unerhebliche Dienste leisten.

Vielleicht wird meine Biographie hie und da getadelt, weil sie sich länger als wohl sonst üblich ist mit meinen Jugenderinnerungen beschäftigt. Wenn aber meine Leser bedenken wollen, daß in diesen kleinen Quellen meine besseren Empfindungen sich bildeten, daß mit unserem großen Dichter gesprochen, oft ein tiefer Sinn im kindischen Spiel liegt, und daß die geniale Unschuld dieser Kinderwelt, die ein glücklicher Instinkt mich aufsuchen und finden lehrte, mich vor vielem Uebel schützte, so dürfte bei diesem Theil meiner Skizzen gerade ein sehr ernster Geist wehen, und ich deshalb einige Entschuldigung verdienen.

Ich fürchte daher nicht, daß ich versäumt hätte in meiner langen Lehrzeit nicht auch in Kleinigkeiten (wenn es überhaupt Kleinigkeiten giebt) nützliche Erfahrungen in Anwendung gebracht zu haben. Was meine theatralische Wirksamkeit bei hiesigem Orchester betrifft, so kann es nicht fehlen, daß, da ich in einem Zeitraum von 42 Jahren wichtige und nichtige Punkte berühren muß, sich nach und nach gleichsam eine Statistik des hiesigen Theaters entwickelt. Den Zeitpunkt dieser Statistik zu wählen, die als selbstverständlich nicht in einem einzigen Rahmen zu fassen, sondern sprungweise abzufassen ist, mag der Gelegenheit überlassen bleiben. Dadurch endlich, daß ich diese Skizzen als Buch und vor meinem Tode herauszugeben gedenke (d. h. wenn mir Feind Hain keinen Strich durch die Rechnung macht) hoffe ich jene Freiheit der Mittheilungen zu gewinnen, die für Journalartikel nicht wohl zulässig wären. Auch erfreue ich mich zweier Vortheile dabei, erstens

daß mir dieser freiere und gleichsam vertrautere Styl meine Ar=
beit erleichtert — das Recht zu verschweigen wo es die Diskretion erfordert bleibt mir ja auf jeden Fall — und zweitens, daß
ich die Satisfaktion habe, mir, wie der alte Comthur es that:
„noch bei Lebzeiten ein Monument setzen zu lassen."

Mein Vater.

Wie sich aus dem Keime die Zweige bis zum Stamme entwickeln, so sei auch hier zuerst meines Vaters gedacht, dessen Grundcharakterzüge sich in dem Sohn so seltsam abspiegeln, daß ich vielleicht sein Doppelgänger geworden wäre, wenn es im Plane der Schöpfung gelegen hätte solche Wesen zu schaffen.

Leider habe ich versäumt die Schicksale dieses seltenen Mannes aufzuzeichnen, und bin somit um den Vortheil gekommen, die Erfahrungen eines so reich begabten Künstlerlebens, so wie die so vieler berühmten Zeitgenossen nützlich zu verbreiten. Ich werde es ewig bereuen.

Das Wenige, was ich hier wiederzugeben im Stande bin, schrieb ich erst nach dem Absterben des Seligen aus dem Gedächtnisse nieder, und gebe ich diese Skizzen aus der Kölnischen Zeitung hiermit wörtlich abgedruckt wieder.

In den meisten Städten Preußens und Sachsens befanden sich im vorigen und vorvorigen Jahrhundert bei den Schulen Singchöre, die unter der Aufsicht eines Kantors zur Aufführung von Kirchenmusik bestimmt waren. Die Absicht ihrer Errichtung war ganz vortrefflich, und der Nutzen derselben mehrere Jahrhunderte hindurch sowohl für die Kirchenmusik als für die wissenschaftliche Bildung und das Fortkommen junger Leute, die nicht reich genug waren sich auf eigene Kosten den Schulunterricht zu verschaffen, unverkennbar. Durch Hülfe dieser Singchöre sind seit der Reformation Männer in großer Anzahl ge-

bildet worden, die dem Staate und der Kirche große Ehre ge=
macht haben, und sich ohne eine solche Einrichtung wohl nie aus
ihrer Armuth zu Kenntnissen und Würden emporgehoben hätten.

Da nur wenige Kirchen reich genug waren, um sich ihre
Sänger auf eigene Kosten zu erhalten, so griffen die Bürger
wohlthätig an, die entweder an ihrem Singen auf der Straße
Vergnügen fanden, oder einsahen daß die Dienste die ihr Ge=
sang der Kirche leistete, Aufmunterung verdiente. Sie gaben sol=
chen Schülern wöchentliche Freitische, oder auch ein bestimmtes
Taschengeld, um sich anderwärts zu beköstigen; sie betrachteten
sie wohl auch als ihre Hausgenossen, wogegen jene die Lehrer
ihrer Kinder wurden, und nahmen überhaupt väterlichen Antheil
an allem, was ihr zukünftiges Wohl fördern konnte. Eine solche
Stelle wurde Hospitium genannt. Der große Nutzen dieser Sing=
chöre kann mithin nicht in Zweifel gezogen werden. Ohne sie
hätte in den meisten Städten die Kirchenmusik eingehen, ohne
sie hätte mancher Jüngling von den vortrefflichsten Anlagen un=
ausgebildet bleiben müssen. Ohne sie würde das Studium der
Vokal=Musik in Verfall gerathen sein, weil sie die eigentlichen
Pflanzschulen bildeten, worin nicht nur alle Kantoren und Kir=
chensänger, sondern sogar großentheils auch die Kapell= und
Opernsänger an großen Höfen erzogen worden sind. Ohne sie
endlich würde sich selbst der Choralgesang verschlechtert haben,
weil sie es waren, welche die Art und Weise seines Vortrages
in das Gedächtniß der Zuhörer eingeprägt haben.

Aus einem solchen Singchore, wenn wir nicht irren, der
St.=Thomasschule in Berlin angehörend, ging auch der junge
Gollmick (der Sohn eines Hautboisten im preußischen Regimente
von Arnim, geboren zu Berlin am 27. September 1774) her=
vor und erregte durch den feinen Geschmack seines Vortrags,

sowie durch eine äußerst gefällige Gestalt eine allgemeine Aufmerksamkeit. Noch in seinem späten Alter sagte er oft: „Ich habe der Ehren viel genossen und der Triumphe als Sänger manche gefeiert; aber mit dem reinsten Vergnügen gedenke ich jener Zeiten, in welchen ich mit meinem Mantel und dreieckigen Hut Motetten, vierstimmige Fugen, Kantaten und figurirte Choräle von Händel, Bach, Graun, Hasse, Naumann und Scarlatti vor den Häusern auf der Straße absang. Viel habe ich später noch bei meinem Lehrer Rhigini gelernt, aber die ersten Fundamente des Gesanges, Bildung des Gehörs, Treffen der Noten, und vor allen Dingen den Sinn für gute Musik habe ich mir doch auf meinen Sängerfahrten in den Straßen von Berlin erworben." Wie im Leben so oft ein Zufall entscheidend in die Waage fällt, so auch hier. Der preußische General Graf von Schwerin fand nämlich ein solches Wohlgefallen an dem Gesange, wie an den artigen Manieren des jungen Schülers, der so oft vor seiner Thüre sang, daß er ihn mit Bewilligung von dessen Eltern in sein Haus aufnahm, ihn wie einen Sohn erzog, mit auf Reisen nahm und ihm später gleichsam als seinen Kabinetssekretair sein ganzes Vertrauen zuwandte. Da starb der edle Graf, wodurch der so glänzend begonnenen Laufbahn des Jünglings plötzlich eine Schranke gesetzt wurde. Dieser Tod und die durch soviel Gunst erweckte Eifersucht der Hinterbliebenen müßte ihn in eine hülflose Lage gebracht haben, wenn ihn seine in diesem Hause erworbenen Kenntnisse nicht davor geschützt hätten. Dazu kam seine Hinneigung zur bramatischen Kunst, welche durch die Bildung des Gesanges und durch die häufige Gelegenheit, die große Oper zu besuchen, reichliche Nahrung fand.

Das vielbewegte Künstlerleben eines Mimen nach allen Richtungen hin zu verfolgen und damit eine Charakteristik seiner großen Zeitgenossen zu verbinden, worunter ein Schröder, Iffland, Fleck hervorragen, mit welchen er persönlich verkehrte, ja, selbst einen Rückblick auf die Regierung Friedrichs des Zweiten und die große französische Revolution und deren Rückwirkung auf die deutsche Kunst zu werfen, dies alles wäre die würdige Aufgabe dieser Biographie. Leider aber findet sich in den hinterlassenen Papieren des Dahingeschiedenen nichts, was eine solche Arbeit begünstigte, und wir können uns nur auf die Absicht beschränken, Gollmicks Namen, welcher in den Jahren 1792 bis 1822 als Sänger nicht minder gefeiert wurde, als später ein Cramolini, Wild, Tichatschek und Andere, der Vergessenheit zu entreißen.

Eine kleine einschaltende Notiz erlaube ich mir hier durch die Ergänzung einiger Namen aus meines Vaters Zeit, welche die Kölner Zeitung nicht erwähnt: z. B. Bork, Zuccarini, Berger, Bamberger, Krosel, Solbrig, Wohlbrück, Renner, Seebach, Sontag, Lay, Beck, Enders, Warm. Das Schauspiel betreffend, die damals im Cours stehenden Dramen eines Babo, Vogel, Rautenstrauch, Ziegler de la Motte, Holbein, Kurländer, Lebrun, Zschokke, Th. Körner u. A. (ohne die Kotzebue-Periode, Schillers Dramen und die Schröder-Iffland'sche Schule). In der Oper excellirten damals nebst der Wenzel-Müller-Kauer-Dittersdorf-Periode und Mozart's Werke: Cherubini, Mehul, Gretri, Weigl, Cimarosa, Fioravanti, Benda, Martini, Wranitzky, Winter, Paer d'Alayrac und Andere.

Nach des Grafen Schwerin Tode erblicken wir den kaum neunzehnjährigen Jüngling bei der Bossan'schen Truppe in Dessau, bei welcher er die Funktionen des Statisten verrichten, Stühle setzen und Briefe austragen mußte, ehe er noch den

Mund zu einer kleinen Rede oder einem Solo öffnen durfte. Damals mußte sich der Mime noch aus sich selbst entwickeln und von der Pike auf dienen. Aus diesem System sind wenigstens die größten Männer hervorgegangen, und wir haben jetzt tägliche Beispiele, auf welchen lockeren Boden die Ueberschreitung dieses Systems unsere jetzigen Bühnen-Anstalten gesetzt hat!

So trieb der junge Zweig bald Knospe, Blüthe und Frucht, und in seinem einundzwanzigsten Jahre, damals schon verheirathet mit der Tochter aus einem adeligen Geschlechte, war er schon die Zierde des Hamburger Theaters, welches in den neunziger Jahren unter der Direktion des großen Schröder zu den Musterbühnen Deutschlands gehörte. Aus seiner Ehe waren mehrere Kinder entsprossen, wovon jetzt noch sein ältester Sohn gleichen Namens, als Tonkünstler und Schriftsteller wohlbekannt, sich in Frankfurt a. M. schon im Jahre 1817 niedergelassen hat und noch in bester Wirksamkeit lebt. Zu jener Zeit, wo das Saatfeld der Künste und Wissenschaften so volle Aehren trug und der Reichthum an Talenten, nicht aber der Mangel daran zu hohen Stufen beförderte, war es noch ein Verdienst, seinen Namen geltend zu machen. Demnach erregte der junge Sänger die Aufmerksamkeit der deutschen Bühnen, und von nun an war sein Leben eine ewige Wanderschaft, und es dürfte keine bedeutende Stadt in unserm Vaterlande geben, wo er nicht gesungen und Epoche gemacht hätte. Namentlich waren es die Theater zu Hessen-Kassel (woselbst er unter König Jerome die Opern-Regie führte), Würzburg (wo eine Lindner die Blüthe ihrer Kunst entfaltete) und die Städte am Rhein, Düsseldorf, Koblenz und Köln, wo sein Gesang unter der Direktion eines Böhm und Bilau einen Enthusiasmus hervorrief, wie ihn nur immer unsere heutigen Koryphäen erringen können.

Was diesen Sänger in seiner Blüthezeit auszeichnete, war nicht allein der Schmelz seiner Tenorstimme, die zu Herzen bringende Anmuth seines Vortrages, die Korrektheit der italienischen Schule und des Trillers, denn wenn er gestern in der Parthie eines Sargin, Belmonte, Blondel oder Achilles seine Zuhörer hinriß, zog er heute nicht weniger als Klingsberg oder Odoardo (Emilie Galotti) an, um morgen wieder die Lachmuskeln als Peter in Menschenhaß und Reue zu erregen; er blies als Tamino mit derselben Virtuosität sein Flöten-Solo, wie er als Herr von Gerstenfeld in den Schwestern von Prag seinen Bogen führte. Nicht minder waren es die feineren französischen Spielopern, welche gleichsam aus der Revolution hervorgegangen, z. B. Khalif von Bagdad, Adolph und Klara, Maison à vendre, La folie, der Deserteur u. s. w., worin er auch auf dem französischen Theater zu Napoleons-Höhe (selbst in der Originalsprache) oft in Zweifel stellte, daß er ein Deutscher war, wie man in der That oft Ursache hatte, an der Identität jener Person zu zweifeln. Solche Vielseitigkeit, — wie denn damals überhaupt die Oper durch das schöne Spiel der Sänger zugleich auf einer dramatschen Höhe stand, war aber zu jener Zeit nichts Außerordentliches und wurde deshalb nicht für phänomenhaft gehalten. Um nur ein paar Beispiele anzuführen, so spielte Madame S c h i c k, erste Sängerin am königlichen Nationaltheater zu Berlin, zugleich das Anstandsfach im Schauspiel: Lady Milford in Cabale und Liebe u. s. w. Die berühmte B e t h m a n n - U n z e l m a n n erschien als Lady Macbeth, Franziska in Minna v. Barnhelm, Fanchon und Constanze in der Entführung; G e r n, der Vater, war erster Bassist und spielte zugleich auch erste Liebhaber im Schauspiel. L e i s r i n g in Frankfurt und T h ü r n a g e l in Mannheim sind ebenfalls solche Beispiele doppelter Verwendbarkeit. Besonders bemerkenswerth scheint uns, daß Gollmick's beste Wirksamkeit zwischen die untergehende Sonne eines Eckhof und die aufgehende eines Esslair fiel. Von des jungen Sängers wachsendem Rufe angezogen, folgte sein jüngerer Bruder Wilhelm ebenfalls Thaliens Banner und excellirte in tiefen Baßparthien, obgleich er bei Weitem kein so ausgebildeter Musiker war. Noch jetzt leben Theaterfreunde, welche sich mit Lust der Zeit erinnern, wo die beiden Brüder Gollmick in ihrer Blüthe standen und in den Rheinstädten als Tamino und Sarastro, Belmonte und Osmin, Octavio und Don Pedro, Armand und Wasserträger neben einander glänzten. Der jüngere Bruder starb schon vor längerer Zeit in Amsterdam, von jedem Biedermann betrauert. In Aachen heirathete Gollmick zum zweiten Mal, nachdem er seine erste Gattin durch den Tod verloren, eine junge Schauspielerin; auch diese ging ihm voraus.

Zu jener Zeit, wo sich der dramatische Künstler den Lorbeer erwarb, war es noch nicht Sitte, ihn mit Schätzen zu überhäufen. Die Gage von 800—1000 Thlr. konnte als Durchschnittsgehalt für die ersten Mitglieder angenommen werden. Gollmick's höchste Gage betrug 1200 Thlr. Der berühmte Eunike, erster Tenor in Berlin bezog (in den Jahren 1805 bis 1815) ein Gehalt von 1100 Thlr., ein Gern von 1700 Thlr. und ein Fräulein Schmalz (1808) eine Summe von 2000 Thlrn., schon als etwas Unerhörtes. Betrachten wir dagegen die Summen, welche heut zu Tage unsere Gesangs-Heroen oft an einem Abend beziehen.

Namentlich erlebte Gollmick in Straßburg einige Abschnitte, die wie damals in die Politik, auch in sein häusliches Leben eingriffen. Wir meinen die blühende Zeit des Kaiserreichs (Vogel hatte dazumal die Direktion des dortigen Theaters) und die

der Restauration und der Blokaden der im Jahre 1815 nach dem
Sturze Napoleons von den Deutschen besetzten Städte. Auch Straßburg theilte dieses Schicksal, und ich komme später darauf zurück.

Daß mein Vater grade damals ein tüchtiger Streiter war,
wer möchte es bezweifeln? Denn wie oft sah man ihn leicht
und munter mit dem blanken Schwerte in der Faust auf den
Brettern, welche die Welt bedeuten, die Festung des gefange-
nen Löwenherz stürmen; aber als es galt seine eigene zu vertheidigen, wollte man nicht dieselbe Tapferkeit an ihm bemerken. Auf den Zinnen seines Glücksterns ließ er sich endlich ver-
leiten die Direktion des Theaters zu Kolmar zu übernehmen.
Aber seine Gutmüthigkeit und sein gänzlicher Mangel an spe-
kulativem Sinn waren nicht für einen solchen Posten geschaffen.
Nach einem kurzen Jahr büßte er dabei sein hübsches Vermögen ein, und bald nach dieser Zeit fing auch sein Stern an
zu sinken. Mit der Glücksgöttin einmal verfallen, wollte er sich
ein neues sort erzwingen, und begann weite Reisen zu unternehmen, die aber alle mehr oder weniger fruchtlos blieben.
Die Städte der Weichsel bis zur Themse, die Küsten der
Nordsee bis zum adriatischen Meere waren Zeugen seines
Eifers, sein Schicksal zu versöhnen. Vergebens. Er mußte überall
das Wort bestätigt finden: »Beati possidentes« und die
traurige Erfahrung machen, daß man von einem Sänger die
Gegenwart und nicht die Erinnerung verlangt. Immer
mehr schwand sein Organ dahin, das noch vor kurzem unver-
wüstlich schien; stets häufiger wurden die Sorgen und der
Mann, den man einst den Frauenlob seiner Zeit nannte, und
um dessen Gesangunterricht sich die edelsten Damen bemühten,
mußte sich zuletzt um untergeordnete Lektionen bewerben. Leider
ließ es sein unruhiger Geist nicht zu sich eine Pension zu sichern,

wozu er während seiner Blüthenzeit bei manchen Bühnen Ge=
legenheit hatte. Und somit endet unsere Biographie; denn wir
sind nicht gewillt den Freunden des Dahingeschiedenen eine
Lortzing'sche Leidensgeschichte vorzuführen.

Im letzten Dezennium seines Lebens finden wir den grei=
sen Sänger bei seiner Familie in Köln wieder, dem Erblinden
nahe. Seinem hohen Alter wenigstens eine materiell sorgenlose
Existenz zu sichern, nahmen ihn seine Söhne zu sich nach Frank=
furt a. M. (Sein jüngerer Sohn aus zweiter Ehe, Peter Goll=
mick begleitet dort das Amt eines fürstl. Thurn= und Taxis=
schen Kanzlisten), wo er seine Guitarre im Arm im Kreise seiner
Kinder und Enkel, ein zweiter Homer, ihnen die Gesänge sei=
ner Zeit mit dem Reste seiner Stimme ..... vorzitterte. Die
besondere Eigenheit, kein Theater, keine Oper mehr zu besuchen,
obwohl er in Frankfurt die tägliche Gelegenheit dazu hatte,
und nichts mehr gelten zu lassen was nicht seiner klassischen
Zeit, wie er sie nannte, angehörte, behielt er bis zur letzten
Lebensstunde bei. Er starb an einer gänzlichen Auflösung aller
Kräfte sanft und schmerzlos in den Armen seiner Familie am
2. Juli 1852.

Folgender Nachtrag, die Reihenfolge verschiedener Jahres=
daten betreffend, habe ich meinem Bruder zu verdanken.

1808 in Frankfurt a. M. als Gast.

1810 ⎫
1811 ⎬ am Würzburger Theater.
1812 ⎭

1813 ⎰ in Hessen=Kassel. Oberregisseur beim deutschen wie
1814 ⎱ beim französischen Theater auf Napoleons=(Wil=
　　　 helms)=Höhe, unter Jérome Napoleon. (1814 aber=
　　　 mals in Frankfurt gastirt).

1815 1816	in Straßburg. Verschiedene Perioden.
1817 1818	Regisseur und 1ster Tenor unter Vogel. Später Gesanglehrer.
1819	in Kolmar, Direktor des deutschen Theaters.
1820 1821	in Wien, 1ster Tenor am Theater an der Wien unter Graf Palfy.
1822 1823	in Linz. Tenor am dortigen Stadttheater unter Schulz.
1824 1825 1826	in Frankfurt a. M. als Gesanglehrer.
1827	in Köthen, als Kammersänger und Lehrer der Herzogin von Köthen.
1828 1829	in Berlin, Gesanglehrer.
1830	in Amsterdam und Aachen, bei den dortigen Theatern als Korepetitor und Chorführer.
1831 1832	in Düsseldorf, Koblenz und Köln, Gesanglehrer.
1833	in London, Einführung einer seiner Töchter als Konzertsängerin.
1834 1835 1836 1837 1838	in Köln, Gesanglehrer.

Später und zuletzt bis 1852 in Frankfurt a. M.

Vergangenheit und Kinderleben.

Wer mein Großvater gewesen, sagt die so eben mitgetheilte Skizze über meinen Vater, dessen aber im Laufe dieser Blätter als selbstverständlich gleichsam zur Ergänzung, und wie es meine eigenen Lebensabschnitte mit sich bringen, noch öfterer Erwähnung geschehen wird.

Ich selbst bin am 14. März 1796 zu Anhalt-Dessau geboren, werde nach meinem Pathen Joh. Friedr. Karl genannt, und maß im Jahr 1820 meine volle 5 Schuh, 4 Zoll und 9 Linien rh. Wenn fleißiges Kirchengehen fromm macht, konnte ich schon in meinem ersten Decennium für einen rechtgläubigen, wo nicht selbst bigotten Katholiken gelten. Der Stellung meines Bruders Peter in Frankfurt, mit dem ich noch immer in Liebe und Eintracht lebe, habe ich erwähnt. Meines jüngsten Bruder aus erster Ehe, der in Berlin lebte und starb, werde ich in einer späteren Periode gedenken. Meiner Mutter erinnere ich mich kaum noch wie eines Frühlingstraumes. Henriette von H. folgte dem jungen schönen Gatten in Sphären worin sie nicht erzogen ward, in die weite Welt. Mein Vater sagte, ich sei kaum vier Wochen alt gewesen, als mich die Mutter in ihren Shawl hüllte, und diese Reisen mit mir unternahm. Wohin Alles? weiß ich natürlich nicht mehr, aber so viel weiß ich, daß sie mich gepflegt, geliebt und — verzogen hat.

Wie Nebelbilder tauchen solche Erinnerungen an meine Mutter auf, bis Alles wieder zerrann, und ich erst in späterer Zeit im Stande bin, den verlorenen Faden wieder aufzunehmen.

2

Was mein Gedächtniß betrifft, so mag es mir dabei wohl wie andern Menschen gehen, die sich unglaublich früher Kinderjahre erinnern, während sie weit spätere vergaßen. So weiß ich noch genau, wie ich (es war in Hamburg, wie die Eltern sagen,) jämmerlich schrie als mir meine Trommel unter das Bette rollte, und ein andermal, daß ich erst dann das r auszusprechen vermochte, als eine Bremse vor meinem Fenster zu surren begann, und ich derselben auf einem Schemel stehend nachahmte. Eine weit ernstere Reminiscenz aber taucht bald darauf gleich einem blutigen Schwerdt in mir empor. Es war die Mainzer Blut=hochzeit der berüchtigten Schinderhannes=Bande. Ich zählte da=mals kaum 6 Jahre, konnte mich also bei der Architektur der Guillotine nicht zurecht finden. Dagegen schienen mir Johan=nes Pückler in seiner grünen Jacke, und der schwarze Peter mit seinem gräulichen Backenbarte, ganz stattliche Leute.

Es konnte nicht fehlen, daß bei meiner Eltern ewigen Reisen des armen Knaben Studien stets unterbrochen werden mußten. Ueberall lernte ich Klavierspielen, latein, französisch, lesen und schreiben, deklamiren, woran ich eine besondere Freude hatte, und sogar in Wachs poussiren. Zur Ehre meines Vaters sei es gesagt, daß er für meine Erziehung es an nichts fehlen ließ. Da ich jedoch stets unterbrochen, wieder von Vorn an=fangen mußte, so hätte mich leicht das fatale Sprüchwort des jungen Hänschens treffen können, wenn mich spätere Nach=studien nicht noch einigermaßen dagegen geschützt hätten.

Daß, angefacht durch so viele blendende Beispiele, die Lust auch Komödie zu spielen in mir erwachte, war bei einem so leicht entzündbaren Naturelle nicht unnatürlich. Ich spielte im Schauspiel die Knabenrollen und sang in den Kauer=Wenzel=Müller'schen Opern einen hohen Sopran, der sich später frei=

lich in einen respektablen Baß verwandelte. Daß es möglich ist in Oratorien, Schöpfung und Jahreszeiten die Sopranstimme gleich a vista abzusingen, ohne jemals singen gelernt zu haben, erfuhr ich an mir selbst, „als ich noch im Flügelkleide in der Mädchen Schule ging". Diese Gabe mag zu den geheimen Instinkten, wie es ja auch im Gegensatze Instinkte giebt, die es Sängern a gran casco unmöglich machen, auch nur eine Note zu treffen. Habe ich in meiner späteren Praxis davon doch Grausen erregende Beispiele erlebt.

Irre ich mich nicht, so war ich vor circa 60 Jahren ein Liebling der Damen, weil sie mich oft in ihre Logen nahmen und mit Konfekt fütterten, woraus sich auch später meine Schwärmerei für das schöne Geschlecht erklären dürfte. Meine letzte Genieprobe war der erste Knabe in der Zauberflöte, wobei ich aber bei den Akkorden „Unglückliche halt ein!" selbst das Unglück hatte über einen Nagelbohrer zu fallen. Dieses „halt ein!" wurde mir zum Orakel, denn keine Macht der Welt hätte mich wieder auf die Bretter gebracht, die für mich so holperig waren. So erzeugen kleine Ursachen oft große Wirkungen, und wahrscheinlich ist in mir am theatralischen Horizont ein großer Stern untergegangen! In Bezug auf meine Realstudien begannen bereits, neben den Cramer'schen Klavieretuden, die Cramer'schen Romane ihren Einfluß auf mich auszuüben. So gehörte ich stets zu den Anführern unter meinen Kommilitonen, sobald es galt Schelmenstreiche auszuführen. Um nur ein paar Beispiele anzuführen, so stifteten wir (ich weiß nicht mehr wo es war) ein geheimes Bündniß. Als ächte Spartaner mußten wir uns abhärten. Dazu verschafften wir uns eine tüchtige Bürste, und schlugen so lange mit den Borsten auf irgend einen Theil des Körpers, bis wirklich Blut kam. Wer eine solche Tugendprobe scheute, wurde verbannt. Sogar ritzten wir uns die Haut mit einem Federmesser und unterschrieben unsern Pakt mit diesem venösen Purpur. Das that aber Alles weh, und wir suchten denselben auf eine leichtere Art zu erhalten. Ein Mitverschworner lehrte uns die Kunst, die Nase durch Friktion zu reizen. Wir folgten alle diesem Beispiele, und hatten die unendliche Freude ohne Wunde bluten zu können. Schade, daß bei solchen Scenen kein Hogarth zugegen sein konnte.

Ein andermal führten mich meine Genossen mit verbunde=nen Augen in einen Stall, wo sie ihre Vehme hatten. Sie proponirten mir unter geschwungener Geißel und unter Andro=hungen der fürchterlichsten Martern, ich sollte, wie sie es thä=ten, Federn, Canise und dergleichen stehlen, um sie dem Bunde zuzuführen. Ich roch den Braten und blieb standhaft. Man zählte 1, 2, 3, richtete die Foltern her, und da ich der gehei=men Vehme dennoch Trotz bot, verschwand die Binde von meinen Augen, und ich wurde als Bundesgenosse umarmt.

Kleine Reisebilder.

Mich meiner Reiseperioden erinnernd, so machte mein Vater damals mit mir eine Fußparthie von Düsseldorf nach Berlin, um den Großvater kennen zu lernen. Wir kamen zu spät.

Von Berlin habe ich noch einige dunkle Erinnerungen, wie z. B. Iffland den Tell spielte, und sein Pfeil mitten in der Luft stecken blieb, bis Harras so freundlich war ihn weiter zu schieben bis ans Ziel, welches mir viel Vergnügen machte, und zugleich die Lehre gab, daß nicht alle Pfeile verwunden.

Meines Vaters Schwager, Hofrath Weinhold, war in Ber=

lin ein hochgestellter Mann und spielte gerne Ball mit mir. Seine Frau hieß Lotte und war sehr schön. Eine andere Tante war Hoffstickerin und sehr häßlich. Und doch konnte ich die schöne Lotte nicht leiden, und liebte die häßliche Rieke. Also fühlte ich schon als Kind, daß schön häßlich, und häßlich schön sein kann. Aber einen tiefen Eindruck machte diese Wahrnehmung, die sich auch auf die Aesthetik anwenden ließ. Einiger närr'scher Schwänke unseres Pudels Turi, welcher die Reise mitmachen mußte, erwähne ich bei dieser Gelegenheit, weil dieselben meinen Hang zu Geniestreichen vergrößerten. Bin ich Humorist geworden, wie die Leute sagen, so habe ich gewiß vieles diesem Pudel zu verdanken.

Einstmals fraß sich derselbe in einem Gasthause, durch einen Butterballen durch. Das Andermal sprang er wie Meister Tourniaire durch einen Reif, worüber eine kostbare Stickerei meiner Tante gespannt war. Vater mußte zahlen. Von da an hielt ich mir stets treue vierbeinige Gefährten, von welchen die beiden Letzten Tamino hießen, und sehr geschätzt wurden. Auf diesen Passus gekommen, kann ich mich eine kleine Anekdote zu erzählen nicht enthalten, weil sie abermals ins Leben greift. Nicht selten bei Guhr speisend, frug dieser mich einst etwas ärgerlich, weßhalb dies Thier, das er doch vergebens durch Bisquit an sich zu locken suche — seinem Herrn immer so treu bliebe? Meine trockene Antwort war, weil ich ihm stets Wort halte!.... Das lange Gesicht, das Guhr bei solchen Gelegenheiten so köstlich zu ziehen mußte, enthält eine ganze Geschichte. Auch gedenke ich noch, wie wir auf dieser Reise auf einer walbigen Höhe einem Bettler begegneten, der eine Gabe erbittend rasch auf uns zuschritt. Mein Vater fürchtend es sei ein Räuber, rief mir entgegen: „Karl, hau zu!“

Von einer Münchner Fußparthie erinnere ich mich kaum noch der Thürme, die mir aus der Ferne entgegentraten, obgleich diese Reise weit später geschah. Ein Beweis von dem Wankelmuth unsrer Seelenfunktionen. Wie aus den Wogen eines bewegten See's, so tauchen in meinen Erinnerungen jetzt die größeren und kleineren von meinem Vater genannten Städte auf. Selbst Cleve und Nymwegen bis Amsterdam hinab. Aus verschiedenen größeren Perioden:

Köln.

Nachdem hier mein Gedächtniß eine tüchtige Pause gemacht, finde ich mich in Köln wieder zurecht. Dicht am Theater, der alten Burgmauer gegenüber, stand damals in der sogenannten Schmierstraße (Schmierstroß') *) ein kleines Häuschen. Zur Zeit jener verwitterten Quartiere war es noch Sitte, daß oben auf den Dächern kleine Gärtchen angelegt waren. Die Besitzerin dieses Hôtels war eine alte reinliche Matrone und hieß Schwindel. Noch wird mir's sonderbar um's Herz, gedenke ich dieser guten alten Pflegerin meiner Kindheit. Wie mein Vater dazu kam, mich dort in Pension zu thun, wissen die Götter. Wahrscheinlich war dieser Aufenthalt ein ihm zweckmäßiges Asyl für mich, während ich in dem damals renommirten Institute bei Schuch und Schumacher den Wissenschaften huldigen sollte. Kurz, ich befand mich dort, und wüßte keine Periode aus meiner Kinderzeit anzugeben, die einen so bleibenden Eindruck auf

---

*) Jetzt Komödienstraße, wie früher ohnweit davon „unter Sechzehnhäuser" anjetzt „Sachsenhausen" heißt.

mein Gemüth zurückgelaffen hätte. Zu meiner Pflegerin kam nämlich oft ein Knabe meines Alters und Temperaments, der sich der Musik widmen sollte, und deshalb um so mehr mit mir sympathifirte. In unferm Gärtchen auf dem Dache spielten wir Robinsonaden, in meinem Stübchen aber Klaviersonaten, und wohl mochte ich unter diesem Einflusse die ersten Begriffe der Musik eingesogen haben. Mein Bernhardt spielte weit beffer als ich, und ließ mich das oft durch ein hochfahrendes Wesen fühlen. Es mag sein, daß dieses stolze Wesen womit er mir imponirte, nicht minder die ersten Keime einer gewissen Abhängigkeit von Andern in meine Seele geflanzt hat. Eine Abhängigkeit, welche dem, der sich leicht verblüffen läßt, stets mehr oder weniger eigen bleiben wird. Und dieser kleine Robinson, deffen Freitag ich sein mußte, war niemand Anders als der später berühmt gewordene Oratorien-Komponist Bernhardt Klein, der durch eine Heirath reich wurde, und in Berlin 1832 gestorben ist.

Im Jahre 1831 kam dieser große Klein zum Besuch nach Frankfurt a. M., wo ihm von den Hohenpriestern der Kunst, namentlich von Hofrath André viel Auszeichnung zu Theil geworden ist. Meine ganze Seele flog dem Jugendfreunde entgegen, bei deffen aristokratischem Anblick mir aber gleich das brüderliche Du auf den Lippen erstarb. Nichtsdestoweniger setzten wir unsere Besuche gegenseitig anständig fort, und als ich eines Tages von ihm befragt, ob es möglich sei einem rhythmisch komplicirten Tonstück ein charakteristisches Poême unterzulegen, ihm davon eine Probe ablegte — es war das Adagio einer Sonate von seiner Kompofition — da schien denn doch ein gewisser Respekt vor mir in ihm erwacht zu sein. Dieses Blatt, welches Klein in seinem Album aufbewahrte und gerne vorzeigte, ift im Befitz feiner Erben wahrfcheinlich nicht verſchleudert worden.

Eine gewiffe Kälte, die ohnfehlbar in Klein's Kompofitionen herrfcht, wäre daher in Bezug auf meine frühere Andeutung für den Pfychologen keine ungewöhnliche Erfcheinung. Um hier noch einiges zu ergänzen, fo war Klein, geb. zu Köln 1794, der Sohn eines dortigen Gaftwirths, und zum geiftlichen Stand beftimmt, erhielt er in Paris durch Cherubini die ihm gebührende mufikalifche Richtung. In Italien (1823) fand feine Wißbegierde reiche Schätze. In Köln führte er feine erfte Meffe auf (1816) und wurde 1819 Dom=Kapellmeifter. Durch Zelter kam er nach Berlin. Seine Oratorien hießen: Hiob, Jephta und David. Eine Kantate und die Worte des Glaubens. Balladen: König Ode, der Todten=klang, der Gott und die Bajadere. Eine große Oper im Gluck'fchen Styl: Dido, und eine unvollendete Irene (von Karl Arnold vollendet) wurden in Berlin auf die Bühne gebracht. —

Wie fich bizarre Widerfprüche im Leben oft begegnen, fo auch hier, denn trotz meiner gutmüthigen Lebendigkeit war ich doch nahe daran, ein Kopfhänger zu werden.

Eine Schwefter meiner Mutter war Aebtiffin in einem der, wenn ich nicht irre, 365 Kölnifchen Klöfter, und meine Herrn Onkels, von denen der Aeltere Andreas hieß, waren Stifts=herren. Von ihnen zum fleißigen Miniftranten angehalten, war ich ein fo frommer Knabe, daß ich felten an einer Kirche vorbeiging ohne mich zu kreuzigen, und dem Himmel für die große Gnade zu danken, daß ich geboren war. Auch wuchs ich unter diefen Nonnen fo unfchuldsvoll auf, daß ich jede Choriftin für eine Veftalix hielt. Diefe heilige Scheu hat fich mit der Zeit

gelegt, aber das Kreuzigen ist geblieben. Glücklicher Weise er=
hielten diese Frömmeleien ein Gegengewicht, als später in dem
genannten Institute mein Muthwille reiche Nahrung fand, und
ich, auf einen Tisch gestellt, Schiller's Ritter von Toggenburg
oder Bürger's Lied von der Treue, mit bedeutender Emphase
herdeklamiren mußte. Als mich mein Lehrer vom Tische hob
und mich küßte, fühlte ich zum erstenmal — was Eitelkeit sei.
Unter meinen damaligen Gespielen war mir meine kleine Nach=
barin, mein anmuthiges Klärchen, die liebste. Klärchen L....,
die Tochter eines angesehenen Buchdruckers, erscheint mir noch
jetzt als ein unvergeßliches Ideal, oder vielmehr als eines
meiner unvergeßlichen Ideale. Zur lustigen Karnevalszeit muß=
ten wir unsere Kleider zu tauschen. Dann hieß sie Karl, ich
Klärchen, und machten wir nach damaliger Sitte Besuche in der
Nachbarschaft. Auf einem dieser Züge begegnete uns mein Vater
mit einigen Freunden. Ich verbarg mich hinter Klärchen, und
zeigte so eben recht, daß ich der Karl sei. — „Der Bursche
fängt früh an", sprach mein Vater lächelnd, beschenkte uns,
und ging weiter. Ich dachte mir „Also kann man nicht zu früh
anfangen", und fühlte dieser Worte verschiedene Beziehungen
noch lange in mir nachklingen.

Eine andere Jugendfreundschaft blühte mir in einem nicht
minder reizenden Kinde auf, das damals nicht verschmähte sich
mit uns in Stube, Vorplatz und Straßen herum zu tummeln.
Dieses Kindes liebliche Stimme' zog mich vor Allen an, und
keine Flöte konnte es ihm zuvorthun. Deshalb hieß dieses Kind
aber auch „Henriette Sontag", spielte und sang wie
andere unseres Alters Kinderrollen, und war die Tochter des
damaligen Regisseurs und wackeren Komikers „Sontag".
Als ich im Jahr 1845 einen Ausflug nach Köln machte,

war mein erster Gang zu Klärchen. Aber vergebens klopfte der Hammer an der mit eisernen Nägeln beschlagenen Hausthüre. Klärchen, jetzt die Frau eines würdigen Beamten, Madame Le S...., wohnte längst in einem schönen neuen Hause. Doch blieb ihr Herz das alte. Denn als die erste Freude des Wiedersehens vorbei, deutete sie auf ihre immer noch eble Stirn und rief: „Siehst Du Karl, hier noch die breite Narbe die mir vor 38 Jahren deine Unvorsichtigkeit geschlagen!“ Wohl erinnerte ich mich dieser Maskenscene, und der Anblick dieser Narbe schlug meinem Herzen eine neue Wunde, denn — werden wir uns jemals wiedersehen, lebt sie noch?.... Sonderbar, daß, so oft ich den Egmont sehe, ich mir kein anderes Klärchen dabei denken kann. Und mein Robinson-Häuschen? ich suchte es vergebens, es war verschwunden sammt meinem Mütterchen und ich starrte befremdend zu einem stattlichen Gebäude empor. Eine junge Dame begoß dafür einen aufblühenden Rosenstock. Sollte man da nicht an Seelenwanderung glauben?.... Als ich meine alte Erzieherin, meine Pension und mein Klärchen verlassen mußte, wurde ich einem Kondukteur anvertraut, der mich nach Aachen brachte.

Meine Mutter fand ich nicht mehr, dafür aber eine junge schöne Stiefmutter aus der Familie Amor, mit der ich fast aufgewachsen war, und mich gleichsam aus Gewohnheit auch ganz wohl vertrug. Sie ließ mich meiner Wege gehen, weshalb ich ihr auch freiwilliger folgte, als wenn sie mich geplagt hätte. Dafür, und weil sie den Vater treu gepflegt, hatte ich später die Gelegenheit ihr dankbar zu sein nicht versäumt.

Von nun an wird wieder Alles dunkel in meinem Gedächtniß. Mir ist wie jemand der in Nacht gehüllt auf einem hohen Berge steht, und die Sonne aufgehen sieht. Hier zuckt ein

Strahl, und dort wieder einer, hier wird eine Thurmspitze sichtbar, dort ein Baum, da ein Hügel, bis er zuletzt die ganze reiche Landschaft erblickt, wenn sie nicht durch Nebel verdeckt wird. Dies Letztere war mein Fall, denn plötzlich drückt ein kurzer Aufenthalt in Frankfurt a. M. mich in die Schule, aber auch hinter die Kulissen und ich gedenke hier vieler hohen Künstlernamen, die später nachklingen sollen, noch mit vollem Bewußtsein. Auch hier, in Mitte dieser Koryphäen, glänzte mein jugendlicher Vater als Gast auf einer seiner Kunstreisen im J. 1808. Bei einer bürgerlichen Familie wohl aufgehoben, sollte ich die holde Tonkunst fortsetzen. Da aber mein Lehrer, ein alter Schulmeister, gleich beim Kontrapunkt mit mir anfing — machte ich selbst Kontreminen und dankte ihn ab, d. h. ich ging nicht mehr hin. Dafür spielte ich desto fleißiger mit unserer Wirthe holden Töchterleins. Mit der älteren Regina verstand ich mich immer gut, nicht so aber mit der jüngeren Elise, die mich gerne foppte und neckte.

Wer mir damals gesagt hätte, daß gerade diese Elise nach 14 Jahren mein Weib werden würde?!

Im Spätherbst 1814 gastirte mein Vater abermals in Frankfurt (ein Gewährsmann giebt den „Korsar aus Liebe" an), während ich abwesend gewesen sein mußte, denn wäre dies nicht der Fall, so müßte ich als 18jähriger Jüngling, meiner Zukünftigen doch gewiß einen Besuch abgestattet haben. Ich vermuthe also zu jener Zeit in Kassel bei der Mutter zurückgeblieben zu sein, unter der Obhut Vater Wiele's. Sonderbar, daß, trotz meines Nachsinnens, dieser Lebensmoment meinem Gedächtnisse ganz entschwunden ist.

Würzburg.

Vom Jahr 1810 an glaube ich schon etwas mehr Zusammenhang in meine Selbstschau bringen zu können, und tauchen besonders in meinem lieben Würzburg viel schöne Bilder
auf. Im dortigen Gymnasium, wo ich stolz den rothen Kragen trug, schloß sich bald ein Mitschüler enger an mich an,
und bald war ich Mitglied dieser liebenswürdigen Familie.
Deren Stammvater, der würdige Medizinalrath Pickel führte
mich zur Firm, und beschenkte seinen Dod (Gob oder Pathe)
mit ein paar silbernen Schnallen, die mir fast über die Schuhe
reichten. Ach, wie war ich in diesem Hause so glücklich; wie
lebte da Alles in Eintracht und innigem Einverständnisse. In
des Professors physikalischem Kabinet lebten und webten wir
Knaben, denn da gab's Experimente mit Luftpumpen, Elektrisirund Galvanisir-Maschinen. Oft blieb ich über Nacht in diesem
Hause, und schlief unter den Erzählungen der vortrefflichen
Mutter ein. Wie erscheint doch der fröhlichen Jugend Alles
im Rosenschimmer. Alle Tugenden besaßen namentlich die Töchter des Hauses. Nanni, die Gestalt einer Hebe, Abelheid, ein ätherisches Mädchen, nie vergesse ich ihre Züge.
Mein Pythias hieß Kaspar. Wir liebten uns mehr aus Gewohnheit, wie aus Anziehung. Er war ein Egoist von brauner
Farbe und satyrischem Lächeln. Nicht weit von der Stadt bezog die Familie in den Herbstferien ihr Gut. Natürlich fehlte
auch ich nicht. Ein Zank mit Kaspar, vermuthlich über eine
wichtige Sache, reizte mich, und ich forderte ihn. Man kam
dahinter und stellte mich zur Rede, aber weit entfernt mich zu
schämen, bewies ich der ganzen Familie die Nothwendigkeit

eines Zweikampfs. Dennoch unterblieb das Gefecht. Der fanf=
tere Franz zog mich mehr an, obgleich fein Phlegma mich oft
talt ließ. Nach fo lange genoffenem Familienglück begann eine
Katastrophe, welche dem jungen Studenten zeigen follte, wie
vergänglich diefes Glück fei. Eines Abends zeigte fich ein ängft=
liches Flüftern und geheimnißvolles Wefen unter dem weib=
lichen Theil der Familie. Man fuchte, forfchte, es flog Trepp
auf, Trepp ab, man examinirte alle Zimmer und Winkel des
Haufes. Adelheid, meine ätherifche Adelheid, war
verfchwunden, und nirgends zu finden. Endlich fand fich ein
Brief vor. Sie war entflohen in Männertracht mit ihrem Ge=
liebten, einem jungen Studiofen, der bei dem Medizinalrath Un=
terricht hatte. Die Entwickelung blieb mir unbekannt. Nach
wenigen Tagen aber war Adelheid wieder im elterlichen Haufe.
Als ich fie wieder fah, fiel fie mir fchluchzend=reuig um den
Hals. Der Papa aber war klug genug, die kaum Vermißte
wie fonft in Gefellfchaft zu führen. Diefe Logik gefiel mir
fchon damals, obgleich ich noch nicht wußte, was Logik war.
Aber der Friede diefer Familie war für immer geftört. Sie
theilte fich in zwei Hälften und ftand fich grollend gegenüber.
Selbft die Wohnungen waren getheilt. Die heitere Table d'hôte
war aufgehoben. Ich hielt mich zur mütterlichen Partei. Seit
diefer Katastrophe erhielt mein Intereffe andere Richtungen,
und von nun an tritt die Familie in den Hintergrund.

Zu derfelben Zeit auch keimte die erfte Talentblüthe einer

Karoline Lindner,

mit welcher der junge Karl eine Kinderfreundfchaft fchloß, die
bis in ihr fpätes Alter fich ungetrübt erhalten hat. Son=

derbares Zusammentreffen — fast gleichzeitig wurden die beiden Gespielen am Frankfurter Theater engagirt und — penfionirt.

Das Frankfurter Konversationsblatt (die Nr. 236 und 237 vom Jahr 1863), gibt ein ausführlicheres Gedenkblatt aus ihrem Leben, und nicht wohl ziemt es einem Andern, als dem ältesten Freunde der Vorausgegangenen, dies einfache Denkmal zu setzen.

Was aber das Frankfurter Konversationsblatt verschwieg — die Gründe mögen wohl in meiner Einleitung zu suchen sein — sei hier eingeschaltet. Daß nämlich die aufopfernde Pflege ihres jahrelang erkrankten nnd kontrakten Vaters ein günstigeres Licht auf den Charakter beider Mädchen (Karoline und Therese) geworfen hat, als es manche Großthaten würden gethan haben. War ich doch Augenzeuge, wie, mit wahrer Samaritergeduld die armen Kinder, wegen unbedeutenden Versehens, vor das Bette ihres Thyrannen geführt werden mußten, um dort mit der Peitsche ihre Strafe zu empfangen. Nicht minder war Dankbarkeit einer der edelsten Züge unserer Lindner, denn neidlos erkannte sie stets, was sie der Schauspielerin Renner schuldig gewesen ist. Schmerzlich ist daher der Kontrast zu beklagen, den uns diese Karoline als 16jähriges Mädchen, „mit dem olympischen Auge", im Gegensatze zu ihrem Siechthum erblicken läßt, obgleich sie dieses Krankenlager dem Lande ewiger Gesundheit zuführte.

Sie starb am 11. Sept. 1863, und, als wenn die Erinnyen mit diesem Opfer nicht zufrieden wären, ließen sie in seltsam kurzen Zwischenräumen auch den Bruder und Schwager folgen.

Es dürften im Laufe meiner Beziehungen zu Karolinen, noch spätere Rückblicke nöthig werden.

Eines edlen Mannes sei hier besonders mit stolzer Ehrfurcht gedacht. Meine Eltern wohnten damals in dem bereits säkularisirten Kapuzinerkloster (wie gerne wandelte ich in dessen langen düsteren Kreuzgewölben) und gegenüber stand ein großes antikes Haus. Durch mein Klavierspiel angezogen, erschien fast jedesmal ein würdiger Herr am Fenster, behaglich seine Meerschaumpfeife schmauchend. Angezogen durch sein Beifallnicken, gab ich mir um so mehr Mühe, und bald war ich ein täglicher Gast in diesem Hause. Stets werde ich der Eintracht und Liebenswürdigkeit gedenken, welche in dieser Familie herrschte, und hätte ich damals die kleineren und größeren Geschenke zu Rathe gehalten, die ich dort von dem alten Herrn und seiner Gattin eingeärndtet, ich besäße wohl noch manches werthvolle Andenken. Der alte schöne Mann aber war niemand Anderes, als Franz Freiherr von Hutten, Großherzgl. Würzb. Kämmerer und St. Josephs-Ritter, vormals fürstl. Geheimer Rath und Oberamtmann, in der fraglichen Zeitperiode Bewohner des von Hutten'schen Hofes.

Eine Bekanntschaft von ganz anderer Färbung, war die des sehr ehrwürdigen Herrn Domkapitulars Hahn, der nichts destoweniger, oder vielleicht um destomehr, eine wohlbesetzte Tafel liebte. In diesem Hause mit Garten, Schaukel, Vogelhecken, Kegelspiel u. a. Zeitvertreib, wurde auch Musik gemacht. Somit kam ich oft hin und war dankbar. Ich machte nämlich gereimte und ungereimte Verse, was man dichten heißt, ohne aber noch einen Begriff von Skanslon, Metrik u. s. w. zu haben. So entstand bald ein Göttergedicht in Knittelversen von nicht weniger als 100 Stanzen, wobei ich all mein Latein ver-

brauchte, und alle Götter des Olymps handelnd auftreten ließ.
Der travestirte Aeneas war natürlich mein Vorbild. Später
schrieb ich einen Roman in zwölf Kapiteln, jedes über ein auf=
gegebenes Wort à la Kotzebue, wobei es an Schlachtbildern,
vermoderten Leichnamen, Liebesintriguen und blendenden Busen
nicht fehlte. Der drei letzten mir aufgegebenen Wörter erinnere
ich mich noch deutlich. Sie hießen Gans, Helene, Ende,
und in der Vorrede stellte ich die Frage, ob man mehr von
einem 14jährigen Knaben erwarten könne? Diesen Roman war
ich so naiv unserm Herrn Domkapitular zu dediciren, und ein
Hausfreund von uns, ein Herr Gerichtsaffessor, recensirte ihn
sogar.

Hier möchte ich mir, ohne daß ich gerade Grund hätte
mir etwas darauf einzubilden, und weil dies gerade der rechte
Ort ist, eine kleine Abschweifung erlauben. Ich galt für witzig.
Daher übte ich meinen Witz gerne auf Kosten anderer Knaben,
woher die ersten Keime jener Skorpionstiche entstanden sein
mochten, die meine Verzieher gerne unter dem Namen Humor
beehrten. Verfiel ich nicht in diesen Fehler, so überließ ich mich
einer zügellosen Schwärmerei, oder grübelte philosophischen Rich=
tungen nach, die weit über meine Fassungskraft gingen. Die
Agatone, Aristippe und Alamontaden verschlang ich gleichzeitig
mit den Jobs=Jsops und Münchhaussiaden, mit Lovel und
Hasper a spada und sog aus diesen süßen Giften die Extra=
vaganzen, die mich stets zum Helden meines letzten Buches
machten. Nichtsdestoweniger konnte ich auch studieren, wenn
mich ein Beispiel entflammte, und dann übertrieb ich wie=
der und spielte acht Stunden lang täglich mit dem eigensin=
nigsten Eifer...

...Und da ich nun diesen Absprung auf Frau Musica mache,

so gehe ich gerne auf diesem Pfad weiter. Ein Spielgefährte jener Zeit, der in seinen Studien schon eine ernste Richtung verfolgte, wollte nicht leiden, wenn ich planlos so viel durcheinander exerzirte. Er sagte, man müsse einen gewissen Styl verfolgen, damit man eine Komposition auch recht kennen lerne. Ich merkte mir das, wie noch manches andere Nützliche, was mir dieser Knabe sagte. Er hieß Reinstein, war der Sohn eines wackeren Orchestermitglieds, und später selbst als vielseitig gebildeter Künstler, namentlich als Violinist hochgeachtet und gestellt. Wenn wir uns dabei in das Juliushospital schlichen, um Anatomie zu studieren, so wollte mein weiser Kamerad behaupten, daß die Anatomie zum Studium der Applikatur und des Kehlenbaues, höchst wichtig sei. Es würde zu weit führen, wollte ich hier die Namen aller Lehrer nennen, welche mir Gunst oder Zufall in die Hände spielten, weshalb ich nur meines Klavierlehrers Matern Marx erwähne, der sich meiner in der That sehr liebevoll annahm, und in Behandlung einer freien Fantasie, wie in korrekter Durchführung einer Fuge gleich hoch stand. Ich konnte dies damals freilich noch nicht beurtheilen, aber um desto mehr jeder gebildete Musiker damaliger Zeit. Marx war auch trefflicher Cellist.

Bei Professor Fröhlich, der Aesthetik las, die berühmten Knaben=Konzerte gründete und selbst dirigirte, hatte ich das Glück Zugang zu haben, aber das Unglück seine Diktaten über Schwingungen nachzuschreiben. Doch wußte ich mich aus der Verlegenheit zu ziehen, denn, befragt, ob ich auch Fortschritte in dieser Wissenschaft gemacht hätte, durfte ich dreist und mit voller Wahrheit antworten: „Ach mein Gott, das hab ich schon lang wieder vergessen!"

Endlich schlug die Götterstunde in der ich den ersten Un=

terricht ertheilen sollte. Mein Schüler war das blasse Söhnlein eines Schneiders, der gerade einem Kirchhof gegenüber
wohnte. Der Name thut hier nichts zur Sache, obgleich ich
denselben noch wie meinen eigenen weiß. Als ich bald merkte,
daß hier kein Funke von Talent war, schwoll mein Herz hoch
vor Freude, aber aufs höchste stieg meine Hoffnung, als ich
gewahr wurde, daß der Junge auch faul und eigensinnig war.
Das wollte ich eben, und meine Exaltation machte sich gleich
an eine Aufgabe, welche die sieben Weisen Griechenlands nicht
gelöst hätten, nemlich: „Den Sieg der Wissenschaft über die
Dummheit".

Wenn mein Raisonnement damals diese Worte auch nicht
gebrauchte, so dachte ich doch an eine ähnliche Sache, wozu
mich mein kleiner Mephisto (Freund R) auch stets mehr an-
stachelte. Wir wollten nemlich von hinten anfangen, und unsere
Schüler gleich bis an die Sohlen in die Praxis tauchen, wie
es z. B. berühmte Prima-Donnen machen, die mit den Hugenotten beginnen, und mit den Noten aufhören (wenn wirklich
dann noch Noten gelernt werden).

Ueber ein solches Verfahren, welches, der alten breitgetre-
tenen Schablonen-Fabrik gegenüber, gehörig modifizirt, doch
nicht so ohne Weiteres über Bord geworfen zu werden verdiente, werde ich Gelegenheit finden, mich später auszulassen.

Wie weit die Reformationspläne mit meinem Schüler gingen, und was dabei herauskam, ist leicht zu errathen. Aerger,
Prügel und Davonlaufen. Daß bei so vielen Beschäftigungen
und abwechselnden Neigungen, meine musikalische Ader mit der
poetischen Hand in Hand ging — wenn diese Beschäftigungen auch nicht immer Arbeiten waren — ist, ohne
mich zu rühmen, wohl begreiflich. Sobald ich mich nur nicht

profaifch auszudrücken brauchte, fühlte ich schon den Instinkt zu reimen, und diese Uebung wurde nach und nach Bedürfniß. Wenn ich solche Alotria auch erst von 1810 zu ordnen begann, so bin ich doch gewiß, daß ich schon weit früher angefangen habe, dieselben wirklich niederzuschreiben. So z. B. erinnere ich mich noch ganz genau eines Strumpfwirkers Töchterleins, der ich den Hof machte und ihr ganze Strümpfe voll Gedichte heimlich zusteckte.

Mit solchen Proben will ich uns nicht beschweren, obgleich ich mich nicht verbürgen kann, später einmal damit aufzutreten, um wenigstens darzuthun, daß es mir weniger an poetischem Gefühl, wie an der Faktura des Schaffens mangelte.

Und nun mag es endlich am rechten Orte sein, wenn ich.... erschrecken Sie nicht meine Leser — hiermit meine erste Komposition zum Besten gebe. In welche Zeit diese fiel, weiß ich nicht mehr, allein ich vermuthe, daß sie mit meinem Anfangsstückchen gleichzeitig geboren wurde. Weil mir nun die Erinnerung an diesen ersten Reim, dem ein Anstrich heiterer Einfachheit vielleicht nicht ganz abzusprechen sein dürfte, weil mir diese Erinnerung so treu geblieben ist, daß ich sie nicht mehr vergessen kann, so halte ich es für eine fromme Pflicht diesem Gefühl nachzugeben. Sie mögen darüber lächeln, und das Stückchen überschlagen, darüber spotten werden Sie gewiß nicht. Umstehend finden Sie es:

Munter.

Das erste Werk (sechs Lieder mit Texten aus älterer und neuerer Zeit), das ich wirklich als op. 1 im Druck erscheinen lassen wollte, war pflicht= und gefühlschuldigst meinem Vater gewidmet. Da es aber später gestochen wurde, so war es mit No. 7 bezeichnet, während die vorher bezeichneten 6 Nrs. weit später componirt waren. So entstanden in Nrs. 1, 2, 3 Kla= viervariationen à la Gelineck, in 4 und 5 Variationen über

eigene Themas, meinen Schülerinnen Emilie und Ida Spohr
dedicirt, und in op. 6 eine schon schwierigere Polonaise in
Rondoform, womit Jakob Rosenhain als junger Mensch in
Mannheim zum erstenmal öffentlich auftrat. Meine folgenden
Klavier= und Gesang=Sachen (meine zahlreichen Uebersetzungen
aus verschiedenen Sprachen, meistens bei Schott erschienen, nicht
mitgerechnet), erschienen nun folgerecht bis op. 125. Ich deute
dieses deshalb an, weil ich in der That so ehrlich war, wirklich mit op. 1 anzufangen. Daß ich das Glück hatte, die
größere Hälfte dieser Opus-Zahl bei A. André in Offenbach
anzubringen, verdanke ich theils der Protektion meines väterlichen Freundes, theils wohl auch der Brauchbarkeit einer der-
artigen Jugendbibliothek und wenn ich für jede Edition 6 Freiexemplare als Honorar erhielt, so war das nur die Folge einer
süßen Gewohnheit, deren ich mich auch später nicht entziehen
wollte. Was nun André's Familienleben, was seine Kunstschätze,
seine Kompositionen, seine theoretischen Werke und sein reiches
Musiklager, was seine bei aller Strenge der Kritik fast kind-
liche Gutmüthigkeit betrifft, so . . . . aber ich darf meiner Geschichte nicht vorgreifen, denn ich befinde mich in meiner Phantasie bereits in Frankfurt, obgleich ich in der Wirklichkeit noch in
Würzburg bin. Leider mußte ich Alles was mir dort so lieb
und werth war verlassen, ehe ich noch den b l a u e n K r a g e n
trug, und befinde mich plötzlich in

Hessen-Kassel

auf dem Forstplatze, allwo die aufständischen Patrioten unter
D ö r n b e r g, namentlich die Bauern zu Hunderten erschossen
wurden.

„Hier Kameraden ist das höllische Fleckchen, ziel't gut!" höre ich noch den Kapitän Hafferoth rufen, ehe ihn das Pelotonfeuer niederstreckte, oder „werft den Professor in die Mitte!" wenn die Todtengräber nicht genug Platz mehr für die Leichen auftreiben konnten. Noch sehe ich, wie nach jeder Salve Mütter und Greise sich in die Reihen stürzten, und dann verzweiflungsvoll niedersanken. Wenn nun das liebe Publikum, die Männer gemüthlich ihr Pfeifchen dabei schmauchend, wenn zärtliche Mütter, ihre Säuglinge an der Brust, solchen kanibalischen Festen apathisch zusahen, so war es am Ende kein Wunder, wenn auch ich mich daran gewöhnte, und dieselben mit der Empfindung einer theatralischen Vorstellung einsog.

Aber fort mit solchen Bildern! Jene Kasseler Periode war schon ihrer Widersprüche wegen merkwürdig, denn mitten im Gewühl dieser Gräuelscenen, mitten in der stürmischen Erhebung eines begeisterten Volkes, dem der kleine Korporal mit einer neuen Heeresmacht *) entgegenflog, mitten im Donner der Leipziger Völkerschaft (1813) schwelgte ihre königliche Majestät Jerome von Orgie zu Orgie, und badeten sich in theuern Burgunderweinen, die dann später heimlich wieder verkauft wurden.

Welch ein Leben war das auch? Nach jeder wirklichen oder eingebildeten Siegesnachricht Freudenfeste, doppelte Gagen, Jagdparthien, Spenden der edelsten Weine u. s. w. u. s. w. So war es kein Wunder, wenn mein Vater mit seinen Theatern mehr zu thun hatte, als meine Erziehung mit Strenge zu verfolgen. Zwar schützte mich meine jugendliche Mutter vor allzuviel Ver-

---

*) Die neue Aushebung nach dem russischen Feldzuge betrug nach Walter Scott 200,000 Mann und 600 Kanonen.

gnügen, und zum Theil fand ich an der Seite meines Wiele, dessen Vater, gleich andern ausgezeichneten Musikern jener Zeit, Mitglied der westphälischen Kapelle war, einen moralischen Ableiter. Indessen fanden wir Knaben doch öfter Gelegenheit uns aus dem Staube zu machen. Wenn die Theater der Stadt und auf Napoleons-Höhe auch die Größen der Pariser Bühne herbeilockten, wenn der Rhodus-Hessische Koloß uns zu winken schien, wenn im Sonnenglanze der Steinhöfer'sche Wasserfall donnernd niederstürzte, und die Löwenburg ihre Pforten aufthat — wer konnte da solchen Versuchungen widerstehen? Aber dann waren wir auch wieder desto fleißiger.

Adolph Wiele's Geigenspiel erregte schon damals Sensation, und verfehlte auch nicht auf meinen musikalischen Sinn einen wohlthätigen, und ich möchte sagen, poetischen Einfluß auszuüben. Ein vernünftiges Duettenspiel war tägliches Bedürfniß, aber unsere besten Schäferstunden bestanden aus eigenen Improvisationen, wenn einer des andern Gedanken abzulauschen und zu ergänzen vermochte, und wir uns auch wohl an ein Zusammenspiel wagten, wobei es dann an unaufgelösten Dissonanzen natürlicherweise nicht fehlte. Ich brauche wohl nicht daran zu erinnern, daß in späterer Zeit der Konzertmeister Adolph Wiele zu der Elite des Virtuosenthums gehörte, daß er aber ohne seine allzugroße Bescheidenheit vielleicht noch eine ausgebreitetere Carrière gemacht haben würde. Hätten wir Knaben auch nicht von selbst so viel Sympathie für einander gehabt, so würde unsere persönliche Aehnlichkeit, dem wohlbekannten »similis simili coudet« *) zu Folge, uns schon an einander gefesselt haben.

---

*) Aehnlichkeit erfreut sich der Aehnlichkeit.

Auch bietet sich hier die Gelegenheit dar, des genialen, leider untergegangenen Violinspielers Durand (eigentlich Duranowsky), wie Fesca's ehrenvollem Renommée und Karl Maria Weber's aufsteigender Größe zu gedenken. Namentlich kam Fesca (später Konzertmeister in Karlsruhe), täglich in das Haus meines Vaters. Wir Knaben schlossen uns sehr an den munteren jungen Mann an, und spielten fleißig Ball mit ihm. Auch nahm er uns gerne mit in die Herkuleskeule, worin bekanntlich sieben Schneider bequem sitzen und nähen können. Einmal hatte er den barocken Gedanken eine Geige (welche im Orchester auf Napoleons-Höhe bald zur Hand war) mit hinauf zu nehmen, und derselben in dem engen Behälter solche diabolische Töne zu entlocken, daß wir armen Knaben angsterfüllt davon liefen. Noch lange hörten wir die entsetzliche Geige und Fesca's höllisches Gelächter hinter uns, und hatten lange zu thun, bis wir uns wieder mit ihm befreunden konnten. Dafür entschädigte er uns nun absichtlich durch ein desto gefühlvolleres Spiel, welchem wir in seinem eigenen Zimmer zuweilen lauschen durften. Wie sehr erwachten diese Erinnerungen aufs Neue in mir, als in Frankfurt in den 80er Jahren seine Cantemire zur Aufführung kam. Durch Spohr's Biographie ist ein Thema aus einem seiner Werke bekannt geworden, das des Komponisten Namen enthält. Hier ist es:

Und nun der Schluß aller dieser Kasseler Herrlichkeiten? Daß nach der Leipziger Schlacht das kaum entstandene Königreich Westphalen in Luft zerfloß, wie der Pallast des Prinzen Alabin in dem arabischen Mährchen. Doch muß man der französischen Urbanität Gerechtigkeit widerfahren lassen, indem alle lebenslänglich engagirten Theater- und Orchestermitglieder vor ihrer plötzlichen Entlassung doch noch eine annehmbare Entschädigung an baarem Gelde erhielten.

Straßburg.

Meine Straßburger Periode unter verschiedenen Direktionen des Vaters, einer gewissen Müller und des dazumal vielgepriesenen Lustspieldichters Vogel, erleidet zwei verschiedene Abschnitte. In die frühere kürzere fällt meine Jugendfreundschaft mit Karl Spindler (welchem Leser der geschichtlich romantischen Literatur wäre dieser Name unbekannt?) und daß es meinem empfänglichen Gemüthe an freundschaftlichen Anziehungspunkten noch in keiner Stadt gefehlt, habe ich bereits angemerkt. Vater Spindler war damals Dom-Kapellmeister, Nachfolger Pleyel's, und es mag wohl nicht sehr bekannt geworden sein, daß sich derselbe in früherer Zeit Meister genannt hat. Der Grund dieses Namenwechsels ist mir unbekannt geblieben, denn ach .... als ich im Mai 1864 dessen Enkelin Fanny (Madame Risler), die in Baden wohnt, um Beantwortung jener und noch anderer Fragen für meine Selbstschau bat, waren die erste Worte die mir ihr Gatte zurückschrieb: »ma femme est morte!«

Spindler galt neben seiner Künstlerschaft überall als ein Mann von strenger Sittlichkeit, und als ein rechtlicher Charakter. Obgleich als Kirchenkomponist sehr geachtet, so wurde sein Ruf von seiner Bescheidenheit doch überflügelt. Seine kanonischen Späße und Humoresken kamen damals besonders in Aufschwung, und es ist unverzeihlich, daß unsere Zeit, welche man die aufgeklärte nennt, solche Schätze unbeachtet läßt.

Im nunmehrigen Besitze einiger derselben, will ich wenigstens nicht versäumen darauf aufmerksam zu machen: Zuerst also ein dreistimmiger Kanon (zwei Soprane und ein Baß) auf den Text: »venerabilis barba capucinorum, wobei die sprudelnde Laune des Komponisten bei der letzten Sylbe »rum« es immer so einrichtete, daß auch jedesmal das Blatt herumgedreht werden mußte, welches eine überaus komische Wirkung hervorbrachte. Die folgenden Kanons, ein Quintett (Sopran, zwei Tenore und zwei Bässe) auf die Sylbe »la« mit verschiedenen Texten und einem Männerquartett, ebenfalls auf die Sylbe »la« nebst Text: „Es kann ja nicht immer so bleiben!"

Von seinen dramatischen Sachen schickte Spindler die Partitur der Oper „das Waisenhaus" an das Wiener Hoftheater. „Die Gesangsparthien paßten nicht für das hiesige Personal!", hieß es. Man hatte von dem Buche aber diebischer Weise *) Abschrift genommen, und Weigl komponirte das Buch ebenfalls.

Auf Grund der Schweizerfamilie verbreitete sich nun der Ruf des Waisenhauses fast über alle deutschen Theater und Spindler hatte das Nachsehen. Unser Gewährsmann versichert aber, daß bei einzelnen Theatern Spindler's Waisenhaus weit gerechteren Beifall eingeerndtet hätte.

Es konnte nicht fehlen, daß bei der Freundschaft beider Väter auch die Knaben, die beiden Karl, bald vertraut wurden. Der kleine Spindler gehörte damals zu der Race allerliebster schwarzer Krausköpfe mit unwiderstehlichen schwarzen

---

*) Siehe Spohr's Selbstbiographie. Band I. pag. 242.

Augen, und wurde als Improvisator selbst in französischer
Sprache gleichsam als ein Wunderkind gepriesen.

Unter solchen Auspicien mußte ja unsere Muse erwachen,
und so entstand denn unser erster Operntext „Coriolanus"
der aber Gottlob niemals komponirt worden ist, und schmie-
deten wir auch wohl Komödien aus dem obscönen Leben. Wer
möchte nicht gerne noch im Besitze solcher Jugendsünden sein?
Leider besitze ich keine einzige mehr davon, kann mich dabei aber
nicht des Gedankens erwehren, wie sehr interessant und beleh-
rend es sein müßte, wenn jeder klassische Papierschnitzel aus
älterer und neuerer Zeit mit Sorgfalt aufbewahrt worden wäre.
Für antiquarischen Wucher jedenfalls ein ergiebiger Fund. Davon abgesehen, so konnte es nicht fehlen, daß bei solchen Tän-
deleien mein Sinn für spätere und solidere Arbeiten gute Nahrung fand.

Auch erinnere ich mich noch der entsetzlichen Flötenstunde,
die Spindler bei seinem Lehrer Matz nahm, wobei ich zu seiner Entschädigung stets assistiren mußte. Im Institute eines
Herrn Pfarrer Weiß endlich, erhielten unsere Handschriften eine
solche Aehnlichkeit miteinander, daß sie später zu ganz pikan-
ten quid pro quo's Anlaß gegeben haben.

In der angedeuteten zweiten Straßburger Periode finden
wir uns zwar wieder, aber sonderbarer Weise steht nichts davon in meinen Tagebüchern. Nichtsdestoweniger erinnere ich
mich ganz genau, daß wir als stattliche Jünglinge oft neben
einander herschritten, viel auf Toilette hielten, namentlich auf
glanzvolle Souwaroff's und dabei auch nicht versäumten dem
edlen Scharlachberger und Kleber (ein Rheinwein, nach diesem
General so genannt), fleißig zuzusprechen. Allein wenn dies
Zusammentreffen im Trouble so mannichfacher Begebenheiten

gleichsam versandet ist, so wird es später desto wirksamer auftreten.

Nun aber ist es Zeit mich mit meinen äußeren Umgebungen in dieser Periode zurecht zu finden. Wollte ich hier in Details gehen, ich würde nicht fertig, weshalb ich mir durch möglichsten Lakonismus helfe. Ueberhaupt finde ich, ist dies wieder einer von den Fällen, wo nicht das Schreiben, sondern das Auslassen schwierig wird.

Vor allen Dingen sei hier Nepomuk Jauch genannt, in dessen Familie gezogen zu werden es sich Jedermann zur Ehre rechnen darf. Jauch nahm den jungen Gollmick gerne unter seine Eleven auf. Bald war dessen ältere Schwester Karoline, eine heitere Blondine mir besonders werth, weil sie meinen Gesang leitete, und wirklich auch heranbildete. Wir spielten und sangen fast täglich mit einander, sie lehrte mich, was man „Notenfreffen“ heißt, und es gab fast keinen Klavierauszug mehr, den wir nicht zusammen verspeisten. In unseren Abendkränzchen sang ich den Herzog und Nola in der Kamilla, den Sarastro und Alles was zu den ersten und zweiten Bässen gehörte, denn damals waren die Baritone noch nicht erfunden. Jedenfalls verdanke ich diesen Uebungen, trotz mancher Ueberstürzung, die spätere Routine in der Leitung solcher Ensembles.

Durch Jauch erhielt ich auch Zutritt bei Konrad Berg, dessen Kammermusik damals in bedeutendem Rufe stand, und wenn seine Kompositionen in diesem Genre nicht mehr aufkommen, so ist das nur das Loos des Schönen auf der Erde. Wer gedenkt bei dem Aufstoßen unserer Mode- und Polka-Literatur auch noch an solchen längst überwundenen Standpunkt? Wenn Jemand eine fesselfreie Unabhängigkeit (Indépendence) mit strenger Technik und Applikatur zu verbinden wußte, so war es Jauch, und wollte sich jemand einen fein gebildeten Geschmack aneignen, so wendete man sich an Konrad Berg, obgleich das Urtheil über beide Künstler oft verschieden ausfiel.

Ein eigener gediegener, und von aller Effekthascherei entfernter Geist, die Clementi-Field-Cramer'sche Schule herrschte damals unter den Straßburger Tonkünstlern und als ein Beispiel dieses Genre mag es gelten, daß einst Clementi, befragt, weshalb er das Pedal fast nie in Anwendung bringe, derselbe auf seine Finger deutend zur Antwort gab: »voiçi mes pédals!« An eine andere Episode aus jener Zeit möchte ich ebenfalls erinnern. Unter meinem nachmaligen Generalbaß-Lehrer Seibold spielte ich in der St. Thomaskirche oft die Orgel. In dem Postludium verfiel ich einstens auf die Idee die Fuge der feurigen Wächter mit den Anubis-Häuptern (C moll) zu spielen. Diese Licenz wurde mir aber sehr übel genommen, und von da an verminderte sich mein Enthusiasmus, nicht für dieses königliche Instrument, sondern damit eine Gemeinde erbauen zu wollen, welche meiner damaligen Ansicht nach zu gemein war, um die Freiheit des Gedankens gehörig aufzufassen. Als ob der Vortrag eines kirchlichen Tonstücks dadurch entweihet werden könnte, wenn z. B. dasselbe Lokal früher einmal zu profanen Zwecken gedient hatte.

Endlich spielte ich häufig in den sonntäglichen Matinées, »Réunion des arts«, ein von dem Advokaten Lobstein (einem enthusiastischen Melomanen) dirigirter, halb aus Musikern, halb aus Liebhabern bestehender Musikverein. Die solidere Richtung in meinem Spiel ist bereits angegeben, doch verlangte Lobstein auch etwas pour la bonne bouche, und so stach mich denn einmal der Kitzel, daß ich die Gelinek'schen Variationen über einen Walzer von Hummel losließ, daß es klatschte, und der

Vorstand hatte recht, denn das Publikum klatschte auch, ...
aber hinterher klatschte auch die strenge Kritik!

Eines Geständnisses persönlicher Eitelkeit kann ich mich
während dieser Konzerte hinsichtlich einer gewählten Garderobe
(unserer jetzigen Konzertkostümes gegenüber) nicht enthalten. Weiße
seidene Strümpfe, goldne Schuhschnällchen, kurze schwarzseidene
Beinkleider mit Quästchen an der Seite, weißgestickte Halsbinde,
weißgefältetes Jabot mit Tuchnadel, weiße Weste und schwarzer
Frack, auch wohl hellblauer Frack mit goldenen Knöpfen.

In Bezug auf Jauch's (des Vaters) Klavierinstrumente,
erwähne ich eines Faktums, weil es auf die Sorgfalt der damaligen Studien hindeutete. Da nemlich die Herren Theolo-
gen fleißig Orgel spielen mußten, überhaupt auch in vielen
Privathäusern dies Instrument in Aufnahme kam, so baute
Vater Jauch große mit dicken Saiten bezogene Orgelpedale,
welche Studien namentlich uns große Freude und Belehrung
gewährte. Auch stumme, schwer zu bewältigende Klaviaturen
von acht bis zehn Tasten, desgleichen Chiroplasten für die Fin-
gergymnastik (später von Czerny und Andern vervollkomnet),
kamen aus dieser Fabrik in Aufschwung. Leider mußte auch ich
diese, alle geistige Freiheit unterdrückenden Folterqualen, mitmachen. Wenn nun in diesen und ähnlichen Kreisen mein mu-
sikalisches Talent zu einem selbstständigen Bewußtsein gelangte,
so habe ich das größtentheils der künstlerischen Ueberwachung
dieser Kreise zu verdanken.

Ein Ergebniß, das für meine spätere Carrière einen großen Einfluß hatte, war die Anwesenheit Louis Spohr's, der
im März 1816 durch Deutschland reiste, und mit seiner Frau
in Straßburg Konzert gab. Daß ich das Glück hatte, dem noch
jugendlichen Virtuosen Dienste dabei zu leisten, ist als selbst-

verständlich zu betrachten. Ein Einfluß anderer Art wurde mir in der weiblichen Erziehungsanstalt der Madame de la Haye, die einige Stunden weit von Straßburg in dem Dorfe Dorlisheim lag, und in welchem le jeune allemand Musikstunden gab. Ich fuhr wöchentlich einmal hin und zurück, verweilte oft zwei ganze Tage dort und bedauerte nur, so vielen schönen Jungfrauen gegenüber meine poetische Ader nicht nach Lust und Liebe springen lassen zu dürfen. Um so mehr protegirten mich die älteren Damen, die mich mit ihren Aufmerksamkeiten mehr von meinen eigentlichen Inklinationen abzogen, als mir lieb war. Ich hatte überhaupt das Glück in dieser Periode hohe Gönner zu finden, und nenne unter diesen nur das Haus Renoir und Franc, in dessen Soireen ich oft eingeladen wurde. Unter den Gelehrten zeichnete mich der hochgeschätzte reformirte Prediger Professor Hafner aus, dessen beiden Töchterleins ich Unterricht gab. Oft wurde ich dort zu Tische gebeten, und nie werde ich der salbungsreichen Worte vergessen, die der alte Herr zu mir sprach, als er eines Tages die Vorzüge des Fleißes abhandelte: „Glauben Sie mir, mein junger Freund, der edle Fleiß ist das höchste Gut des Lebens, denn er ersetzt uns selbst die Tugend!"

Obgleich ich mir diese Paradoxen nicht zusammen reimen konnte, so verfehlten sie doch ihre Wirkung nicht. Zwar bin ich immer fleißig gewesen, aber auch hier schweifte ich aus, und es drängt mich zum Schlusse dieser Histörchen noch folgende Anekdote hinzuzufügen: Bei meinen Eltern wohnten damals zwei junge Mediciner zur häuslichen Verpflegung, und alle drei ergriff uns plötzlich der Schwindel, auf einmal gelehrt werden zu wollen. Wir studirten Tag und Nacht, sie ihre Knochen und Schädel, ich meinen Generalbaß. Diese Periode fiel in den

Winter. Wir studirten noch nach dem Abendbrod, legten uns um 11 Uhr nieder. Paracelsus und Albrechtsberger unter die Kopfkissen, und fanden uns um 3—4 Uhr wieder bei den Büchern. Als einstens die Reihe an mir war meine Freunde zu wecken, glaubte ich mich verspätet zu haben. Wir saßen wohl schon eine halbe Stunde beisammen. Meine Mediciner befühlten ihre Gliedmaßen und redeten lateinisch dabei, ich untersuchte die Abstammung des Schusterflecks; da schlug die Stadtuhr 1 ... 2 ... 3 ... 4 ... 5 ... („O weh!" seufzten wir), 6 ... 7 ... („Was ist das?") 8 ... („wie, so lange hätten wir uns verschlafen?") und so schlugs fort bis Mitternacht. Da fielen wir uns freudetrunken um den Hals, machten uns schwarzen Kaffee, studirten die Nacht durch, und legten uns bei Tage wieder ins Bett. Das war allerdings eine enthusiastische Studienzeit, aber sie dauerte nicht lang, denn die Abspannung konnte nicht fehlen.

Ich fürchte daher nicht, daß mein Fleiß künstlerisch fruchtlos geblieben ist. Jedenfalls war er's nicht materiell, denn ich verdiente durch Unterrichts- und Konzertgeben weit mehr als ich zu meinem Lebensunterhalt bedurfte, und wenn ich auch in der Folge, als ich selbst Familienvater wurde, zu kämpfen hatte, so mußte ich es doch immer möglich zu machen, meinen Vater zu unterstützen, und namentlich der armen Mutter ein Erretter in heimlichen Nöthen zu werden. Die Gesellschaften bei Jauch standen grade im besten Flor, als die Heirath Karolinens eine bedeutende Diversion in der Sache machte, wie denn Heirathen so oft die geborenen Störenfriede der musikalischen Studien werden. Namentlich erschien mir der plötzliche Namenswechsel der Frau als ein völliges barbarisches Institut. Das Herz schlug mir daher gewaltig, als ich beim splendiden Hochzeitsmahle

Madame Vogel (so hieß jetzt meine Adorata) auch noch besingen sollte. Was wollte ich aber machen? Aus dem Stegreife entstanden bald ein Paar Verse, die alsdann von der fröhlichen Gesellschaft als Refrain wiederholt wurden. Obgleich ich nun diesem Hause stets treu blieb, so sollte mein der soliden Muse geweihtes Thema doch jetzt in entgegengesetzte Modulationen übergehen. Mit einem Wort: ich wurde Soldat, und fast gleichzeitig auch Student. Einige Züge aus dieser höchst bewegten Zeit sollen das Räthsel lösen.

Straßburg wurde blockirt (1815) und gerne übernahm ich meines Vaters militärische Dienste. Ich lernte förmlich exerciren und schrie auf den Wällen mein »Sentinelle prenez garde à vous!« so gut wie irgend ein Veteran aus der Kaiserzeit. Ich mußte wöchentlich zweimal auf die Wache ziehn, und konnte die Zeit dazu oft nicht erwarten. Die Sache hatte einen martialischen Reiz für mich, obgleich ich noch niemals einen Marsch geschrieben habe. Ich machte Gedichte im Schilderhaus, und las beim Mondschein den Werther, der eine lange Zeit mein vade mecum war. Ich bildete mir auf meine Soldateska nicht wenig ein, aber, obgleich mir dieser heitere Franzosendienst viel Spaß machte, so wurde es mir doch auch zuweilen recht deutsch ums Herz, wenn ich in dunkler Nacht die fernen Wachtfeuer meiner Landsleute sah und dann und wann ein: „Wer da!" von ihnen erlauschen konnte. Einstens ward um Mitternacht Reveille geschlagen und zwölfhundert Bürger wurden nach Kehl kommandirt. Ich war dabei. Wir bezogen die Kasematten dieser unterirdischen Festung, während das französische Militär unter General Rapp einen Ausfall machte. Während die draußen sich die Hälse brachen, war hier roher Speck auf kahlem Tisch zertheilt, waren Hülfsengemüße und gemischtes Brod unsere Kost, und doch hat mir noch nie etwas besser geschmeckt. Mein Vater brachte mir — und nur besondere Gunst erschloß ihm die Thore Straßburgs — weißes Brod und Schweizerkäse, theuer genug erkauft, und damals ein Leckerbissen. In meinem gewöhnlichen Vertrauen gab ich meinen Protektoren (zweien polnischen Offizieren, mit denen ich oft musizirte) den seltenen Speisevorrath zum aufheben. Ich habe nie etwas davon zu sehen bekommen. In diese Rubrik gehört auch, daß ich, um dem ausgehungert werden vorzubeugen, mich mit andern jungen Leuten einübte, gebratene Ratten zu verspeisen, welche Kost, nebenbei gesagt, nicht ganz so übel, nur etwas süßlich schmeckte.

Ehrlicher wie meine polnischen Freunde meinte es aber ein schlichter Bürgersmann mit mir, als wir die Wache in Kehl hatten. Wir brachten einen Theil der Nacht schlafend unter einer Lafette zu (denn dem Lager in den Kasematten war nicht zu trauen) während mein Wohlthäter — ein zweiter Diogenes — seinen Mantel mit mir theilte. Später, während der bekannten Affaire bei Schaufelweihersheim (Schuffelwierschhem) stand ich Wache auf dem Rempart, die Aussicht auf das Gefecht, und sah mir das Schauspiel gleichsam aus einer Loge mit an. Tausende von Menschen strömten den Wällen zu, und ich hatte das Recht sie mit dem Kolben zurückzuweisen, selbst meine Eltern, die mir das sehr übel nahmen. Wie krachten da die Pelotone, wie donnerten die Kanonen, wie sanken ganze Glieder, wie kämpften hier die Gruppen, dort einzelne Reiter, wie stürzte hier einer, dort der andere, als wenn das Alles nur ein Puppenspiel wäre, als wenn ein jeder der Gefallenen kein Leben zu verlieren, als wenn ihn keine Eltern und Freunde zu beweinen hätten.

Vollends als die tapfere Garnison haufenweise schwer ver-
wundet in die Stadt stürzte unter dem Geschrei: »vive l'em-
pereür!« oder »Diable, cent contre un!« als die Häuser
zu Spitälern, die Sterbenden zu Leichen wurden, und die
Bürgerschaft nach Trost, Labung und — Charpie herumlief,
da stürzte mein Enthusiasmus für die glorreiche Soldateska
jählings zusammen.

Bald darauf als die Blokade aufgehoben war, die Dörfer,
Speicher, Fleischhallen und Keller sich öffneten und Straßburgs ganze Einwohnerschaft vor die Thore stürmte, um den
so lang entbehrten Gottessegen zu genießen — wer hätte da
für solche Scenen nicht Maler sein mögen?

Nach diesen meinen Kriegsthaten nach des Künstlers Strenge
und Ordnung zurückzukehren, sollte mir aber noch nicht vergönnt sein, und manche harte Prüfung hatte ich noch zu bestehen.

Theils durch meinen Umgang mit Professor Hafner, theils
durch Musikunterricht, den ich einigen Kandidaten gab, war ich
bald in die Burschenschaft dieser Herren eingeführt. Leider aber
brachten es die Verhältnisse mit sich, daß ich nur ihre Extra-
vaganzen nicht aber ihre Studien zu theilen hatte. Wie in
allem Excentrischen fand mein unruhiger Geist in diesen Bur-
schenstreichen die Quintessenz aller Freuden, und ich darf daher
Thatsachen, die zu meinem Entwicklungsprozeß noch übrig sind,
und mir meine eigentliche Zukunft bereitet haben, dem Leser
nicht vorenthalten. Ich bezeichne diese Thatsachen wohl am
treffendsten mit der Ueberschrift

4*

Genießreiche.

Nach damaliger Sitte waren viele der evangelischen Theo=
logen Klöstern einverleibt, oder vielmehr darin eingesperrt, unter
dem Zwange terrorystischer Pädagogen. Die Lust solchen Zwang
dann und wann abzuschütteln, ging ohne List oder Gewalt
nicht ab. Nicht selten ward ich, oder auch ein anderer Nicht=
theologe bei nächtlicher Weile in das Kloster hinein, und
bei Tagesanbruch wieder herausgeschmuggelt, und zwar nur
um die Wonne der Gesetzwidrigkeit bei Spiel und Bier ge=
nießen zu können. Wir gaben uns Beinamen nach den tapfern
Rittern des Adolph des Kühnen oder nach den Räubern von
Schiller, und noch existiren Federzeichnungen, die verschiedenen
Situationen jener Zeit darstellend.

Aber dabei sollte es nicht bleiben, denn nächstdem liebten
wir es besonders Robinsonaden en gros aufzuführen, und 24
stündige Wasserparthien zu veranstalten. Wir, unserer 6—8
Burschen, mietheten zu diesem Zweck eine kleine Yacht, versa=
hen uns mit Proviant, Munition und selbst Material für
Zelte, segelten den Rhein hinauf und landeten beim sommer=
nächtlichen Scheine des Vollmonds an einer der vielen Inseln,
welche diese Gegend so reizend machen. Hier nahmen wir feier=
lichen Besitz von dem Lande, stellten Wachen aus, bauten ein
Zelt, gruben Quellen, machten ein lustiges Feuer, schossen En=
ten, brateten Kartoffeln, ließen am vollen Fäßchen gelagert
unser »Gaudeamus!« erschallen, schwammen an die benach=
barten Ufer, und überließen uns so ganz den Eingebungen und
Bedürfnissen des Augenblicks.

Einmal aber wäre uns ein solcher Spaß fast übel bekom=
men, da die Eigenthümer dieser Inseln für unsere edlen Brand=

und Enten=Opfer keinen Sinn hatten, ihre Nachen losbanden, sich zusammen rotteten und ein förmliches Treibjagen auf uns anstellten. Die schnellste Flucht allein konnte uns vor einer solchen Uebermacht retten, und von da an hatte unser Erobe= rungsfieber ein Ende.

Bei Gebirgsreisen waren uns die bequemeren Wege ver= ächtlich. „Da oben liegt die Burg!" über Sumpf und Grä= ben, Fels und Gesträpp, also aufwärts den nächsten Weg zum Ziel; und oben dann, im Angesicht des weiten Naturpano= ramas, in der Nachbarschaft der Wolken auf einem Stück Vor= zeit sitzend, die Welt gleichsam umarmend .... da wurde ein fröhliches Lied zum frommen Gebet.

Oder wir bestiegen den Münster, krochen ganz oben von den freistehenden vier Quadersteinen in die sogenannte Laterne hinein, und saßen so stundenlang, abgeschnitten von der win= zigen Menschheit und ließen uns schaukeln, wenn ein stärkerer Luftstrom des Riesenthurms Aplomb erprobte *).

Es ist bekannt, daß die Thore der Festungen zu gewissen Nachtstunden geschlossen sind, und der verspätete Wanderer dann zusehen mag, wo er Nachtquartier findet. Desgleichen waren in Straßburg auch die Wasserthore geschlossen. Unsere Freiheit war also bedingt. Diese Gewalt, dem Genie angethan, verdroß uns, und wir fanden Mittel der Thore nicht zu be= dürfen, um uns über die gesetzliche Zeit in öffentlichen Gär=

---

*) Dieses Wanken des obern Thurms wird durch ein Experiment bestätigt, welches Professor Silbermann mit seinen Zöglingen öfter vornahm. Silbermann nemlich stellte ein volles Glas Wasser in die Mitte einer dieser Rotunden, rüttelte dann so lange an zwei Säulen derselben, bis das dadurch bewegte Wasser überlief. Ich selbst war mehrmals Augenzeuge dieses Experiments.

ten, in der Ruprechtsau u. s. w. zu vergnügen. Die genannten Wafferthore bestanden aus herabgelaffenen eisernen Gittern, deren Spitzen fast die Oberfläche des Waffers berührten. Da fuhren wir denn zur Abendzeit unter dem Reggen durch (so nannte man das Gattern) indem wir uns alle, dort angelangt, glatt auf den Rücken legten, und das schmale Schiffchen unter den Spitzen des Gitters durchzogen. So paffirten wir hin und zurück mehrere Wafferthore, um mit Lebensgefahr ein Paar Stunden längerer Freiheit zu genießen.

Soll ich nun noch unserer wilden Streifereien nach näheren und entfernteren Orten, wie Rastatt, Mannheim, Baden, Karlsruhe u. s. w. gedenken? soll ich einer ernsten Neigung erwähnen, die mir — wenn der Blitz des Schicksals nicht einschlug — eine holde und wohlhabende Erbin zugeführt hätte? Ich wage es nicht diese Dinge auch nur anzudeuten und zwar aus Furcht ins Unendliche zu schweifen. So borge ich mir denn für einen Augenblick Fauft's Mantel und verfetze mich mit einem Schlage in eine andere Weltecke.

Ein Studentenkrawall, in den Annalen der Straßburger Universität noch nicht vergeffen, hatte ernste Folgen, zog Prozeffe und Relegationen nach sich, und bildete endlich das brillante Finale jenes stürmischen Dramas. Geräuschvoll fällt der Vorhang. Als er wieder aufrollt, befinden sich drei Nubera jener Burschenschaft am Himmelfahrttage des 18. Mai 1817 im Hôtel Weidenbusch zu

Frankfurt am Main

bei der gemüthlichen Flasche. Die jungen Abenteurer wollten nur den eingetretenen Landregen abwarten, um ihre Reise nach

Philadelphia fortzuſetzen. Abermals kleine Urſachen und große Wirkungen. Ein Paar Waſſertropfen mehr oder weniger beſtimmten das Geſchick mehrerer Familien. Daß dies Geſchick in der freien Stadt Frankfurt nunmehr Wurzel faſſen, und damit eine neue Aera beginnen ſoll, ſcheint unter den Sternen beſchloſſen, in ſofern dieſelben Luſt hätten, ſich mit uns zu beſchäftigen, und bezeichne ich dieſe Aera — einer ſo flüchtigen Vergangenheit gegenüber — mit dem Titel:

Gegenwart.

Vor allen Dingen aber muß ich bemerken, daß von jenen Straßburger Genoſſen, mit längeren oder kürzeren Ausnahmen, es ſtets die Freunde Blind und Gambs waren, die in mein Geſchick ſtets auf und nieder tauchten. Ich darf ſie deshalb nicht außer Augen laſſen. Die im vorigen Kapitel erwähnte Regenzeit abzuwarten, und in der Hoffnung des post nubila Phœbus, beſchloß ich alte Freunde wieder aufzuſuchen und ging nun direkt ins Theater. Manche derſelben begrüßten mich freundlich, aber den freudigſten Eindruck machte es auf mich, als mit ausgebreiteten Armen, und mit dem Ausruf: „Ach, mein alter Schatz!" mir meine Karoline Lindner entgegeneilte. Sie wurde im Jahr 1816 nach Frankfurt berufen, und iſt — ein ſehr ſeltener Fall — dieſem Inſtitute bis an ihren Tod treu geblieben. Eine brillante oder griechiſche Schönheit war die Lindner nicht, aber ſie erſetzte das reichlich durch die geniale Auffaſſung der verſchiedenartigſten Charaktere, durch natürliche Anmuth, durch ein geiſtvolles Auge und ein zum Herzen dringendes Organ. Sie war in jeder Rolle eine Andere. Auf praktiſche Ausübung häuslicher Tugenden ſchien ſie absichtlich Werth gelegt zu haben, und wer sie selbstthätig Stuben und Treppen scheuern, und in großen Henkelkörben Kartoffeln und Gemüse einkaufen sah, der hätte schwerlich die Darstellerin einer Shakesspeare'schen Julie oder eines Goetheschen Gretchens in ihr vermuthet.

Unser Wiedersehen war indessen von bedeutendem Einfluß auf meine Zukunft, denn bald beredete sie mich das amerikanische Projekt aufzugeben. Da nun auch der Intendant Ihlöe mir die Klavierspielstelle am Theater anbot, da ein Scheible, Schnyder von Wartensee und einige hochstehende Damen sich für mich interessirten, endlich auch meine Schicksalsgefährten Gambs und Blind gute Anstellungen erhielten, — ein Glück kommt selten allein — so machte sich die Sache von selbst, und wir blieben in Frankfurt.

Mein mächtigster Beschützer war indeß der hiesige allgemein geschätzte Pfarrer Spieß, dessen Söhnlein Gustav ich anfangs in französischer Sprache unterrichten mußte. Ein anderer Zögling, Herr W., nahm gleichzeitig Unterricht, und wollen beide Herren noch immer so gefällig sein, den Einfluß dieser anglomanischen Studien anzuerkennen. Aber Scherz bei Seite. Das Beispiel wirkte. Ich erhielt weitere Schüler, selbst im Latein, und noch leben obige achtbare Herren, auf deren Andenken stolz zu sein, ich auch alle Ursache habe.

Hatte ich aber ein durchgreifendes Glück mit Klavier-Schülern, so war dies kein Wunder, da dieser Nahrungszweig noch nicht vergriffen war, wie er es jetzt ist, wo auf jeder Seele ein Klavierlehrer lastet.

Inzwischen besuchte ich immer fleißiger das bürgerliche Haus am Marktplatz, worin ich früher so wohl aufgenommen war, und bald entspann sich eine Neigung, die zwar nicht gleich

lichterloh entbrannte, aber um so inniger und dauernder heranwuchs. Ich kann nicht umhin, hier ein vierfaches Akrostichon
einzuschalten, das, wenn auch kein poetisches Meisterstück, um
so mehr aus dem Herzen kam.

E . . . . L . . . . I . . . . S . . . . E
Lispelt's im Flöten - Gesang PhilomelenS
Im Echo des Gebirgs wie süße HarmonI'
Sehnend verehret mein Herz dann den EngeL
E . . . . L . . . . I . . . S . . . . E.

Nichts glich den reichen Kunstgenüssen in dieser patriarcha-
lischen Familie, denn hier galt es nicht, eitlen Virtuosenprunk
zur Schau zu tragen, sondern im gemüthlichen Kreise junger
Leute sich am Gesang zu erfreuen und glücklich zu fühlen. Hier
war ich Kapellmeister gleichsam unter den Vögeln des Waldes,
denn ohne Notenkenntniß und Vorstudien galt es, die Ahnung
des Schönen zu verwirklichen. Ob das nicht auch zu den Kunstgenüssen gehört?

Einen jungen Menschen von etwas wilder Gemüthsart,
ein Verwandter des Hauses, konnten wir nicht ausschließen,
und siehe da — er wurde durch unsern Gesang entwildert,
und so bleibt es immer wahr, daß Musik auch rohe Naturen
wenigstens momentan veredelt. Eines Liedes erlaube ich mir
hier besonders zu erwähnen, weil es, auf Grund eines Ge-
dichts von Justinus „Weint auch einst kein Liebchen Thränen
auf mein Grab" stets eine magische Wirkung auf die Gesellschaft gemacht. Es gehört zu den meinem Vater gewidmeten
sechs Liedern. Op. 6. No. 3.

Ob nun dieses Lied einen so nachhaltigen Eindruck auf
das ebenfalls sehr poetische Gemüth unseres Freundes Gambs

gemacht hat, daß er später seine Louise (die intimste Freundin meiner Frau) zum Altar geführt, weiß ich nicht mehr genau.

Wieder auf meinen speziellen Künstlerpfad zurückkommend, so theile ich denselben in mehrere Phasen und beginne mit den Brettern, welche die Welt bedeuten, weil diese auf mein Leben am meisten influiren.

Bevor ich aber in meine eigentliche Theaterphase von 1817 gleichsam hineintappe, drängt es mich etwas mehr zu thun, und mit den ersten Anfängen unserer Frankfurter Thalia zu beginnen. Gerne würde ich mir das Verdienst zuschreiben, der Entdecker dieser Mittheilungen zu sein, da ich es aber bequemer haben kann, so benutze ich lieber unseres vortrefflichen „Anton Kirchners Ansichten von Frankfurt am Main“, welche bei Gebrüder Wilmanns 1818 erschienen sind. Alles was Theaterwesen betrifft, hier in nuce zusammengedrängt, bleibt mir vielleicht das Verdienst einer deutlichen Concision, wobei das Publikum immer nichts verlieren wird.

Die ersten Anfänge der Frankfurter Bühne.

Die ersten dramatischen Versuche aus jener Zeit waren bekanntlich geistliche Schauspiele; Leben und Wunder der Heiligen und Geschichten aus dem Evangelium dem Volke bildlich dargestellt. Mehr ein Umgang als ein Schauspiel verbanden sich später diese Expektorationen zu Scenen und Akten. Schüler der Stift- und Klosterschulen führten bald durch Teufel und Antichrist die Verdammten zur Hölle. (1468). Auf dem Römerberge Darstellungen der Passionsgeschichte mit ein Paar hundert Gehülfen, desgleichen auf dem Liebfrauenberge Aufführung der Historie von den sieben weisen und thörichten Jungfrauen, durch Knaben dargestellt. Einige Verbindung des Heiligen mit dem Profanen, der Weisheit mit der verworfensten Narrheit *). Diesen folgten (im 16. Jahrhundert) die von Schuster= und Buchdruckergesellen aufgeführten Komödien geschichtlicher Ereignisse, worunter namentlich der „verlorene Sohn" tiefe Rührungen erweckte, und der berühmte Schwerdttanz (in Balletform) ebenfalls auf öffentlichen Plätzen; folgten ferner in den Messen und Wahltagen herumziehende Hanswurstiaden. Diese aber gaben ihre Vorstellungen im Rahmhof, dessen Bretterwände mit Papier beklebt, mit Teppichen und Strohdecken belegt, wobei der Mime jeder Witterung ausgesetzt war. Schlag 3 Uhr begannen diese Vorstellungen, und mußten vor Einbruch der Nacht schließen. Die Einlage im Parterre noble betrug einen Albus. (Ein Weißpfennig, eine kurhessische Silbermünze, an Werth 8 — 9 Pfennige). Eine namhaftere Schaubühne durfte ein Herr Magister J. Weltheim zur Herbstmesse 1686 errichten **). Hier wagte man sich schon an Uebersetzungen nach Corneille und Molière und „eine Morgenröthe zeigte sich am deutschen Kunsthimmel", welcher zusammenstellende Vergleich Kirchner's mir nur nicht ganz richtig scheint.

Diesen aber folgte der Schwulst und Unsinn der Lohen=

---

*) Betrachten wir unsere heutigen Teufelsopern, so sollte man nicht glauben, daß beide Zeiträume so entfernt von einander liegen.

**) Folgendermaßen lautete der Rathschluß vom 14. Sept. 1686. „Als Johann Velken, Kurfürstl. Hof=Komödiant, um Vergünstigung, seine Komödie acht Tage lang allhier zu präsentiren, nochmal gebeten: Sollte man demselben dergestalt willfahren, daß er die Komödie bei guter Zeit anfange und guter Tageszeit endige; die Armen der drei Häuser wohl bedenke, und von den Spektatoren ein Mehreres nicht „als von der Person zehn Kreuzer einfordern und nehmen lasse." —

steinischen Stücke, und später eine italienische Truppe aus Metz
(Anfang des 18. Jahrhunderts), wobei nebst abenteuerlichem
und frivolem Geschrei Freund Hanswurst (mit dem feineren
Namen „Courtisan") nichtsdestoweniger florirte. Zur Krönungs-
zeit (1711) erschien Haake mit der quasi als weiblicher Blau-
bart berühmten Tochter Elendssohns und sagt der Anschlagzettel:
„Diese sehenswürdigen, durchaus lustigen Kapital-Burlesquen
werden denen kuriösen Herren Liebhaber deutscher Schauspiele von denen Hochdeutschen Komödianten offeriret"! Selbst
in Frankreich, dessen Bühne der unsrigen um ein Jahrhundert vorgeeilt war, gehörten diese Burlesquen noch zu den
Lieblingsstücken des Publikums. Der deutsche Hanswurst nennt
sich hier Carlin, und was dort französischer Witz, ist hier derbe
Zweideutigkeit.

Nach langen Kämpfen um den Preis dieses edeln Trifo-
liums: Weltheim, Haake und Elendssohns Tochter, wurde Letzterer die Bude geschlossen. Um 1727 erschien Friederike Neuberin und nach 15 Jahren in kürzeren Zwischenräumen die
Truppen des hochtrabenden Franz Gerwaldo von Walderots,
der Herren Gerard und Savigni (zur Zeit Kaiser Karl VII.).
Bei der Wahl und Krönung Franz I. kehrte die Neuberin
„zur Freude aller gesetzten Leute" nach längerer Abwesenheit
zurück und Franz Schuch gab bei dieser Gelegenheit und später seine künstlerischen Ballete und admirabele Masquerens
(Maskenstücke.)

Um 1750 fanden endlich die Berathungen wegen des Baues
eines neuen Schauspielhauses statt. Während der fast 30jähri-
gen Debatten setzte ein hiesiger Bürger, von Bienenthal, ein
kleines Schauspielhaus in den Junghof, das er an wandernde
Gesellschaften sehr vortheilhaft vermiethete.

Hierauf folgten zur Zeit der Krönung Joseph IV. und später die Herren Kunz und Sebastiani, welcher die Operette einführte, und 1770 ein gewisser Marchand von Straßburg, der seinen Mitgliedern die chevaléresque Anmuth beizubringen wußte, die seinen Vorgängern abging. Auf Marchand folgte die Seilerische Gesellschaft mit den Werken eines Lessing, Leisewitz, Weiße, Bretzner, Bals, Goethe, Schiller, Klinger, Gotter u. A.

Noch andere kleinere Gesellschaften die in den Zwischenzeiten genannter Perioden hier eingekehrt, und bald Trauerspiele zum Lachen und Lustspiele zum Weinen gaben, würden zu nutzlosen Vergleichen führen, weshalb wir sie lieber ungenannt lassen. Als eine nicht uninteressante Episode sei indeß hier eingeschaltet, daß zur Zeit der beiden letzten Kaiserkrönungen Leopold II. (1790) und Franz II. (1792) nebst dem neuen Theater auch noch zwei Bretterbuden aufgeschlagen waren — die erste auf dem Roßmarkt, die zweite auf dem Paradeplatz — daß unser Mozart bei dieser ersten Gelegenheit in Frankfurt anwesend war, und mit den damaligen Herrn Musikern zu manchen Abendstunden weiblich geneipt wurde *). Nach einer andern Version wären Haydn und Mozart zu dieser Zeit in Frankfurt anwesend gewesen, und hätten in einer improvisirten Tonhalle im englischen Fräuleinstift gemeinschaftlich miteinander dirigirt. Ein Faktum, das ich nicht verbürgen kann.

---

*) Das ehrwürdige Häuschen, worin dieses geschah, existirt noch in der Bleidenstraße No. 14, ohnfern der Stadt Kopenhagen und ist anjetzt im Besitz eines Kleinwaarenhändlers (oder Mercerie-Geschäfts). Notiz für Fremde, die einen Blick auf dieses Häuschen werfen mögen.

Die Hauptübergänge bis zu unserer verfeinerten Muse sind bezeichnet, und damit die freudige Wahrnehmung, daß in Mitte solchen dramatischen Vandalismus sich bereits ein mächtiger Drang nach einer höheren Richtung, und gleichsam revoltirend geltend machte. Und dieser Drang gründete den Neubau und die spätere Aktiengesellschaft unseres jetzigen Theaters unter dem Präsidium des Banquier Leerse *) und der praktischen Leitung des früheren Theatersekretärs J. Ihlée. Unsere Bürgerschaft hatte jetzt ein

Frankfurter National-Theater.
(Nebst Muster eines Komödienzettels von 1798).

Das neue Schauspielhaus war gleich nach seiner Vollendung (1787) von einem hiesigen Bürger (Hofrath Tabor) auf zehn Jahre in Pacht genommen worden, und nach sieben Jahren trat der Unternehmer sein Recht an die kurfürstliche Theaterverwaltung in Mainz ab. Die Gesellschaften Böhm und Roberwein machten während jener Pachtzeit von der Mehrzahl der wandernden Truppen eine ehrenvolle Ausnahme.

Also begann, freilich nach manchen Eventualitäten in so kriegerischer Zeit zu Ostern 1792 die neue vaterländische Bühne ihre Laufbahn zu Hanau, und spielte Sonntags zu Wilhelmsbad in Erwartung, daß diese Verbannung nicht von Dauer sei. Diesem Allem zu Folge fand die erste Vorstellung „Fürst von Stromberg" am 21. Oktober desselben Jahres im neuen Hause statt. Nach einer andern Angabe begann diese erste Vorstellung 1783 mit dem Schauspiel „Hanno, der Fürst des

*) Ungeheure Ironie!

Nordens" unter der Direktion eines gewissen Großmann. Unter den mächtigen Talenten werdender Meister, die zu jener Zeit aufgetaucht sind, finden wir auch die Namen Eunicke, deffen Frau die Händel=Schütz, Charlotte Ackermann und: — Lux!

Und mit diesem Namen glaube ich mir ein Recht erworben zu haben meine antiquarische Liebhaberei bis zu einer Chronik der Frankfurter National=Bühne zu führen (erschienen bei H. L. Brönner 1798), welche der sehr ehrenwerthe Souffleur jener Zeit, Herr Karl Wilms, im Druck herausgab und uns folgendes Verslein darin auftischte:

„Samstag den zehnten November=Tag
Ward gegeben Telemach,
Worin besonders die Bären
Sich im Brummen ließen hören!"

Aber zum Glück tauchen dagegen den hiesigen alten Theaterfreunden in dem Personal=Verzeichniß des Herrn Wilms noch der Erinnerung werthe Namen auf.

Theater=Ober=Direktion.

Die Herren Bernard, Dr. Grambs, Guaita, Küstner, Mussi, Schmidt und Schwendel.

Regisseur: Herr Prandt; Musikdirektor: Herr Canabich; Korrepetiteurs: Die Herren Stumpf und Heroux d. J.

Schauspiel= und Opernpersonal.

Herr Prandt: Edle Väter, Charakter=Rollen, Helden.
  „ Schmidt: Polternde Alte, abgelebte Chevaliers.

Herr Dupré: Bonvivants, Franzosen, komische und jugendliche Rollen.

„ Amberg: Feine Bediente und Dümmlinge, Bauern.

„ Demmer: Alle Tenor=Parthien in der Oper, Pedanten
  und erste Intriguante im Schauspiel.

„ Lux: Buffons in der Oper, niedrig komische Alte, Juden, chargirte Rollen im Schauspiel.

„ Maurer: Erste Baßrollen.

„ Woraleck: Alle Tenorparthien.

„ Engelhard: Zärtliche Väter, abgelebte Greise.

„ Urspruch: Junge Liebhaber, Deutsch=Franzosen.

„ Otto: Muntere Rollen.

„ Werdy: Zärtliche Liebhaber und junge Helden, (aus
  Hamburg.)

„ Haas: Alle Bässe in der Oper, (worunter selbst Don
  Juan), Väter und Vertraute im Schauspiel.

„ Meggenhof: Kleine Bediente im Schauspiel und Nebenrollen in der Oper.

„ Hartig: Baßrollen und Nebenrollen im Schauspiel.

Madame Cannabich: Alle ersten Parthien in der Oper (ge-
  wesene Woraleck).

„ Heinemann: Bravour=Parthien und Liebhaberinnen in der Oper.

„ Bötticher: Zärtliche und komische Mütter im
  Schauspiel.

Demoiselle Boudet: Naive Liebhaberinnen und Beinkleider=
  rollen.

„ Müller: Sängerin in der Oper.

Madame Bulla: Anstandsvolle Rollen, edle Weiber und
  Heldinnen.

Madame S ch m i b t: Komische Bauernweiber und Wirthinnen.

„ U r f p r u ch: Zweite und dritte Rollen in der Oper.
Soubrette im Schauspiel.

„ L e f e v r e: Dritte Rollen in der Oper.

„ D e m m e r: Mütter in der Oper und Soubretten
im Schauspiel.

Demoiselle S ch i k a n e d e r: Zweite Rollen in der Oper.

Madame A f f e: Nebenrollen in der Oper u. f. w.

Choriften: Derfch, Gromes, Meyer, Chrift, Falta, Möbus,
Eifer und 8 Knaben aus der Mufit-Pflanzfchule.

D i r e k t i o n s = S e k r e t a i r: Herr Ihlée.

S o u f f l e u r: Herr Wilms.

R e q u i f i t e u r: Herr Bräutigam.

Worauf alle übrigen untergeordneten Chargen folgen.

Das Orchefter beftand aus 28 Mitglieder, von denen ich
fpäter Näheres mittheilen werde.

Ein Prolog, am Neujahrstag gefprochen, giebt uns folgende
Lehre zum Beften.

„Er — der Weife — lerne den Gleichmuth einer Spinne,
Die ihr zerriffenes Netz vergißt,
Ein neues webt — und ruhig ift u. f. w.“

Alfo eine zarte Mahnung, foviel Novitäten zu geben, als
möglich.

Bernard in Offenbach.

(Rekrutirung des Frankfurter Orchefters.)

Unter genannter Oberdirektion begann auch die eigentliche
Exiftenz des Frankfurter Orchefters. Dankbar bliden wir da-

her auf das Haus des Kaufmann Bernard in Offenbach, welcher seine aufgelöste Privat-Kapelle der Rekrutirung des Frankfurter Orchesters empfahl. Es sei mir erlaubt von diesem musikalischen Parnassus, mit Benutzung einer Schrift „Aus dem
Leben eines Todten" Näheres zu berichten. Unter den Bürgern Offenbachs gab es und giebt es noch sehr reiche Häuser,
unter denen die Schnupftabaks-Fabrik der Gebrüder Bernard
besonders hervorragen. Nicht weniger als vier Familien lebten
auf großem Fuß vom Ertrag dieses Marokko. Einer der Chefs,
Peter Bernard, hielt sich sogar eine Kapelle unter Fränzels
Leitung, die ihm aber eine jährliche Ausgabe von 30—40,000 fl.
verursacht haben soll. Er gab große Konzerte, zu denen alle
angesehenen Einwohner Offenbachs gratis Zutritt hatten, und
kein Tonkünstler von Bedeutung kam durch Frankfurt, der von
Bernard eingeladen, nicht reichlich honorirt worden wäre. Und
diese Musikwuth — so erzählt mein Gewährsmann weiter
— habe ganz Offenbach ergriffen, so sehr auch Herr George
d'Orville, der Associé des Hauses Bernard, dagegen geeifert
habe. Daß aus dem Atelier des Herrn Hofrath André dieser
Melomanie reiche Nahrung zuströmte, und derselbe vice versa
auch seine Rechnung dabei gefunden haben mochte, ist begreiflich.

Auch eine Schauspielergesellschaft zur Winterzeit, unter der
Direkton eines Herrn Badewitz, trieb ihr Wesen in dem damals von der Tarantel gestochenen Offenbach, und das Thea-
terchen mit Ranglogen in Schlossers Garten ist bis heute
noch in traitablem Stand erhalten.

Der eigentliche Gründer nun der besagten Tabaks-Hand-
lung war Niclas Bernard, der sie mit nichts begonnen hat,
und wahrscheinlich, damit dies Geschäft nicht ebenso enden

follte, löfte fich diefe Kapelle am Schluß des vorigen Jahrhunderts rafch auf, wodurch dann die oben erwähnte Rekrutirung des Frankfurter Orchefters entftanden ift.

Ich halte es für meine Pflicht die bedeutendften Namen
diefes neuen Orchefters anzugeben, und zwar bis zum Jahr
1817, wo unter Spohr ein neuer Direktions-Wechfel ftattfindet.

Diefe Orcheftermitglieder, theils noch aus Canabichs Zeiten, und wer weiß aus welcher Herren Länder zufammenge-
fchneit, theils auch aus Bernards Kapelle 1800 beigetreten, felbft
im Jahr 1865, wo ich diefes fchreibe, noch als Penfionäre
exiftirend, waren:

Erfte und zweite Violine. Konzertmeifter Hoffmann (von Mainz gekommen), Hom (Vater), Joh. Danzi,
Franz Brandt d. Aelt., (Secund Geiger) und Schwiegervater
des Kapellmeifters Vinc. Lachner, Anton Brandt (Cello und
Guitarrift) — beide 1800 gekommen —, Alexander Brandt,
als erfter Geiger fpäter eingetreten und Herausgeber werthvoller
Arrangements für Violine und Piano, die Gebrüder Heroux
(Karl und Franz), Skottfchoffsky, Bug, Immler, Franz Falta,
die Gebrüder Balbenecker (Niclas B. 1803 engagirt, wurde
fpäter Korrepetitor, Dirigent der leichtern Opern, dann Chordirektor, J. B. Balbenecker wurde Orchefterdirigent beim Schau-
fpiel; Mufikdirektor Schmidt ließ denfelben 1816 von Amfter-
dam kommen).

Bratfche. Wolf, Schaffraneck, Bager.

Cello. Arnold, Mangold, Cronenburg, Stiasny, Graff
(Gatte der berühmten Sängerin).

Fagott. Schuler, Düring.

Flöte. Schwind, Richard, Herbold.

Oboe. Schmitt, Engel (fpäter Violinift).

5*

Klarinette: Hoffmann (der Vater unserer noch heute wirksamen Schauspielerin: Hoffmann-Röhrig), Baumgärtner.

Horn. Karl Fränzl (ein Bruder des Musikdirektors), Wack, die Gebrüder Redecke.

Kontrabässe. Keßler (Vater), Ludwig, Thieme.

Trompeten. Rauch, Affe.

Pauke. Rühl.

Harfe. Wurde damals im Orchester noch nicht gebraucht.

Schlußbemerkung. In den 90er Jahren waren die Gebrüder Wölsch engagirt (Oboe, Klarinette und Fagott), drei Künstler, deren bedeutende Talente sie vor den Folgen ihres wüsten Lebenswandels leider nicht zu schützen vermochten.

Die vorzüglichsten Sänger und Schauspieler jener Zeit bis 1817.

Das Sänger- und Schauspielerpersonal betreffend, so sind mehrere Mitglieder jener von uns bezeichneten Chronik dem Institut von 1800 treu geblieben, und gebe ich hiermit eine Rundschau jener älteren, und in Zwischenräumen bis 1817 neu hinzugetretenen namhaftesten Mitglieder, wobei unvermeidliche Wiederholungen, weil sie eben zur Kompletirung unserer Rundschau gehören, unerläßlich sind.

Sängerinnen waren: Die Damen Canabich, Urspruch, Doris Großmann, Charlotte Graff *), Heinemann und die

---

*) Um Namensverwechselung zu vermeiden: Charlotte Graff, geboren zu Berlin 1782, wurde schon 1804 als Fräulein Böheim rühmlichst genannt, in Stuttgart 1805 engagirt, kam 1811 nach Frankfurt und starb 1831. Ihr Gatte war Konrad Graff, der renommirte Hof-Klaviermacher in Wien.

Schwägerin Mozarts, Louise Lange, berühmt, obgleich schon an die Fünfzig gränzend, durch die Darstellung ihrer Konstanze, Vitellia, Königin der Nacht, welche Mozart bekanntlich für sie geschrieben hat, Frau Wölffl, die kleine Parthien sang und dann zum Chor überging, war die erste Gattin des berühmten Pianisten Jos. Wölffl, eine Madame Schönberger gastirte hier in Tenorparthien.

Tenore: Berger, Schulz, Höfler; eines Demmer sei aus früherer Periode hier nochmals gedacht, weil er jener Schule angehörte, die nun verloren gegangen ist.

Als Bassisten glänzten ein Maurer und Berthold; im Schauspiel ein Werdy, Otto, Böhler, Kehr, Heigel (d. Aelt.), eine Bohs und Frau von Busch *); ein Fräulein Schaffraneck und die liebliche Jsermann. In dieselbe Periode fielen Amberg und Töchter (Christine und Helene), Haßloch und Gattin, die beiden Don Juan's Hill und Jllenberger, die Schauspieler Hartig (Vater), Haas der Unvermeidliche und endlich Leißring (1808), der als primo amoroso in Achilles debutirte, und bald darauf zum Schauspiel überging. Lux, dessen Licht 1818 erlosch, gehörte bekanntlich zu den stereotypen Persönlichkeiten Frankfurts. Seine und Jfflands Büsten von Gyps wurden später die Diosturen des Prosceniums, über welche Zusammenstellung freilich manche verdiente Glosse gemacht wurde.

Nun darf ich hier der ehrenfesten Koriphäen, eines Böres, Schnepf und der Gebrüder Pabjera um so weniger vergessen, wo mit dem Einen oder dem Andern sich selbst schon ein Börne in seiner kritischen Waage beschäftigt hat.

Eines Mannes aber, in mehreren Fächern tüchtig ein-

---

*) Frau von Busch trat als Madame Großmann auf.

greifend und nicht ohne Einfluß auf lokale Zeitverhältniſſe im Gebiete der Muſik, dürfte hier einer beſonderen Erwähnung verdienen.

Johannes Juſt, geboren 1792 zu Frankfurt und dem Handwerkerſtande beſtimmt. Schon als Geſelle fertiger Flötenſpieler, gründete und dirigirte er in Stuttgart zur Zeit ſeiner Wanderſchaften ein Vokalquartett. Zurückgekehrt widmete er ſich dem Theater als Chorführer und Sänger kleiner Parthien, bis er 1835 die Kantorſtelle an der St. Katharinenkirche erhielt. Auch war er einer der Gründer und Leiter des bekannten Frankfurter Liederkranzes, aus welchem 1838 die Mozartſtiftung hervorging. Nachdem Juſt 1853 ſein 25jähriges Jubiläum als Liederkranzdirektor gefeiert, zog er ſich zurück und räumte Herrn Ludwig Gellert ſeinen Platz ein, der Anſtalt aber als Archivar und Ehrendirektor treu verbleibend. Von ſeinen Vokalquartetten hat das aus Göthe's Fauſt: „Burgen mit hohen Mauern und Zinnen" Popularität erlangt.

Zum Schluß dieſer Zuſammenſtellung iſt noch Vater Wieggenhof's zu erwähnen, welcher kleine Rollen ſang, dabei Correpetitor war und das Chorperſonal vorzubereiten hatte.

Damals berühmte Dekorationsmaler hießen Fuentes und Mack, Kaſſirer waren Behagel und Creutz, Theaterdiener, reſp. Kalkant*) und Zettelträger hießen: Bräutigam, Lemmé, Luther, und Hetzel.

Ob nun jene Zeit, wo das Publikum noch weit empfänglicher für Illuſion war, als unſer jetziges blaſirtes, ob jene Zeit mit demſelben Rechte eine klaſſiſche oder goldene genannt

---

*) Calcant (Kalkant) kommt vom lateiniſchen calcare, treten (part. »calcans«) ein Tretender von calx, die Ferſe.

zu werden verdient als die spätere, ist wohl eine nicht schwer zu lösende Frage.

Es kam nun Alles darauf an den gesunden Gliedern auch einen gesunden Kopf zu geben, und dieser fand sich in dem Musikdirektor Joseph Schmitt aus Amsterdam (1801), der früher als bedeutender Violinspieler Ruf hatte. Obgleich weder als Theoretiker noch als Komponist von Bedeutung, war ihm eine energische Leitung doch nicht abzusprechen. Die Art, mit dem Bogen zu dirigiren, mochte manche praktische Seite haben, doch reichte sie nicht immer aus. Spohr war der Erste, der den — Stab zur Hand nahm, was auch allen Theilen als bequemer und sicherer erschien. Schmitt starb nach langwieriger Krankheit 1818.

Wenn nun das Frankfurter Orchester, trotz so vieler Wechselfälle seine Berühmtheit fortwährend behauptet, so ist das natürlich. Der gute Stamm wurzelt in fruchtbarem Boden, und der Geist erbt sich fort von Geschlecht zu Geschlecht. Mit einem Wort: „die Grenadiere gehen, aber das Regiment bleibt!" In diesem Gleichnisse dürfte aber eine Wahrheit liegen.

Was den hiesigen Pensionsfond betrifft, so wurde derselbe schon 1792 gegründet. Nach der unter dem 5. März 1807 aufgestellten Rechnung belief sich der Bestand dieses Fonds auf 8882 fl. 39 kr., der aber trotz mancherlei Verlusten anjetzt gegen 85,000 fl. gestiegen ist. Die ersten Vorsteher dieses Fonds waren Otto, Werdy, Hoffmann, M. D. Schmitt, Haas, Keßler und Lux, und wenn wir diese Rechnungsablagen verfolgten, so müßte sich in dem Ab- und Zugehen der einzelnen Mitglieder und Vorstände, ebensogut eine Geschichte unseres Theaters entwickeln, wie — in den gesammelten Komödienzetteln. Und nun nach diesen nicht ganz leichten Aufstellungen

unseres Theaterpersonals innerhalb ca. 35 Jahren, wäre es
Zeit auch auf meine Person, auf mein eigentliches Fach zurück zu kommen.

Reformationspläne.

Auf mein eigentliches Fach? Welches ist es? Wozu ward
ich geboren? Los und lediglich nur um kleine Kinder Klavierspielen zu lehren? Wären das jene stolzen Entwürfe zu höheren Zwecken? Meine Hoffnungen einst den Katheder zu besteige-
gen? Mein Gefühl spricht hier ein entschiedenes „Nein" aus,
und behauptete selbst einmal in späterer Zeit mein Carl Spindler, ich sei weniger zum Tonkünstler, als zum Schriftsteller geboren.

Ob dies nun oder ob jenes — jedenfalls käme alles
Philosophiren darüber zu spät. Ich stehe nun einmal auf dem
Platze, wo mich unsichtbare Mächte oder der Zufall hingestellt
haben, und da es der Gesundheit schädlich wäre zu verzweifeln,
so heißt es sich in das Unvermeidliche fügen, und zu bleiben,
was man ist, nämlich ein Schulmeister von Gottesgnaden.
Nichts desto weniger schmeichelt es meiner Eitelkeit, wenn ar-
tige Leute auf ihren Adressen mich zuweilen mit den Namen:
dramatischer Dichter, berühmter Literat beehren, oder mich selbst
zum Doktor, Redakteur u. s. w. machen. Auf ein paar Dutzend
närrischer Adressen mehr oder weniger kommt's da nicht an.
Daß ich mit den Tendenzen meines Klavierunterrichts oft in
Kollisionen gerathen mußte, ist begreiflich. Und diese Kollisionen, obgleich ich stets bessere Einrichtungen zu treffen suchte,
werden noch fortdauern bis an mein seliges Ende.

Kleinere und größere Abhandlungen über diesen Gegenstand regten hie und da allerdings an, zogen mir auch wohl Verdruß zu, besserten aber in der Regel nichts.

Zwei dieser Abhandlungen worauf ich einige Hoffnung setzte, waren humoristisch abgefaßt, und überschrieben: „Meisters Leidensjahre" nnd „Epidemie des Klavierspiels", ein anderer Artikel von ernsterem Inhalt hieß: „Apostrophe über Klavierspielen *)." Um nun nicht bei nackten Rathschlägen oder raisonnirenden Raisonnements stehen zu bleiben, habe ich selbst einmal mit Hand angelegt und für junge Klavier-Docenten — vielleicht auch für einige alte — ein Werkchen geschrieben, das unter dem Titel „Leitfaden für angehende Klavierlehrer" ebenfalls bei Jonghaus erschienen ist. Ich kann mich einiger Stoßseufzer darüber nicht enthalten:

Könnte denn so ein Klavierspieler nicht weit früher fertig sein? und ist es denn durchaus nöthig, daß so viele liebe Mädchen und Fräuleins (bis sie Mütter werden, wo dann vieles von sich selbst aufhört) wohl ein Dutzend Jahre lang sich abmartern müssen, um am Ende nicht im Stande zu sein ein einfaches Stückchen gänzlich technisch und applikatorisch fehlerfrei, ohne — merken Sie wohl auf meine Damen — ein einziges Mal zu stocken und mit gebildetem Geschmack, mit geistvoller Karakteristik vorzutragen?

Ich spreche hier sehr Wichtiges mit wenig Worten aus, ich verlange sehr viel. Aber die Hand auf's Herz: Wo finden wir,

---

*) Die beiden Ersteren erschienen in einer Novellen-Sammlung „Feldzüge und Streifereien im Gebiete der Tonkunst". 1846, bei G. Jonghaus in Darmstadt, der dritte Aufsatz erschien 1863 im hiesigen Konversationsblatt Nr. 238.

. . . einzelne schöne Ausnahmen sind dann um so höher zu
schätzen . . . einen einzigen unter hunderten von Eleven, welcher
obige Bedingungen ihrem ganzen Umfang nach erfüllt? Worin
dieses Uebel liegt, wer hat es untersucht? Aber gewiß ist, daß
es existirt. Eine andere Frage ist die, weßhalb selbst die erfah-
rensten Lehrer es so selten dahin bringen, mit voller Ueberzeugung zu dem Schüler sagen zu können: „Hier bleibt nichts
mehr zu wünschen übrig." Vielleicht weil man es mit Dilettanten zu thun habe? Das kann es nicht sein, weil es überhaupt keinen Dilettantismus in der Kunst gibt. Man ist entweder Künstler oder man ist keiner.

Ich maße mir nicht an das Räthsel zu lösen, wie der Unterricht beschaffen sein soll und wenigstens mit 50 pCt. Zeit-
ersparniß zu dem ausgesprochenen Resultat zu gelangen und
dennoch steigen mir in schlaflosen Nächten, wo mir das genannte
Würzburger Schneiderbürschlein oft genug im Traume erscheint,
der Reformationsblasen genug in meinem Gehirne auf, und so
stellte ich mir einstens die Frage: Ob man die Zeiger aller
Lebens- und Lehrer-Uhren nicht wenigstens um 6 Stunden
vorrücken sollte, wie man z. B. in heißen Ländern die mili-
tairische Taktik um die Hälfte vorrückt und vereinfacht, um desto
früher losschießen zu können. Vielleicht — so steigerte sich meine
Phantasie zur völligen Proposition, wenn man neben der unvermeidlichen Skala gleichzeitig mit den Keulenschlägen des gra-
dischen Parnassus und des a vista Lesens (z. B. mit Spohr-
schen und Weber'schen Klavierauszügen) begönne? Wie müßte
da der entfesselte Genius sich plötzlich aufschwingen in die freien
Lüfte gleich Lerche und Wachtel, die ihr erstes Mailied vom
Blatte lesen und der aufgehenden Sonne entgegen bringen.

Viele werden diese Idee als barock und thöricht belächeln,

aber die schwersten Lasten sich zuerst vom Halse zu schaffen gebietet ja die Lebensweisheit. Die natürlichste Gegenfrage dürfte freilich nun die sein, weßhalb ich nicht selbst, ein solcher musikalischer Messias, mit dieser vortrefflichen Methode hervorgetreten bin? Darauf antworte ich ganz einfach: Weil ich mich vor Schlägen fürchte; denn dürfte ich jemals hoffen so unterstützt zu werden, daß diese Idee, würde sie auch noch so planmäßig angegriffen, jemals Wurzel fassen könne? Der Lateiner kennt das Schreckenswort »oportet«, auf deutsch: „es muß!" Will also der Herr Reformator dem edlen Handwerke, Musikstunde zu geben nicht ganz entsagen, so muß er — mit den Wölfen heulen.

Aber genug, sonst werde ich sentimental, und das darf einem gesunden Humor nie passiren. Habe ich von Knaben und jungen Herren diesmal nichts gesagt, so geschah es aus dem Grunde, weil sie — wenn sie sich nicht grade zum Virtuosenthum bestimmen wollen — erstens selten das nöthige Sitzfleisch haben, und sie ohnehin die epopeische Tuba bald mit dem Comptoir- oder Kellerschlüssel vertauschen.

Zum Schlusse dieser Skizze wollte ich einige Stellen aus jenen Aufsätzen abdrucken lassen, allein ich denke, wem es darum zu thun ist, mehr zu erfahren, der wird die Mühe des Nachschlagens nicht scheuen. Lieber gebe ich Ihnen einige pikante Mittheilungen aus dem Schatzkästlein meiner pädagogischen Erfahrungen, und wenn ich darin, wie bereits auch schon geschehen ist, der Zeit vorgreife, so verliert die Sache wenigstens nicht darunter.

Aus meinem empirischen Schatzkästlein.

In einem Werke, wo es darauf ankommt, das zu sagen, was man für Wahrheit hält — denn wer dürfte sich unterfangen zu behaupten: „das ist Wahrheit" — in einem solchen Werke zur rechten Zeit Namen zu nennen und zu verschweigen, ist Sache des richtigen Taktgefühls, und ich hoffe als Musiker soviel davon zu besitzen, als ich brauche um nicht zu verletzen. Bei dieser Gelegenheit nun gebietet dieses Taktgefühl das Letztere.

Wen von uns Lehrern hat nicht schon die Eitelkeit überfallen, seinen Schülern Werke zu dediciren, und wer fühlt sich am meisten dadurch geschmeichelt? Kaum der Schüler, denn instinktmäßig fühlt sich derselbe, namentlich wenn er der sogenannten haute volée angehört, mehr oder weniger beklommen. Also der Vater, die Mutter? Wir wollen sehen.

Wer Fürsten und Staatsmännern seine Werke zueignet, zielt nach Medaillen, womöglich mit Band, und wünschen wir ihm noch viele folgende.

Wer den Kindern seiner Musikdirektoren etwas widmet, hat den Dank schon in der Tasche, oder vielmehr der Dank liegt in der Widmung selbst. Ebenso verhält sich's mit Kollegen und holden Sängerinnen, welche die Ehre, daß sie eine solche Widmung von Seiten ihres „väterlichen Freundes" huldvoll annehmen, zu schätzen wissen. Anders ist es bei Privatpersonen. Die Angewidmeten sind plötzlich andere Menschen geworden, und erscheinen in einem ganz anderen Lichte. Mit klopfendem Herzen überreiche ich einem Manne, den ich verehre, ein Manuskript, und bitte um die Erlaubniß, dasselbe meiner Schülerin bediciren zu dürfen. Der Mann wird plötzlich einsylbig, und ohne mein Manuskript anzusehen, antwortet er mir trocken: Recht gerne, mein werther Herr, wenn Sie auf das Honorar verzichten wollen. Ich stotterte sehr naiv: „daß sich das von selbst verstünde" und vier Wochen darauf prangt die gedruckte Sonate am Hedler'schen Schaufenster. Eine andere Scene ist nicht minder memorabel. Ohne erst um Erlaubniß zu fragen, ließ ich eine andere Widmung gleich drucken und überreichte dieselbe der Tochter eines Banquiers. Das Kind tanzte damit in der Stube herum, und sogleich begannen wir das Werk mit einander zu studiren. „Wie werden sich erst die Eltern geehrt fühlen ob solcher Aufmerksamkeit", dachte ich, und freute mich schon auf die erste Lektion. Diese sollte nicht ausbleiben. „Das Fräulein hätten Kopfweh", ließ der Bediente sagen, als ich mich zur nächsten Stunde einfinden wollte, da aber Kopfweh und Stundengeben nie weit von einander entfernt sind, fand ich nichts unnatürliches darin. Als ich aber zum zweiten Mal erschien, war meine Schülerin nicht im Zimmer und der Flügel verschlossen. Schon wollte ich bereits auch etwas von Kopfweh verspüren, als sich mit Geräusch die Thüre öffnete, und die Eltern meiner Schülerin beide feierlich eintraten. Der Herr Banquier bedeutete mir Platz zu nehmen, setzte sich mit der Frau Gemahlin vor mich hin und hielt mir folgende Standrede: „Herr Gollmick! für diesmal wollen wir Ihre dedicaco annehmen, aber unter der Bedingung, daß Sie nie mehr eine solche an meine Tochter ergehen lassen. Das Fräulein bedauert heute keine Lektion nehmen zu können." Dabei überreichte er mir höchst eigenhändig 2 Cachets, und beide Gatten verließen ebenso steif als sie gekommen das Zimmer. Fast wäre ich so thöricht gewesen, diese gute Stunde aufzugeben, aber wer wäre da der Geprellte gewesen? Von Dedikationen die entweder ganz ignorirt werden oder ein pretium affectionis von 6 Flaschen Etiquet-Wein nach sich ziehen (besonders wenn der Wohlthäter Weinhändler ist), wollen wir schweigen.

Man sollte glauben dies wären der Winke genug, um von dieser Dedikationswuth geheilt zu werden, allein ich sollte noch eine stärkere Lehre erhalten.

In einer hiesigen weiblichen Erziehungsanstalt, wohin mich Ferdinand Ries empfahl, hatte ich bald so viele Stunden zu geben, daß ich mir schon ein hübsches Sümmchen zurücklegen konnte. Die Frau Professorin, wie man die Instituts-Direktrice nannte, protegirte mich sehr, und ich kann behaupten, daß ich nach Ries am meisten in diesem Hause galt. Bei allen Instituts-Festen dichtete und komponirte ich die Cantaten, studirte dieselben ein, und nichts ging mir über die Wonne, diesen jungen und schönen Erbinnen mein Talent widmen zu können. Daß ich auch hier des Guten bald zu viel that, war ein Temperamentsfehler. Ein Akrostichon auf den Tauf- und Zunamen einer meiner liebsten Schülerinnen, unter dem Titel: „das Mädchen und die Rose", kann diesen Fehler bestätigen. Ich kann heute noch darauf schwören, daß hier von einer zweideutigen Absicht nicht die Rede war, und ich nur wieder dem inneren Triebe gefolgt bin, gefälliger gegen andere Menschen zu sein, als — gegen mich selbst. Die Folgen dieses Mißgriffs sollten sich bald zeigen, denn Tags darauf schon bemerkte ich, daß sämmtliche Schülerinnen einen andern Ton gegen mich anschlugen, einen Ton der Kälte und Absonderung, der aber nur eher einer abgedrungenen Verschwörung als einer wirklichen Abneigung gegen meine Person glich. Unterdrückte Thränen mischten sich in diese plötzliche Trockenheit, und endlich glaubte ich zu wissen woran ich war. Aber daß ich's kurz mache: die Frau Professor berief mich eines heitern Morgens in ihr Boudoir, las mir eigenmündig das unselige Akrostichon vor, und häufte Argwohn auf Argwohn auf mein verblüfftes Haupt. Wie ich mich auch zu vertheidigen suchte, die Frau blieb unversöhnlich und wurde in der Folge so exaltirt in ihrem Haß, wie sie es früher in ihrer Zuneigung war. So verlor ich nach und nach alle meine Stunden in jenem Institut, und da keine neuen hinzu kamen, so sah ich mich nach Jahr und Tag (so lange währte die Marter) in meinen Finanzen be= greiflicher Weise sehr reducirt, denn unvorsichtig opferte ich die= ser Anstalt alle meine Privatstunden auf. Eine Lehre, daß man das niemals thun soll. Dies aber mochte wohl ein Grund mehr sein, weshalb ich desto fleißiger Literatur trieb, was aller= dings meiner Neigung besser zusagte. Um nun mein Dedikka= tions=Kapitel mit einer noch eklatanteren Nutzanwendung zu schließen, so erwähne ich hier eines Mannes, auf welchen obige Geschichte Eindruck zu machen schien.

Aus einer patrizischen Familie stammend, machte er kein glänzendes, aber ein höchst solides Haus. Er bewohnte eines jener schönen Quartiere mit der Aussicht auf den Main. Alle in einander gehenden Zimmer mit Flügelthüren hatten eine, ich möchte sagen logische Symmetrie. Da war nichts Ueberflüs= siges, nichts Prunkhaftes oder Gezïertes, aber alles fest, gedie= gen, geschmackvoll; und Alles stand am rechten Platz, als ob es Mutter Natur hingepflanzt hätte. Die Wände waren nur mit wenigen aber desto werthvolleren Gemälden meist aus der italienischen Schule geziert, das Bibliothekzimmer bestand, außer französischen, deutschen und englischen Klassikern aus landwirth= schaftlichen und kameralistischen Werken, und das Bad war im

griechischen Styl eingerichtet. Ausnehmend einladend war aber
der Speisesaal, worin ein eigenes Büffet von Rosenholz, das
sich durch einen Federdruck öffnete, ein glänzendes Silberge-
schirr zeigte. Trat Herr E. punkt 1 Uhr — nie eine Minute
später oder früher — in dies Speisezimmer, so folgte ihm
auch gewiß der alte Bediente auf dem Fuße mit der Sup-
penterrine, sollte er nicht auf der Stelle seinen Abschied haben,
denn Ordnung war gleichsam die Religion dieses merkwürdigen Mannes.

Nach Tische wurde an heißen Tagen auf dem Belvedere des
Hauses der Kaffee genommen, wurden die Zeitungen gelesen und
freundliche Unterhaltungen gepflogen. Johann (jeder Bediente
mußte so heißen) versäumte dabei nie zierliche Kübel frischen
Eises neben das Kaffeebrett zu stellen. Nach dem Kaffee wurde
dann Billard gespielt, und welch ein herrlich eingerichtetes Bil-
lard-Zimmer war das? Ein Hofmeister des Herrn E... (zur
Stunde jetzt einer unserer ersten Staatswürdenträger) leitete
die Studien der Knaben, und theilte unsere menu plaisirs.
Punkt 3 Uhr mußte Alles an sein Geschäft, und sollte jede
Parthie auf 23 stehen. So war ich täglicher Genosse des Hauses, und ein für allemal zu Tisch geladen. Mochten die höchsten Herrschaften bei Tafel sein, der Klavierlehrer behielt sein
Couvert, das er allerdings zur rechten Zeit abzulehnen wußte.
Welches Glück mich in dies Haus gebracht, erinnere ich mich
nicht mehr, ich glaube fast durch die Frau Professor. Ich wurde
gerne angenommen, weil ich ein „Straßburger“ war,
woher auch mein Gönner stammt. Daß dieser bei seinen vortrefflichen Eigenschaften ein Original war, erhellt aus vielen
hier nicht in Kürze auseinander zu setzenden Zügen.

Gewöhnlich gab ich meinem lieben kräftigen Knaben von

11—1 Uhr mufikalifchen Unterricht. Herr E., deffen verftorbene Gattin felbft Befizerin einer ausgefuchten mufif. Bibliothek war, wohnte, wo er fich nur eine kurze Zeit abmüßigen konnte, diefen Stunden bei und mußte ich ihm dann Lieblingsweifen feiner Gattin vorfpielen, wonach fein ernftes Wefen alsbald in eine milde Freundlichkeit überging.

Gingen wir baden, fo war das Badhäuschen zum Vor- aus beftellt, und es lagen weiche Kiffen und Teppiche fchon längft bereit. Machten wir weitere Spaziergänge, fo forgte Jo- hann vorher für gefchmackvolle Einkehr, und dann durften Fo- rellen und Krebfe, durfte der Jaquefon gewiß nicht fehlen. Bei allen Touren aber liebte es unfer freundlicher Wirth durch lehrreiche Anekboten aus der mufikalifchen Literatur auf den Geift meiner Zöglinge zu wirken, und wenn ich mich dazu tüch= tig vorbereitete, fo war das eben keine leichte Aufgabe.

Das war eine fchöne Zeit, die aber nicht lange grünen bleiben follte.

Eines Tages forderte mich Herr E. auf ftatt des Billard= fpiels ihn in fein Kabinet zu begleiten. Wir fezten uns und in feiner einfachen Weife, nur etwas feierlicher begann er fol= gender Maßen. Ich kopire hier mein Tagebuch:

„Was ich", mein werther Herr G., „fo fehr an Ihnen fchäze, ift nicht allein, daß Sie ein Straßburger find, fondern daß Sie ein ächtes Künftlergemüth haben, und meinen Söh- nen fo viel Anhänglichkeit beweifen. Um mich dankbar zu be- zeigen, möchte ich Ihnen aber eine kleine vielleicht nicht unnüze Lehre mit auf den Weg geben. Sie baten mich vor einiger Zeit um die Erlaubniß, Ihren Zöglingen ein Duo oder der- gleichen dediciren zu dürfen, und ich fchlug es Ihnen rund ab. Sie fchienen gekränkt, aber es war fo beffer, und zu der Ge=

schichte mit der Frau Professor möchte ich Ihnen einen Kommentar liefern: Dediciren Sie Ihren Schülern niemals etwas, namentlich Frauenzimmern nicht. Junge Männer und Knaben beachten so etwas nur wenig, junge Mädchen aber desto mehr, denn sie sind schlau, früher reif, als Sie glauben, und fühlen bald eine versteckte Absicht heraus; die Eltern aber eine versteckte Liebelei. Sein Sie so exakt als möglich, aber kommen Sie weder früher in Ihre Stunden, noch gehen Sie später fort, denn wer liest in Ihrer Seele, wie die Sache gemeint sei? Auch war es Ihnen wohl schon unbequem geworden, wenn kleine Mädchen mit 15—16 Jahren gleichsam plötzlich zu Jungfrauen sich gestaltet haben und der Lehrer förmlich erschrickt vor dem traulichen „Du." Dieser Verlegenheit entgeht man am Besten, wenn man gleich anfangs das Wickelkind in der dritten Person pluralis anredet. Ich fürchte, Sie haben hierin schlimme und für Ihre Oekonomie selbst nachtheilige Erfahrungen gemacht, deßhalb nützen Sie dieselben... zum Abschied."

„Zum Abschied?!" rief ich bestürzt aus und sprang vom Stuhl auf.

„Ja, mein werther Freund, zum Abschied, denn ich verlasse morgen Frankfurt auf immer und ziehe wieder in mein liebes Straßburg ein. Besuchen Sie uns bald und nehmen Sie dieses als eine kleine Entschädigung für die Verluste von Seiten der Frau Professor." Und dabei ließ der edle Mann ein kleines Portefeuille in meine Hand gleiten, wehrte Dank wie Abschied sanft ab, und verließ rasch das Zimmer.

So war der schöne Traum vorbei und „Mann und Freund sah' ich niemals wieder!" Höchst erschüttert in meiner Wohnung angelangt, fand ich beim Eröffnen des Portefeuille eine Melodie

von Noten vor, die noch lange nachklangen in meiner Erinnerung. Es waren — Banknoten!

Ich konnte mich nicht erwehren, mich so lange bei einzelnen Personen aufzuhalten, weil Alles von ihnen Erzählte für
mein Leben von rückwirkender Bedeutung ist, doch werde ich
suchen, das suum cuique fortan im Auge zu halten.

Nicht möchte ich hier ungewöhnlicher Zeichen in meinem
Stundenplan vergessen, weil ich nun einmal Eigenthümlich-
keiten liebe. Ich bezeichne also meine Stunden nach den hiero-
glyphischen Zeichen der Wochentage aus dem höchsten Alterthum.

☉ (Sonne) Sonntag; ☽ (Mond) Montag; ♂ oder ♂
(Mars) Dienstag; ☿ (Merkur) Mittwoch; ♃ (Jupiter) Don-
nerstag; ♀ (Venus mit dem Spiegel) Freitag; ♄ (Saturn)
Samstag.

Siehe, da bin ich in der Hitze des Gefechts meiner Selbstschau wieder vorausgeeilt, werde nun aber zu meinen Freunden zurückkehren und bessere Ordnung zu halten suchen.

Reflektionen.

Und gerade mit diesem Worte erwächst mir ein guter An-
haltspunkt, denn Ordnungsliebe ist mir angeboren, und gleichsam ein Erbtheil von meinem Vater. Wenn der Göthe'sche
Spruch: „Ordnung läßt Zeit gewinnen" aus der Hölle stammt,
so ist er doch sehr nachahmungswerth und gleichhaltig der himmlischen Moral Schillers: „Ordnung, segensreiche Himmels-
tochter u. s. w."

Dennoch aber kommt diese Zeit, oder vielmehr der Zeitmangel mit dieser Ordnungsliebe nicht selten in Konflikt, und

was helfen sollte, wird zum Unstern, denn obgleich ich Alles und Jedes in Fächer und Schubläbchen sorgsam eingetheilt habe, so kann ich denn doch das, was ich suche, oft weit weniger finden, als wenn alles drunter und drüber läge. So klage ich mich weit ärger an, als es mein ärgster Widersacher thun könnte. Die Register meiner Bibliothek lassen allerdings auf eine große Ordnung schließen, allein ich gewinne nicht Zeit diese Ordnung einzuhalten. Es gäbe also zweierlei Ordnungen, eine theoretische und eine praktische, die getrennt, sich gleichsam einander aufheben. Weshalb aber gewinne ich diese Zeit nicht? Aus Zeitmangel etwa? Thörichte Selbsttäuschung. Der Mensch kann Alles, wenn er es nur ernstlich begehrt. Wenn z. B. tausende von Briefen mit den üblichen Entschuldigungen wegen Zeitmangel beginnen, so ist das nur ein ausgestelltes Armuths- zeugniß für den Briefsteller, und ein schlechtes Kompliment für den Empfänger, (obgleich sich dieser in der Regel ehrlich re- vanchirt), denn wer den Drang zu schreiben, wirklich in seiner Brust trägt, hat immer Zeit.

> „Und plagt dich Gicht und Zipperlein,
> So schreibt sichs bei des Lämpchens Schein
> Doch so gemüthlich, wahr und rein.“

Und welche Sprache übersetzt, welche Encyclopädie detaillirt das Wörtlein „gemüthlich“ und mit welchem Gefühl ist es zu vergleichen? Ein großer Geist, eine starke Seele, ein warmes frommes Herz, tiefe und zarte Empfindung — Alles dies kommt dem wahren Begriff des Worts „Gemüth“ nicht bei. Am nächsten dürfte man es treffen, wenn man ohne allen Eigennutz das Gefühl eines Menschen in einen ange- nehmen Zustand versetzt, oder besser noch, wenn man (wie auch

schon die Einleitung bevorwortet) sich nicht von dem Kindes-
alter lossagen kann.

Vielleicht helfen einige Beispiele?

Einen Wurm, einen Käfer bei Seite schaffen, damit er
nicht zertreten werde ... ein Kind vor Strafe zu bewahren,
wenn der Vater des Kindes, das den Wurm zertreten, züch-
tigen will .... selbst gebrechlich, einen Greis durch ein Wasser
leiten .... selbst ermüdet oder leidend, einen Gast durch Erzählungen erheitern .... wenn mich ein Freund beleidigt hat,
und ich suche ihn zu versöhnen .... einem schlechten Klavierspieler geduldig zuhören, weil dessen Verwandte ihre Freude
daran haben .... und selbst über die zu lächeln, die uns wegen allzuviel Empfindsamkeit verspotten?! Vielleicht auch noch
eine Kopie aus meinem Tagebuch: „Ich spiele Variationen
von mir in einem Konzert, das Karoline und ich einem blinden Deklamator G... veranstalten. Alle Laufereien aber lasten auf mir allein. Ich leite den Blinden auf das Podium,
soufflire ihm, und bin sein factotum. Karoline spricht ale-
mannische Gedichte, Schelble und Krönner singen.

Freilich gab es auch Fälle, wo diese Gemüthlichkeit an
Narrheit gränzte, wenn z. B. eine Schauspielerin oder Sängerin, mich ihren Schutzgott nennend, mir nicht allein alle solche
Konzertstrapazen gnädig in die Schuhe schob, sondern ich auch
noch die Ehre hatte, die Künstlerin auf meine Kosten in einem
Stadtwagen (damals gab es noch keine Fiakres), abholen und
wieder nach Hause fahren zu dürfen.

In allen Fällen werde ich das, was ich für Gemüth halte,
als Hauptprinzip meiner sanfteren Neigungen treu bewahren,
und hoffe dadurch einigen Ersatz für andere mir mangelnde
Tugenden zu finden.

Ich beabsichtigte in dem folgenden Artikel den Leser von hiesigen, auf mein Leben influirenden Persönlichkeiten zu unterhalten. Namentlich mußte ich mit Schelble, dessen Bekanntschaft ich vor Allem suchte, beginnen. Doch ist dieses Mannes Geschichte so eng mit den Fragen des hiesigen Museums und Cäcilienvereins verwoben, daß ich, ohne mich zu verwirren, vorerst mit der Wesentlichsten dieser beiden Anstalten im Reinen sein mußte. Somit werfe ich mich vertrauungsvoll an das Herz meines edlen Freundes A. Clemens, und bitte ihn, mir zu erlauben, einiges aus dem Vorworte einer Brochüre über das Frankfurter Museum (Varrentrapp 1837) excerpiren zu dürfen. In der Erinnerung nun, daß A. Clemens (denn hier ist nicht vom Doctor medicinæ, sondern vom Beamten dieser Anstalt die Rede), auch meine Wenigkeit später excerpirte, und zwar in seinen im Museum gehaltenen Vorträgen mehrere meiner Novellen *), wird er mir diese Revanche hoffentlich nicht verübeln.

Museum. Cäcilienverein. Schelble.

„Das Frankfurter Museum", so beginnt der geschätzte Verfasser sein Vorwort, „obgleich keine Gelehrtenanstalt, eröffnet doch jeder geistigen Thätigkeit seine Pforten ohne Unterschied. In bunter Reihe nimmt bald diese, bald jene das Wort. Rede

---

*) „Das Götterland der Tonkunst." — „Ein Ton aus der Skala eines Musikers im 19. Jahrhundert." — „Theaterrevolution" u. s. w. erschienen in verschiedenen Zeitschriften, und sind später in Bücher übergegangen.

wechselt mit Musik, Kunstausstellung mit Gesang. Alles heißt willkommen, was das Gepräge des Wahren, Guten und Schönen trägt u. s. w."

Nachdem also die Tendenz besprochen war, beginnt der geschätzte Verfasser die Einleitung wie folgt, wobei ich wiederholt erinnere, daß ich nur skizzenweise verfahre.

„Das Museum, was es war, ist und sein könnte
(vorgetragen am 13. Januar 1837").

„An einem Sonntage des Spätsommers 1807 ergingen sich drei ehrenwerthe Männer vor den Thoren von Frankfurt, wo Guiolett's schaffende Hand bereits einen reizenden Garten (die Promenaden) hervorzuzaubern begann. Auf ihrem Rückzuge von einem plötzlichen Regengusse überfallen, sahen sie sich genöthigt in das nahe gelegene „goldne Roß" (jetzt Hôtel de Hollande am Götheplatz), einzutreten. Große Begebenheiten aus kleinen Ursachen! Diese drei Männer, nämlich der im vorigen Jahr hinübergegangene Niclas Vogt, der geist- und gemüthvolle Verkünder der „„Rheinischen Sagen""; ferner der noch lebende und für das Gute rüstig wirkende Baurath Heß, und endlich der jetzt in Weimar wohnende, als Architekt ausgezeichnete Oberbaudirektor, Ritter von Coudray, waren die Stifter, und der Regenguß die Ursache der Gründung unsers Museums."

Wäre ich skeptisch, so könnte ich von wässerigen Omina reden, allein solche Sachen liegen mir fern, und was nun folgt war allem Wasserstoff ferne und blos rein geistiger Natur.

In den Saal eingetreten, von heitern Gästen umschwärmt und mit der rheinischen Flasche liebäugelnd, wallte Vogt über:

„Hier" (vergessen Sie nur ja nicht, daß ich blos skizzire) „hier
athmet Alles Scherz und Vergnügen, und Gleiches gesellt sich
zu Gleichem .... Könnten wir uns nicht auch mit Gleichge-
sinnten vereinigen zur Geselligkeit, Freude und zum Lebensge-
nuß? Fort also mit aller Koterie und Sonderbündnissen. Könnten wir's nicht eben so gut haben, wie diese Frohen hier? Auf
denn, meine Herren, Hand ans Werk, lassen Sie uns diese
Stunde weihen, indem wir einen Plan ersinnen, wie so etwas
ins Werk zu setzen wäre." Also wurden die ersten Grundzüge
des künftigen Museums mit Bleistift entworfen. Die erste Klasse
begriff anregende Vorträge der Gelehrten, die zweite Zeichnung
und Plastik, die dritte Musik, die vierte beitragende Kunstfreunde, wobei Vorstand, Sekretariat, Korrespondenz, Protokoll
gleichzeitig geboren wurden. Die Karten waren gemischt, und
jeden Freitag sollte ausgespielt werden, eine Sitte, die noch
nach 57 Jahren stattfindet. Jedenfalls wurde die Sache mit
seltner Energie betrieben, denn schon nach einigen Tagen erfolgte von Aschaffenburg aus die Bestätigung Karls von Dalberg, des Kunst und Wissenschaft liebenden Fürsten Primas.
Von den Rittern des Geistes (Gutzkow vergebe mir dieses
Plagiat), die ihre Theilnahme diesem jungen Institute zuge-
wandt, nenne ich blos Moritz von Bethmann, Domherr von
Dalberg, Zacharias Werner und Jean Paul. So leuchtete also
unserm Museum ein freundlicher Stern bis freilich trübere
Stunden folgen mußten. Nach Napoleons Sturz näherten sich
die Verbündeten Frankfurt und Dalberg mußte flüchten. Dies
ist die erste Periode des Museums von 1807—14. Vor einem
durch so viele politischen Stadien herbeigeführten Todesstoß,
schützte endlich Anton Kirchner und andere rüstige Männer,
bis endlich Schelble, noch bei der Oper unter interimistischen

Direktoren engagirt, zum Vorsteher der musikalischen Klasse ernannt wurde, und bei den damals so beschränkten Mitteln das fast Unmögliche leistete, bis endlich der eigentliche Deus ex machina Louis Spohr, 1817 erschien. Mit dessen großartigen, früher noch nicht gekannten Leistungen ergoß sich ein neues Leben in die Adern der siechen Anstalt. Von allem Dilettanten-Wesen ausgeschlossen, und auf solche kräftige Weise geleitet, war das Orchester mit der Anstalt wieder ausgesöhnt, und später, (1821) unter Guhr, überließ sich dasselbe vollends dem Genuß der in größerem Maßstabe (namentlich die Beethovenschen Symphonien) aufgeführten Tonstücke. Theils prinzipielle, theils ökonomische Verhältnisse theilten die Anstalt in sogenannte große und kleine Museen, deren Zweck im Wortlaut liegt.

Wenn das Erstere seine vollen ungezügelten Kräfte entwickelt, so bildet das Zweite gleichsam das Echo in der Kammermusik, dem anspruchlosen Liebe und dem Lesevortrag.

Wie nun auch die junge Anstalt durch Wechselfälle bald steigt und sinkt, stets erneut sich ein reger Geist durch den Zutritt treuer Männer, an deren Spitze der treffliche Kirchner und Hofrath Berly unermüdlich fortwirken.

„So wachsen die Räume, so dehnt sich das Haus", und vor Allem verlangt das schöne Geschlecht seinen Antheil an den Progressen der Anstalt, bis fast keine Steigerung mehr möglich, und wir nach so störenden Auswanderungen*) end-

---

*) Die bisherigen Lokalitäten dieser Uebersiedelungen waren die Gasthöfe: der Englische Hof, das rothe Haus, der Weidenbusch, der Harmonie-Saal, abermals der Weidenbusch (vornehmer jetzt Hôtel de l'Union), und der neue Saalbau.

lich in den Besitz des neuen Saalbau's gekommen, aus dessen glanz=
vollen Räumen (die für die wachsenden Bedürfnisse des Mu=
seum=Publikums doch wieder zu beschränkt zu werden dro=
hen) uns nun die größten Meisterwerke der Tonkunst entge=
gen strömen."

Jedenfalls vergessen wir nicht, daß hier ein Beamter ge=
sprochen hat, und dem »audiatur et altera pars« (denn jedes
Ding hat auch seine Kehrseite) nicht minder Rechnung zu tra=
gen wäre. Auch soll der Umstand, daß ich von einem wohl=
löblichen Beamten=Rath des Museums in den 30er Jahren
einen werthvollen Siegelring als pretium affectionis erhal=
ten habe, mich nicht verhindern, eine solche Kehrseite, woraus
z. B. der Beiname »Musicæum« entsprungen, herauszuheben;
doch möchte ich die so mühsam erworbenen Errungenschaften nicht
gleich a priori durch recensirende Elemente trüben. Mag daher,
was nöthig ist, sich im Laufe der Zeit successive und mäßig
von selbst entwickeln.

Auf Schelble persönlich zurückzukommen, so brach mein
Tagebuch, ehe ich ihn näher kennen gelernt, lakonisch und
wörtlich folgendermaßen den Stab über ihn: „Herr Schelble
lobt meine Kompositionen, verspricht sich für mich zu interes=
siren, hält aber nicht Wort. Ein guter Sänger, aber steifer
Schauspieler. Hat viel Anhänger und jedes seiner Worte gilt
als ein Orakel. Ich möchte nicht sein Feind sein, kann ihm
aber nicht schmeicheln."

Seine Phasen zwischen dem Theater, dem Museum und
Cäcilienverein, worin Schelble vom Jahr 1813 an fast gleich=
zeitig wirkte, erschöpfend zu bezeichnen, erlaubt der Plan mei=
nes Buches nicht, weßhalb ich, und zwar in Bezug auf mei=

nen persönlichen Rapport mit ihm kaum andeutend verfahren kann *).

Schelble, geboren zu Hüfingen im Schwarzwald, sang in Stuttgart den Sarastro, veränderte durch wahrhaft demostenische Studien seinen permanenten Stockschnupfen, und bildete sich allmählig zum Tenor heran. In welche Zeit es fiel, wo dieser Sänger, als er einstens den Achilles sang, in seiner Arie fortlaufen mußte, weil ihn sein Uebel überfiel und das Orchester ohne ihn fortspielte, weiß ich nicht mehr genau, doch erzählen es ältere Orchestermitglieder nach. Soviel ist aber gewiß, daß unter Spohr's Einfluß ihm sein Faust in dynamischer Beziehung kostbar gelang, und er später auch in Concerten als Mustersänger galt. Für ihn und die liebliche Friedel schrieb Spohr seine Zemire, und konnten seine Verehrer gewiß nur bedauern, daß Schelble nicht öfter Gelegenheit fand, sich in ähnlichen Parthien (er sang den Azor) auszuzeichnen. Indessen fühlte Schelble wohl am besten, wozu er eigentlich geboren war, und seine Anhänger fühlten mit ihm, daß seine intensive Kraft ihn endlich auf die rechte Bahn lenken werde. Aus den sechs Männerquartetten, die damals Spohr geschrieben und von Schelble, Kastner, Just und ihm (Spohr sang den 2. Baß) gesungen wurden, sollten aber noch ganz andere Dinge hervorgehen, und man hatte wohl nicht die Ahnung, wie mächtig sich in der bescheidenen Wohnung Schelble's *) dieselben verbreiten würden.

---

*) Ein durchgreifenderer Bericht über Schelble findet sich in den „Wanderblüthen von Lucian Reich". Herders Buchhandlung in Karlsruhe, 1855.

**) Bei Peter Bansa hinter der Schlimmen Mauer, woselbst auch der Violinist Engel und später der Cellist Hasemann wohnten.

Wie denn immer Eines das Andere gebiert, so reihten sich
an jene Männerquartette stets größere Elemente. Das Beisam-
menwohnen Hasemann's und Engel's und die Theilnahme Ni-
colaus Baldenecker's konnte nicht unbenutzt bleiben. So entstanden Spohr's sonntägliche klassische Streichquartette im rothen
Hause, entstanden Schelble's Vokal-Gesänge, an welchen bald
auch Damen theilnahmen. Die Eifersucht der Orchestermitglieder ließ eine Absonderung nicht zu. Der Düring'sche Verein
selbst lieferte seine besten Kräfte, der Thätigkeitsdrang nach so
langem Schlafe ließ sich nicht mehr aufhalten, bis Schelble
denn jenen Liebhaber-Concert-Verein organisirt hatte, woraus
endlich der der Sancta Caecilia geweihte Zirkel entstand, der
jetzt, nach einem halben Jahrhundert in Pracht und Blüthe
prangen sollte. Lange aber zuvor sagte Schelble dem „irren-
häusigen“ Theaterleben valet, wodurch er natürlich Zeit gewann, seine Kräfte zur weiteren Ausdehnung der klassischen
Musik zu widmen, woran ja immer sein Herz hing. Länger als
seine zahlreichen Büsten wird die Erinnerung an Schelble's
Verdienste um die Tonkunst dauern, und es ist unbegreiflich,
daß sich unter seinen zahlreichen Verehrern noch kein einziger
durchgreifender Biograph gefunden hat.

Zum Schlusse dieses Artikels muß ich indeß bemerken, daß
es undankbar wäre, mich über totale Vernachläßigung Schelble's
meiner zu beklagen, indem ich am Ende des Jahres 1817 von
ihm aufgefordert wurde, in einem der kleinen Museen im englischen Hof das Mozart'sche Trio in Es dur zu spielen. Die Annalen erzählen, daß ich gut gespielt hätte, also muß es wohl wahr sein.

So weit, was ein kurzer Umriß von solchen Inhaltsdi-
mensionen zu gestatten vermag, und deßhalb wieder zu meinen
persönlichen Abenteuern.

Ebbe und Fluth.

„Ebb' und Fluth,
Eis und Gluth.
Leidenschaft
Aufgerafft!"

Diese Strophe wäre ein passendes Motto für dieses Ka=
pitel, denn es muß dem ruhigern Beschauer dieses In= und
Durcheinandergreifen, dieses Wühlen in positiven und negati=
ven Dingen, ohne zu einem bestimmten Resultate zu gelangen,
völlig räthselhaft erscheinen. Dennoch war es so. Vor Allem
befanden sich meine Finanzen in derangirten Zuständen, obgleich
die Mittel zu deren Besserung — hätte ich rechnen gelernt, oder
vielmehr rechnen wollen — in meiner Hand lagen. Ein Pinsel=
strich sei bei dieser Gelegenheit, weil er mein Naturel bezeichnen
hilft, aus meinem Tagebuch vom 27. Oktober 1817 wiedergege=
ben: „Ein Stück Schwarzbrod, mein Diner, auf der Promenade
verzehrt, schmeckt mir köstlich .... und so öfter zum Obst und
zu einer Sonnenschein=Sauce."

Als Seitenstück um dieselbe Zeit. „Trotz unserer Armuth
kleiden wir (Blind, Gambs und ich) einen armen Handwerks=
burschen aus unserer eigenen Toilette von Kopf bis zu Fuß."

Welche Carrière ich hätte machen können, wenn ich, „das
Thier auf dürrer Haide, wenn ich der Kerl wäre, der speku=
lirt? Oder ob ich auf meiner schönen grünen Weide im freien
Genuß des Lebens" nicht dennoch glücklicher gewesen bin? Wer
kann das wissen?

Aber es ist eine bekannte Sache, daß in lauter wenn,
aber und hätt' ich, in dem ewigen Wollen und so wenig

ober gar nichts ausrichten, das Verderben der Gesellschaft
liegt, und unser Jean Paul sagt sehr treffend: „die Hölle ist
mit guten Vorsätzen gepflastert!"

Jedenfalls habe ich all mein Leben hindurch, eben weil ich
oft mehr ausgab, als ich eingenommen, nur das Nothwendigste
gehabt, obgleich das Höchste zu begehren ich mich werth erachtete.

Sei dem, wie ihm wolle, so wäre es jedenfalls so uner-
quicklich als zwecklos eine Geschichte der Kämpfe um's liebe
Brod zu schreiben, weßhalb ich lieber Alles kurz zusammen-
fasse und mir selbst etwas darauf einbilde, zu dem großen
Sängerbunde zu gehören, der, „da die Welt vergeben, sich
stets bereit hält, mit unserm Schiller-Zeus in seinen Himmel
einzugehen." Einiger hervorstechenden Einflüsse auf meine Wirksamkeit in jener ersten Frankfurter Periode sei hier besonders
gedacht.

Zunächst erwähne ich der Familie M., aus deren achtbaren und intelligenten Hause ein Gesangverein hervorging, welchen ich nicht allein leitete, sondern aus dem ich auch für meine
eigenen Fortschritte in der Dynamik neue Nahrung zu schöpfen
vollauf Gelegenheit fand. Aeltere und neuere, aber stets vor-
zügliche Ensembles wurden hier von den Familiengliedern vorgetragen, und da eine dieser begabten Töchter einen unter der
Sängerin Graff und unserm Schelble gebildeten hohen Dis-
kant besaß, so konnte es nicht fehlen, daß sie der eigentliche
Mittelpunkt dieser kleinen Kapelle war. Eine Reihe von Jahren hindurch dauerten diese Uebungen, die auch mir zu Dichtung und Komposition des Stoffs zur Genüge Anlaß gaben.
Einen besonderen Werth legte ich auf eine größere durchgeführte Cantate im Genre der Adelaide, wozu die seltsame Ver-

anlaſſung ein Fünkchen war, das von einem Lichte auf den Flügel herabfiel. „Hannchen, Hannchen! ſo gieb doch Acht!" rief die Sängerin mit melodiſcher Stimme, wodurch ſogleich folgendes Thema entſtand:

Hannchen!

„Sie machen uns am Ende wohl ein Lied darüber?" hieß es, und da ich mir ſo etwas nie zweimal ſagen ließ, ſo ent= ſtand Op. 42. „Fantaſie an Laura", da der Name Hannchen, ſo lieblich er auch klingt, für einen prätentiöſeren Aufſchwung mir nicht recht paſſen wollte. Im Muſeum fand dieſes Lied durch Nieſers anmuthigen Vortrag, nicht geringen Beifall, wie überhaupt in Mitten ſo vorzüglicher Gesangs-Koryphäen die Gelegenheit zu verführeriſch war, als daß ich ſie nicht hätte benutzen ſollen.

Anderer ſchätzbarer Damen gedenke ich mit Erhebung. Madame Bolongaro-Crevenna, deren Tochter ich, wie bereits erwähnt, in meinem Elſäßer Dorlisheim unterrichtete, war eine der ſchönſten und liebenswürdigſten Frauen, welche jemals aus dem Lande der Geſänge nach Deutſchland übergeſiedelt ſind. Madame Müller (unter dem ſeltſamen Namen „Brillen= Müller" bekannt) war eine gelehrte Pianiſtin und in höhe= ren Kreiſen wohl geachtet. Man konnte gewiß ſein, ſtets eine Partitur von Händel oder Bach bei ihr zu finden. Beide Frauen bemühten ſich mir in Offenbach ein Sort zu grün= den, wohin mich auch mehrere Freunde, unter dieſen Hofrath André, Pfarrer Spieß, der Saitenfabrikant Joſ. Pirazzi und Freund Reinwald (ein liebenswürdiger Enthuſiaſt für Muſik und

Dichtkunst *) ziehen wollten. Die gleich wohlwollende Absicht hatte namentlich die Familie von Goldner, in welcher ich wie ein Freund des Hauses wohlgelitten wurde. Leider wurde die Tochter des Hauses, welcher ich Unterricht zu ertheilen das Glück hatte, den Eltern durch den Tod entrissen, wodurch auch meine Beziehungen zu dieser Familie bald aufhörten. Obgleich ich nun alle Anerbieten dieser Freunde ausgeschlagen (denn ich ging damals schon auf Freiers Füßen), so werden meine Sympathien für Offenbach doch niemals aufhören. Hier darf ich auch des Herrn Alexander Bernus erwähnen, der mir stets huldvoll entgegenkam, und diese Theilnahme auf seinen Sohn, Herrn Franz Bernus übertrug. Ich hatte vor Jahren die Ehre dessen Gesang am Flügel zu begleiten. Später, als Herr F. B. einen Theil der Theater-Leitung übernommen, und ich selbst zu jener Zeit einen Verwaltungsposten bei derselben bekam, konnte es nicht fehlen mit ihm in Geschäftsberührung zu kommen. Auch als Herr B. Senator geworden, wendete er seinem alten Lehrer die gewohnte Gunst zu.

Eine in der That handgreifliche Episode aus dieser Offenbacher Zeit, muß mir durch einen persönlichen Angriff auf mein Leben, als ich in der Nacht durch das Offenbacher Wäldchen nach Frankfurt zurückkehren wollte, nur noch unvergeßlicher bleiben.

Ein damals noch rüstiger und jovialer Freund, Wallner, früher Theologie in Jena studirend, später in Frankfurt zum Handelsstande übergetreten, wird mir, obgleich auch längst dahin, in Familienbeziehungen stets theuer bleiben. Er gehörte zu den

---

*) Von demselben erschien ein sehr schätzbares literarisches Werkchen: „Die Spende", mit einer geistreichen Vorrede von Ludwig Börne.

„Mittlern", die für Alles, Rath wissen, und gleich dem Schle-
mihl immer alle Taschen voll haben. Am eifrigsten aber oppo-
nirte er, wenn er fürchtete, ich könne mir in Offenbach eine
reiche Erbin holen, welche meine Protektricen gewiß schon in
petto haben mußten.

Wahrscheinlicher aber fürchtete er die Trennung zwischen
seinem Töchterlein Louise (später Frau Gambs) und meiner
Elise, welche beide Mädchen man nur die Inseparables nannte.

Hier, passend, glaub' ich intime Verwandtschaftsbande berühren zu dürfen: so führt des alten Wallner's Sohn, der
Bruder Louisen's und später Gatte meiner Schwägerin Wilhelmine ein deutscher Geradaus das Geschäft meines wohlhabenden Schwagers, eines biedern Zunftmeisters, welcher das
Glück hat in seiner reizenden Villa ein unabhängiges Leben
führen zu können. Dessen jüngste Schwester, an einen italienischen Professor Marochetti vermählt, hat sich als Gesangs-
lehrerin in Mailand und später als Gründerin eines Instituts
in Berlin Ruf erworben. Doch scheint sie an ihres Bruders
Seite noch besser aufgehoben. Auch hier bleiben Kinder und
Enkel nicht aus, weshalb auch des Schwiegersohns der Marochetti, eines tüchtigen Sängers, vortheilhaft zu gedenken ist. Soviel von diesem einfachen und bürgerlichen Familienleben, als
zur Geschichte des Privatmannes gehört.

Nun weit abschweifend, wie Saul unter die Propheten
kommt, aber als Uebergang in diese Zeit gehörend, sei eines
außerordentlichen Mannes gedacht, dem Wortlaut nach,
weil er außer aller Ordnung lebte, eines Mannes, gleich
berühmt als berüchtigt, gleich schön als häßlich, gleich geliebt
als verachtet, gleich genial als cynisch. Und dieser Mann ist:

7

Julius Weidner.

Nur wenig Züge aus seinem Leben seien mir vergönnt, in sofern dieselben mit meiner eigenen Person in Berührung kamen.

Weidner's Memoiren zu schreiben waren mir einst vorbehalten, aber so oft ich auch anklopfte, Julius Weidner war entweder nicht zu Hause, oder in einem Zustande, welcher keine vertraute Mittheilung gestattete. Andrerseits war ich abgehalten und als er in einem Versorgungshause zu Bendorf bei Koblenz seinen Geist aufgab, bereute ich zu spät, daß ich nicht eifriger darauf gedrungen habe, mich auch mit dem innern Menschen bekannt zu machen. Welche Schätze kunsthistorischen Wissens mußten hier verloren gegangen sein.

Die komische Scene, von der ich hier reden will, ereignete sich, als Ihlée mich als Pianist für das Schauspiel engagirte, wofür ich eine Art von Stellung und den freien Eintritt ins Theater erhielt. Mein Debut war in einem Lustspiel, wo ich zu phantasiren hatte.

Karoline Lindner, die immer gerne neckte, gesellte sich zu mir an das Pianoforte und drohte falsch zu taktiren. Auf meine Frage nach meinem Stichwort, antwortete sie: „frage den Grobian selbst" und lief hinter eine Coulisse. Mir blieb also nichts übrig, als mich an Herrn Weidner zu wenden, der schon 1813 nach Frankfurt kam und, irre ich nicht, 1817 Regisseur des Schauspiels wurde. Ganz unbefangen ging ich auf ihn zu und fragte, wann ich denn eigentlich zu spielen hätte? Daß ich nicht gleich eine Ohrfeige bekam, war Alles. Dagegen stellte er sich breit vor mich hin und schnauzte mich folgendermaßen an: „Wer sind Sie, Herr? Stellen Sie sich mir

erſt vor!" und davon war er. Kaum hatte ich mich von der
Verblüfftheit erholt, als Karoline auf mich zuſtürzte und mir
zurief: „Karl, Karl, uns Himmels Willen, verſpätet!" Faſt
hätte ich ein Paar Couliſſen umgerannt, kam aber noch knapp
zu rechter Zeit an das Klavier, um mit einem Akkord hin=
einzufahren, deſſen Bezifferung ſchwer zu ermitteln ſein möchte.
Doch zog ich mich noch glücklich genug aus der Affaire, und
wiſchte mir den Schweiß ab, worüber ſich Karoline heimlich
todt kichern wollte. Und dieſes war, vor faſt einem halben
Jahrhundert mein erſtes Künſtler=Debut auf der Frankfurter
Bühne. Am nächſten Morgen gegen 11 Uhr zog ich gleich
nach Herrn Weidner's Wohnung, um ihm, wäre er wieder
grob geweſen, einen „Dummen" zu ſtürzen, denn damals kam
es mir auf eine Paukerei nicht an.

Als mir nach zweimaligem Anklopfen ein mürriſches „Her=
ein!" entgegenſcholl, und ich in die Stube getreten war, erblickte
ich den Mann, der ſpäter neben den Neſtoren des deutſchen
Dramas glänzen ſollte. Auf einem zerriſſenen Sopha lag ein
halb nackter Wilder in eine Rauchwolke gehüllt, eine große ver=
goldete Taſſe braunen Moccas in der linken, eine dicke Rolle
in der rechten Hand. Noch andere Rollen lagen zerſtreut um
ihn herum. Was ſonſt noch Alles unordentlich umher lag,
verſchweige ich lieber. „Was beliebt, Herr?" ſchnurrte mich
der Bewohner dieſes Heiligthums an: „ich habe zu thun, wie
Sie ſehen!" „„Mein Name iſt Karl Gollmick"", erwiederte
ich beſcheiden, und ich komme, „„mich Ihnen vorzuſtel=
len!"" .... Der Stich einer Tarantel hätte nicht mehr Effekt
hervorbringen können, als dieſe Paar Worte, denn Herr W.
ſprang plötzlich auf, wiſchte das Sopha ab, machte höfliche
Bewegungen mich darauf nieder zu laſſen, lallte die Worte:

7*

„nur einen Moment!" und rannte in ein Nebenzimmer. Ich
glaubte nicht anders, als der Mann wäre verrückt geworden,
mußte lange warten, bis endlich Weidner wieder erschien, entwildert und gänzlich metamorphosirt. Ohne der gestrigen Scene
im geringsten zu gedenken, drückte er in den artigsten Worten
seine Freude aus, mich kennen zu lernen, fragte nach meinen
Straßburger Angelegenheiten, versicherte mich seiner Hochachtung und Protektion.

Daß Zenith und Nadir so nahe beisammen liegen können,
ließ ich mir nicht träumen, denn mein Wilder verwandelte sich
plötzlich in einen eleganten jungen Mann. Dies war also Weidner, berühmt durch so edle Auffassung seiner Charaktere, wie
durch seine oft hinein gemischten Bizarrerien. Dies war Julius Weidner, der in seinem Wittelsbach bei den Worten: „Was
wollen die Hunde mit ihrem Gebell?" mit einem solchen Geräusch in das Schlafgemach Philipps stürmte, daß dieser oder
sein Kämmerer nothwendig geweckt werden mußte, und wären
beide mit Taubheit geschlagen; derselbe Weidner, der sich als
Roland im Thal zu Ronceval ein so kolossales Schwerdt bauen
ließ, daß er es kaum aus der Scheide ziehen konnte u. s. w.

Andere Beispiele aus dem Leben gehören hierher. Es war
bekannt, daß W. sich im Genuß von Spirituosen selten mäßigen konnte und selbst zuweilen tüchtig angetrunken auf die
Bühne kam. (Shylok seligen Andenkens.) Eines Tages wurde der
Redakteur der Dibaskalia und ich von ihm zur Table d'Hôte eingeladen; hier vermochte sich Weidner so weit zu überwinden, daß
er seinen Gästen edele Weine darbot, sein Glas aber kaum mit
den Lippen berührte und — Wasser trank .... Ein täglicher
Gast im Hôtel zum Schwanen, mußte ihm Kühner (wer kennt
diesen Wirth aller Wirthe nicht?) wegen Unanständigkeiten das

Haus verbieten. Weidner nach einer solchen Beleidigung erschien natürlich dort nicht mehr. Als aber Kühner gestorben war, reihete sich Weidner im tiefsten Schwarz gekleidet, den Leibtragenden an. Nach Jahren fügte es sich, daß bei einer Festlichkeit wir, Weidner und ich, Brüderschaft mit einander tranken, bei welcher Gelegenheit er mir die Notizen für seine Biographie versprach, welches Versprechen, wie bereits erwähnt, nicht in Erfüllung gegangen ist.

Und nun zu unserm würdigen Altmeister

Louis Spohr,

dessen Ankunft ebenfalls in diese Zeit fällt.

Die trockene Tagebuch=Notiz, daß Spohr 1818 mich als Paukenschläger mit einem Jahresgehalt von 300 fl. engagirte, wird meinen Lesern schwerlich genügen, und mir natürlich noch weit weniger, weshalb ich um so eher etwas weiter aushole, weil ich noch anderer schätzenswerthen Personen dabei zu erwähnen habe. Die Niederrheinische Musikzeitung wird mich hoffentlich keines Plagiats beschuldigen, wenn ich hiermit aus deren Nummer 17 des Jahres 1860 einen Artikel abdrucken lasse, welcher nicht blos Spohr's Ankunft und Eintritt ins Orchester, sondern auch die damit verbundenen näheren Umstände, insofern dieselben mich persönlich angehen, bezeichnen.

Unter dem Titel: Ein kleiner Anhang zu A. Malibran's „„Louis Spohr"" sei also folgendes gegeben:

Dieses Buch enthält unter Anderem auch einen Passus, den Eintritt Gollmick's in das Frankfurter Orchester betreffend. Da nun der Verfasser dieses Artikels mit Gollmick in sehr naher Berührung steht, denn er ist es selbst, so erlaubt sich der-

ſelbe einige Berichtiguugen, nicht als ob er irgend ein Intereſſe
für ſeine Perſon damit hervorrufen wollte, ſondern weil dieſe
Berichtigungen einige Fakta berühren, welche zur Ergänzung
von Spohr's Aufenthalt in Frankfurt am Main, noch Man=
ches nachholen dürften.

Daß mein hochverehrter Freund, Herr Xaver Schnyder
von Wartenſee, vor 48 Jahren mich Spohr für ſein Orche=
ſter empfohlen, hat ſeine Richtigkeit, und ich bin ihm für ſei=
nen guten Willen auch ſehr verbunden, obgleich ich wünſche,
ſeine Wahl wäre auf einen Andern gefallen; denn das Glück
(wie auch Herr Malibran ein ſolches mit meinem Engagement
in Verbindung zu bringen ſucht), das Glück, ein gutes Men=
ſchenalter lang „des harten Dienſtes karges Brod zu eſſen",
wenn man keine Erbſchaft macht oder ſonſt in Fortunas Loos=
topf keinen gnten Griff thut, hat noch kein Orcheſtermitglied
mit zeitlichen Gütern geſegnet. Der Verfaſſer jenes Buches ſagt
ferner (pag. 46): „Ich wüßte nicht, daß Gollmick je dieſer
Sache uneingedenk geweſen wäre." Gewiß nicht! iſt deſſen
Antwort; denn noch leidet er, obgleich penſionirt, an den Nach=
wehen einer nie zu erſetzenden verlorenen Zeit. Den Leiden
des Orcheſterdienſtes werde ich zu ſeiner Zeit einen eigenen
Artikel widmen. Jedenfalls hat Herr Hackländer noch in keinem
Orcheſter geſeſſen, ſonſt würde er in ſeinem „Europäiſchen
Sklavenleben" deſſen gewiß Erwähnung gethan haben. „Das
Lebensglück", von welchem Herr Malibran in Verbindung mit
einer Orcheſterſtelle ſpricht, muß ich alſo hiermit auf das ent=
ſchiedenſte ablehnen.

Der Nachſatz jener Stelle in dem bezeichneten Buche iſt
mir unklar, aber ſeine etwas myſteriöſe Faſſung dürfte man=
chen Leſer glauben machen, als datire ſich von meiner Anſtel=

lung Alles Uebel her, welches den großen Mann aus Frankfurt trieb, wie denn die folgenden Seiten dieses Buches bis
pag. 59 das Frankfurter Orchester zu einem wahren Heerde
von Konspiration und Intrigue machen möchten, auf welchem
die Mitglieder desselben gleich Macbeth's Hexen den Trank
brauten, in welchem Spohr den Tod seines Ruhms trinken
sollte. Herr Malibran hat hier offenbar durch ein Vergröße-
rungsglas gesehen, oder hat sich übel berichten lassen; denn
von einer solchen Katilinarischen Verschwörung, von geheimen
Komités, Komplotten u. s. w. (Siehe pag. 54) ist mir durchaus nichts bekannt geworden, und was die „Nadelstiche kleiner
Feinde" betrifft, so können diese unmöglich im Stande sein,
einen willenskräftigen, energischen, das Gute und Nützliche an-
strebenden Dirigenten aus seiner festen Stellung zu reißen.
Es werden sich gegen eine solche, eine ganze Korporation com-
promittirende Anschuldigung, zur rechten Zeit schon die geeigneten Stimmen erheben; ich meines Theils verwahre mich vor-
läufig gegen eine Auflage, sei sie auch noch so maskirt gegeben, als hätte ich jemals in einer zweideutigen Stellung zu
einem Manne gestanden, den ich stets verehrt habe, ohne deshalb ein unbedingter Spohrianer zu sein. Und Folgendes möge
dieses bestätigen; denn von alledem abgesehen, so war ich Herrn
Spohr schon bekannt, ehe ich ihm durch Herrn Schnyder von
Wartensee empfohlen wurde. Ich hatte schon als Studiosus
im Jahr 1816 in Straßburg die Ehre unserm Altmeister, der
damals noch ein junger Meister gewesen ist, bei seinen Kon-
zerten Dienste zu leisten. Mein kleines Schicksal führte mich
ein Jahr früher nach Frankfurt, als Herrn Spohr sein großes,
und hier erwies er mir die Ehre, mich wieder aufzusuchen und
sein erstes Quartett, das er in diesen Mauern spielte, in mei-

nem Zimmerchen, im damaligen Institute des Dr. Kemmeter
in der Schlesingergasse, mit drei Mitgliedern des Orchesters
zu probiren, die alle jetzt nicht mehr leben. Es bedurfte allerdings der Ueberredung, in dem Frankfurter Orchester den Dienst
eines Tympanisten zu übernehmen; als aber Herr Schnyder
mir Aufschluß gab über die Poesie der Paukenschlägel, und
Spohr mir versicherte, „der Pauker sei der zweite Direktor",
da erwachte mein Ehrgeiz, und später fand ich, daß sich in
der That auch poetische Elemente aus diesen Eselsfellen her-
aufwirbeln ließen, und man selbst mit Humor pauken könne.
Aber nicht minder wie Herr Schnyder von Wartensee waren
mir der Mechaniker Herr Einbiegler (welcher dann seine ein-
schraubigen Pauken mit so bedeutenden Erfolgen ins Leben
treten ließ), und weit später Herr Winzheimer — einer unserer ersten musikalischen Dilettanten — treue Rathgeber in
den Mysterien dieses dem Donnergotte geweihten Instrumentes.
So war ich nach vier Tagen Vorstudien und nachdem ich in
der Oper Sargines mein Examen glorreich bestanden hatte, als
Paukist in unserem Orchester installirt und — was gleichsam
gezwungen nur kurze Zeit dauern sollte, währte vier volle Decennien lang.

Als ein Kuriosum eigner Art sei hier erwähnt, daß dicht
hinter meinem Sitze Ludwig Börne seinen Stehplatz hatte und
auf einem an das Lampenblech des Proseeniums angehefteten
Papierstreifen seine kritischen Notizen zur Panik aller Mitspie-
lenden für seine Waage aufzeichnete. Was ich nun während
meines damaligen Orchesterdienstes für ein wirkliches Glück
erachtete, erwähnt Herr Malibran nicht, nämlich meinen näheren Umgang mit Spohr, als Lehrer seiner beiden Töchter.
Zwei meiner ersten Werkchen für Piano bei André in Offen-

bach verlegt, waren diesen Kindern gewidmet und die Eltern legten
einen besonderen Werth hinein, daß sich Beide unter meiner
Leitung in dem damals in voller Blüthe stehenden Düring'schen
Gesangvereine zum erstenmale als Pianistinnen producirten.
Spohr wohnte damals in dem in Malibran's Buche richtig
bezeichneten Hause, und schwerlich hätte ein Fremder in dieser
bescheidenen Wohnung den Komponisten so königlicher Werke
gesucht. Der Brunnen neben diesem Häuschen, wie oft mag
sein Quell dem mäßigen Spohr zur Hyppokrene geworden sein!
In dieser Wohnung gründete auch Spohr, wie bereits erwähnt,
die klassischen Quartett=Soireen, welche er allsonntäglich im ro=
then Hause (jetzt die Post) gegeben hat.

Nach Spohr's Abgang entstand ein Interim unter dem
Konzertmeister Hoffmann, bei welchem Nikolaus Baldenecker
Chordirektor wurde. Aber Hoffmann paßte nicht für die An=
sprüche des hiesigen Publikums und Guhr mochte allerdings
mehr wie Spohr geeignet sein, das »variatio delectat« im
Auge zu halten, und dem Geschmacke des großen Publikums
größere Koncessionen zu machen, als sich mit einer klassischen
Bildung desselben vertrug, wonach Spohr doch nur einzig und
allein gestrebt hat.

Guhr nahm also im Winter 1821, in seinem 36sten Le=
bensjahr, die Zügel der hiesigen Oper in die Hand. Als er
den Kurfürsten von Kassel um seinen Abschied bat, äußerte
dieser, daß er nicht begreifen könne, wie man lieber Musikdi=
rektor in einer Handelsstadt, als Kapellmeister in einer Residenz
sein möge. Spohr aber, der ihn empfohlen, meinte dagegen,
„daß gerade Guhr der rechte Mann für Frankfurt sein würde"....
und diese Prophezeihung ist richtig eingetroffen.

Als Anhang zu diesem Malibran's-Artikel ist aber noch Mancherlei mir Liebes und Werthes zu sagen, z. B. in welcher liebenswürdigen Weise Spohr mir seine Kinder zum Unterricht angetragen, und was sich weiter daraus entspann. Vor Schluß einer Probe rief er mir von seinem Pulte aus zu:

„Herr Gollmick, ich ersuche Sie, ein wenig auf mich zu warten!" „„Hätte ich denn etwas perirt?"" dachte ich, und folgte meinem Mentor etwas beklommenen Herzens. Aber besser kam es, denn im Auf= und Abgehen auf der Promenade, redete er mich folgender Maßen an. Ich gebe diese Worte nach meinem Tagebuche wörtlich wieder. „Ich wünschte, daß Sie meine beiden Mädchen Ida und Sophie im Pianospielen unterrichten." Ein dankbarer Bückling verstand sich von meiner Seite von selbst. „Die Kinder sollen keine Gelehrten werden, ein gründlicher und dabei gefälliger Unterricht, weniger Leckerbissen, aber eine nahrhafte Hausmannskost, wäre mir am liebsten, wenn Sie aber zuweilen etwas H i s t o r i s c h e s mit hinein mischen wollen, desto besser. Ueberhaupt sollte ja die Musik in allen Verhältnissen Wohlgefallen erwecken, und wenn Sie es bei den Kindern dahin bringen, so werde ich Ihnen sehr dankbar sein." Mir wurde etwas sonderbar zu Muthe und da ich Alles unbedingte Nachbeten hasse, so fiel ich dem Sprecher frei ins Wort: I n a l l e n V e r h ä l t n i s s e n W o h l g e f a l l e n , Herr Kapellmeister? eine schlechte Musik gefällt auch dem Wilden!

Spohr blieb stehen, und sah mich etwas scharf an: „J, was das betrifft, so hat der Wilde oft mehr Geschmack, als mancher Professor. Zudem rede ich von Talenten. Aber Sie werden das schon vermitteln. Kommen Sie bald und machen

Sie das Uebrige mit meiner Frau *) fertig. Er reichte mir die Hand, und wir schieden.

Wie stolz ich wurde, und meine Herren Kollegen, wie nei= disch sie wurden. „Kaum ins Orchester gerochen“, hieß es, „und will das Bürschchen schon oben hinaus. Da sieht man, wer protegirt wird u. s. w.“ Ueberhaupt wollten mir diese Her= ren lange nicht wohl, besonders die Aelteren, weshalb ich viel Ungerechtes erdulden mußte, bis ich endlich das Eis durch manche gefällige Dienstleistungen zu brechen wußte.

Wie ich mit Spohr in Bezug auf meinen Unterricht seiner Kinder stand, glaubte ich nach dessen Andeutungen ziemlich ge= nau zu erkennen. Keine Pedanterie also, das wars, und da mir auch die Ader dazu fehlte, so hatte ich keine Furcht vor dem Gelingen. Die Kinder liebten mich, und konnten die Zeit bis zur nächsten Stunde kaum erwarten, was besonders Madame Spohr gefiel. Er selbst wohnte oft unserer Stunde auf dem Sopha sitzend bei, und bezeigte manches beifällige Kopfnicken; namentlich schien ihm zu gefallen, wenn ich mit dem Worte zugleich den Begriff verband, und das Eine aus dem Andern folgen ließ. Als ich später die ersten Stück= chen begann, und dabei die Autoren genannt wurden, ver= fehlte ich nie deren Biographien und kleine Histörchen darin zu verweben, was Spohr wahrscheinlich unter dem Histori= schen verstehen wollte, und woran die Kinder immer eine große Freude hatten.

Als eines Tages Spohr mir wieder gegenüber saß, pas= sirte es, daß ich die Kinder tadelte, weil sie oft die oberen

---

*) Spohr's erste Gattin, Dorothea, geb. Schindler, und ausge= zeichnete Harfenistin.

Taſten mit den unteren verwechſelten, was nebenbei geſagt,
keine ungewöhnliche Erſcheinung bei den Kleinen iſt. Da fuhr
der Maeſtro plötzlich auf, und ſprach haſtiger als wohl ſonſt:
eine ſehr gewöhnliche Erſcheinung iſt das, mein lieber
Herr Gollmick, und nicht blos in der kleinen, ſondern auch
in der großen Kinderwelt, und faſt hätte ich Luſt, mich bie=
ſer anzuſchließen.

Ich erſchrack faſt, und bat um den Beweis. „Wie man
tief mit hoch verwechſeln könne? ich mögte behaupten, daß
darin viel Wahrheit liege, und wir dieſe Begriffe ſchon mit
der Muttermilch eingeſogen haben. Eine hohe Orgelpfeife,
ein Mann von meiner Höhe z. B., ſollte man da nicht auch
hohe Töne erwarten dürfen, wie bei kleinen Pfeifen und Per=
ſonen der Begriff von Tief nicht allzu ferne liegt.“

Waren dieſe Worte in Ernſt oder Scherz geſprochen? ich
weiß es nicht, jedenfalls war ſein Geſicht ſehr ernſthaft dabei.
„Ebenſo“, ſetzte er fort, „iſt der Begriff von dur und moll
ganz verkehrt. Wenn nach einer Reihe angenehmer, ungetrüb=
ter, ich möchte ſagen, weicher dur Akkorde, plötzlich eine
kleine Terz hinein tritt, wie grauſam, ſchneidend und hart
klingt dieſe dazwiſchen. Auch ſprechen wir täglich von großen,
kleinen, von ein, zweigeſtrichenen Oktaven u. ſ. w., wäh=
rend doch nur ſieben Töne, in jeder dieſer Tonreihen enthal=
ten ſind. So plaudern ſich unſere Schulen alle Irrthümer nach,
nur in andern Wendungen. Ueberhaupt müſſen wir noch ſehr
vieles auf Treu und Glauben annehmen, und ſomit ſtehen
unſere Theorien, vor allem die Tempi Bezeichnungen auf noch
ſehr ſchwachen Füßen.“ Was mir ebenfalls ſehr auffiel, war,
daß als ich einſt mit den Kindern die erſten von Clementi’s
Sonaten vornahm, er deſſen Kompoſition geradezu „geiſtlos“

nannte, und was Spohr noch mehr als dieser Ausspruch cha-
rakterisiren mag, daß er, als wir von Mozart's Sonaten sprachen, und ich darin des erhabenen Adagios in As dur (in der
Phantasiesonate) pries, er mit fast wehmüthigem Ausdrucke
klagte: „Gewiß sehr erhaben — aber was hätte man daraus
nicht Alles machen können!"

Ein andermal rieth er mir in meinen Operntexten nicht mehr
zu reimen, da das matte „Reimgeklimper" dem Ausdrucke der
Natur, Kraft und Wahrheit zuwider sei. Haydn hätte das wohl
gefühlt in seinen Jahreszeiten und seiner Schöpfung, und auch
er, Spohr, — wolle nichts mehr davon wissen.

Auf ähnliche Weise verplauderten wir manche Zeit, und
abgesehen von Manchem, was mir an Spohr's Urtheilen als
barock auffiel, so habe ich ihm doch vieles zu danken, was ich
dann mit Vortheil auf meine Schüler wieder anwenden konnte.

` Zu den Zierden der damaligen Oper gehörten noch die
Sängerinnen Campagnoli, die Bassisten Siebert und Krönner.

Für das Orchester wurde der wackere Oboist Lause acqui-
rirt. Die übrigen Mitglieder finden wir auch später unter
Guhr wieder.

Daß Spohr dem Museum eine große Stütze wurde, daß
er den Faust bei uns in Scene gesetzt, und damit sich uns
eine Welt neuer Harmonien erschloß, daß er für die Friedel
„Zemire und Azor" schrieb, wozu Ihlée den Text gedichtet,
daß Spohr und Leerse, die ästhetisch-künstlerische und spekulativ-
kaufmännische Fakultäten, sich ihrer Natur nach unmöglich ver-
tragen konnten, sind für Jedermann, der sich mit Musik beschäftigt, bekannte Thatsachen. Für mich war es besonders schmerzlich, daß sich meine Ahnung so schnell erfüllen sollte. Eines
Tages zeigte mir Spohr das Koncept zu seiner Abdankung,

und frug mich sehr naiv: „Haben Sie nichts daran auszu=
setzen?"

Ich las, sprang vom Stuhl auf und rief aufs Höchste er=
schreckt: „Alles, alles habe ich daran auszusetzen!" „„Wie?""
fragte Spohr überrascht, „„gefällt Ihnen die Fassung nicht?""
— „Das Wesen gefällt mir nicht," rief ich, „ach, es taugt
Alles nichts, bedenken Sie doch, werther Herr Kapellmeister!"
„„Ich habe bedacht,"" sprach er ernst, „„diese Herren verste=
hen es ja besser, also muß ich ihnen Platz machen. Sie wer=
den den Guhr dafür bekommen.""

Das war eine böse Neuigkeit!

Spohr theilte mir andern Tags noch mit, daß, nachdem
die Herren in jener ominösen Sitzung über Administrations=
sachen getagt hatten, er, Spohr, das verhängnißvolle Pa=
pier mit den Worten auf den Tisch gelegt habe: „Hier, meine
Herren, überreiche ich Ihnen meine Abdankung!"

Ich hätte den stolzen Blick sehen mögen, mit dem er sich
entfernte.

Einem reichen Souper, von den Notabilitäten der Stadt
auf dem Sandhofe dem Meister veranstaltet, hatte ich die E h r e
beizuwohnen, nicht das V e r g n ü g e n, denn mir mundete wahr=
lich kein Bissen.

Als die Gesellschaft in mitternächtlicher Kühle durch das
Wäldchen zur Stadt zurückkehrte und es tüchtig dunkelte, sprach
Spohr: „Fürchten Sie sich nicht, meine Herren, ich helfe Ihnen
mit meinem Mondschein aus!" dabei zog er seinen Hut ab,
und producirte seine damals schon ganz ansehnliche Glatze.

Einen ernsten Mann scherzen zu sehen, ist auch erhaben.

So hob es aus zur Abschiedsstunde, und endlich schlug
sie. Aber eine moralische Erhebung wurde mir, als die Kin=

der aufrichtige Thränen weinten, und Spohr die Worte zu mir sprach: „Muß ich von Frankfurt scheiden, so nehmen Sie, mein lieber Herr Gollmick, die Versicherung, daß wir den Unterricht, den Sie meinen Kindern gaben, sehr vermissen werden. Und dabei reichte er mir einen schönen Mosaik-Ring, den ich als theures Andenken lange an meinem Finger trug, und dann zu den Kleinodien legte, die mir im Laufe der Zeit wohl hin und wieder geworden sind.

Spohr begann also sein Direktorium an der Frankfurter Oper mit Don Juan am 28. Dezember 1817 und endete dasselbe mit derselben Oper am 26. August 1819. Am 30. verließ er die Stadt unter einem furchtbaren Gewitter, dessen Wolken bekanntlich später noch oft am Firmamente unserer Oper hingen, und noch manchesmal hinziehen werden!!

Sprach ich von Offenbach und gedenke Spohr's, so bringt mich eine natürliche Ideenverbindung auf zwei Familien, die ebenfalls einen zu großen Einfluß auf meine Bildungscarriere ausgeübt haben, als daß ihnen meine Dankbarkeit kein eigenes Blatt weihen sollte. Ich nenne

Hofrath A. André und Wilhelm Speier.

Wie es in der Natur jedes Weiterstrebens liegt, einflußreiche Bekanntschaften zu suchen oder sich zu erhalten, so war, ehe ich es selbst recht gewahr wurde, ich ein Freund des Hauses André.

Jungen Leuten ist der Ausspruch des erfahrenen Mannes gewöhnlich ein Orakel, und man gewöhnt sich an unbedingten

Gehorsam. Wie das Alter die Jugend oft verwöhnt, so nicht weniger auch die Jugend das Alter, denn während sich der Meister geschmeichelt fühlt, mag er seinen Einfluß zum Nachtheil des Zöglings nicht selten überschätzen. Wir brauchen nicht lange nach der Unerträglichkeit weisheitsschwangerer Professoren zu suchen. Um so wohler that es, wenn, ohngeachtet mancher Bizarrerien von André's Lehren, für den Schüler doch immer der guten Eindrücke noch genug übrig blieben. Auch für meinen ästhetischen Hunger war sein Ausspruch Manna. Namentlich fiel dieses vom Himmel, wenn er für die Deklamation des Gesanges in Eifer gerieth, die er bekanntlich bis zur Ausschweifung protegirte. Selten mag gründliches Wissen mit eigensinnigem Beharren, auf nicht immer unfehlbare Lehrsätze, mit liebenswürdiger Güte so sinnig gepaart gewesen sein, wie bei André. Nur einem Manne von so herrlichen Eigenschaften konnte man es vergeben, wenn er z. B. bei Musikaufführungen, sobald ihm etwas mißfiel, mit einem klassischen Mephisto-Gelächter auf- und davonlief. In solch unglücklicher Laune schonte er keines Menschen, selbst Mozart und Beethoven nicht. Hauptsächlich zog mich sein patriarchalisches Familienleben an, und irre ich nicht, so mochte seine reichbesetzte Tafel zu der Periode, als seine Kinderzahl (er hatte deren, glaub ich, einundzwanzig) in voller Blüthe stand, wohl täglich ein paar Dutzend Köpfe ernähren. Nichts gleicht aber der Milde, womit er sich meiner jungen Gattin annahm, als sie mir das erste Mädchen schenkte, und stets wird das an sie gerichtete Schreiben voll ärztlicher Verhaltungsregeln ein theures Andenken bleiben. Nichtsdestoweniger blieben meine Verlagsverhältnisse meinem väterlichen Freunde gegenüber (meine praktische Gesangschule in zwei Heften ausgenommen), nach wie vor dieselben, denn ich erhielt für einige fünfzig gedruckte Werke aus seinem Verlag, als Honorar höchstens sechs Freiexemplare, und wahrscheinlich hat ein Gefühl der Pietät, seine Erben zur Beibehaltung derselben Gewohnheit veranlaßt. Sei dem, wie ihm wolle, André hat durch seine Prinzipien in Bezug auf richtige Deklamation einen solchen Einfluß auf meine eigene Fertigkeit in Uebersetzungen aus andern Sprachen ausgeübt, daß ich mich gerne als seinen Schuldner erkläre, und deshalb mein Urtheil über obige Mißstände unausgesprochen lassen will. Was mich aber wahrhaft stolz machte, war, daß er mir die Umarbeitung seiner Zaide anvertraut hat. Diese Herausgabe (1838) ist zu bekannt geworden, als daß es noch einer weiteren Erklärung bedürfte. Für solche, die das Werk noch nicht kennen, genüge folgende, aus dem Vorbericht des Klavierauszugs gezogene Notiz.

Unter Mozart's hinterlassenen und von André erkauften Werken befand sich auch die vollständige Partitur der Zaide, gleichsam als Vorläufer der Entführung, da beide Opern sowohl im Sujet als in ihrer musikalischen Einrichtung eine auffallende Aehnlichkeit mit einander besitzen. Den verloren gegangenen Dialog zu dieser Oper neu zu dichten und mit dem Texte der von Mozart komponirten 16 Nummern in Zusammenhang zu bringen, war die mir zugedachte Aufgabe. Daß ich das Original-Manuscript eines Mozart als eine Reliquie betrachtete, für welche mich André zuvor fast einen Sicherheitseid schwören ließ, ist begreiflich. Es ist mir bekannt geworden, daß Hofrath André sich in Bezug auf diese Arbeit schon früher an kompetentere Gewährsmänner (unter diesen an Rellstab) gewendet hat, aber sein Verlangen nicht durchsetzen konnte. Den Grund zu errathen, war nicht so schwer, denn was für jene Herren

vielleicht zu tiftlich ober auch zu wenig dankbar, war grabe
für mich ein Sporn, diese Schwierigkeiten *) zu besiegen, und
gerne hätte ich statt von André ein Honorar zu accoptiren,
ihm für die Erlaubniß einer solchen Ehre noch Tausende bazu
geboten, wenn ich sie nämlich gehabt hätte.

Daß die Presse auch hier ihr pro und contra leuchten
ließ, ist begreiflich. Jedenfalls bewährte sich die Sache nicht als
praktisch, denn — das Kabinetstück blieb als Oper liegen, ob=
wohl es die Pietät beutscher Theater wohl erfordert hätte,
wenigstens des Vergleichs wegen, einmal einen Versuch mit
der Aufführung zu machen.

Eine ganz hiervon verschiedene Arbeit war mein Vorbe=
richt zu André's Lehrbuch der Tonsetzkunst. Ich ließ diesen
Vorbericht in meiner 1833 bei J. D. Sauerländer erschiene=
nen „Kritischen Terminologie" (2. Auflage) abdrucken, und mag
derselbe, weil er namentlich vom doppelten Kontrapunkte ab=
handelt, noch einiges Interesse hervorrufen.

Es giebt Fälle, die man oft ein ganzes Leben hindurch
zu bereuen hat, und durch keine Sühne abkaufen kann. André
erkrankte ernstlich, und bei seinem stets regsamen Geiste, hier
gleichsam zwischen Tod und Leben schwankend, schrieb er mir
am 18. Februar 1842 folgendes Billet:

Lieber Herr Gollmick!

Ich wünschte Sie zu sprechen, bin aber immer noch zu
unpäßlich, um zu Ihnen gehen zu können, und ersuche Sie

---

*) Wer seine Stoffe nach Belieben wählen barf, hat freilich von
der rhythmischen Schwierigkeit einer solchen Arbeit den rechten Be=
griff nicht.

daher, wenn Sie dieser Tage einmal Zeit zu einem Spazier-
gange haben, mich hier zu besuchen.

O. 11/2 42. Freitags.

Freundschaftlich und hochachtend

Ihr ergebener

André.

Aber es war keine Zeit mehr da, zum Spazierengehen.
Ich war leichtsinnig genug es zu verschieben, den Kranken noch
einmal zu sehen, und als ich verspätet kam, war er verschieden. Dieses war also der letzte seiner vielen Briefe, weßhalb
dieser Nachlaß mir um so theurer. Und — was konnte er mir
noch zu sagen, vielleicht noch zu vertrauen haben?

Möchte dieses Beispiel vielen zur Warnung dienen!

Mein Umgang mit Wilhelm S p e i e r datirt sich seit fast
einem halben Jahrhundert, und hat sich, obgleich es nicht leicht
war, die Freundschaft eines Mannes von so ernstem und stillem
Charakter zu erwerben, in stets ungetrübter Sinnesart erhalten.

Mein erstes Zusammentreffen mit ihm war bei Spohr, wo
ich gerade Unterricht gab, wodurch jedenfalls sein Achtungsge-
fühl vor dem jungen Lehrer eingeleitet war.

Speier's vertrauter Umgang mit Spohr, sein Violinspiel
aus der Schule Baillot's, seine Kompositionen *), sein gediegenes

------

*) Außer seinen berühmten Liedern, werden auch seine Violin-
kompositionen und Männerchöre sehr geschätzt.

Urtheil über Kunst, und daß er die erste Idee zu unserer Mo=
zartstiftung gab, wirkte in diesen verschiedenen Epochen immer
wieder nützlich auf mich zurück.

Eine Arbeit aber, die wir zusammen unternahmen, dürfte
für manchen Leser nicht ohne Interesse sein. Es sind dieses
die Melodien von sechs Männerquartetten, deren Texte ich erst
nach vollendeter Musik gedichtet und unterlegt habe, also das
musikalische Verhältniß umgekehrt *). Ich erinnere hier an das
Verfahren mit Bernhardt Klein's Sonatensatz (vide Artikel Köln.)

Die Titel dieser Lieder, die ich ebenfalls erfinden mußte,
hießen: „Lust in Allem." „Champagner=Lied." „Die Freude in
wechselnder Gestalt." „An den hingeschiebenen Freund." „Die
schöne Zeit." „Morgenlied im Freien." Ich erlaube mir hier=
bei ein Pröbchen von dieser umgekehrten Poesie zu geben, und
wählte dazu das Champagnerlied, weil es die meisten rhyth=
mischen Schwierigkeiten darbot.

---

*) Erschien im Verlag bei Fr. Phil. Dunst, opus 25 der Speier=
schen Werke.

Tenore Imo. *Scherzo.*

Laßt uns die Freuden des Lebens ge = nie=ßen, in

²) Saus und

vis

Saus und ¹) Braus in Braus, laf=fet Cham=pag=ner den

fchäumenden flie=ßen. Schenkt ein, trinkt aus, fchenkt

ein, trinkt aus! Fort mit der Welt Sorgen und

Pein, al = les ver = fcheucht der Göt = ter=

wein. Singt ihr Brü=der! Auf, auf! Eu=re

Lie=der, und fingt, und liebt und fcherzt, fchenkt

ein und trinkt u. f. w.

Ich schließe diesen Artikel mit dem Ausdruck der Freude, wackere Männer, wie Speier und Xaver Schnyder von Wartensee noch zu den wenigen Freunden zählen zu können, die mir noch übrig geblieben sind. Mögen sie sich noch lange rüstiger Tage erfreuen!

Die Aristokratie der Eselsfelle.

„Wie ist es möglich", wurde ich oft gefragt, „daß ein Mann, wie Sie, wie Du u. s. w. einem solchen profanen Instrumente wie die Pauken sind, anhängen kann?"

„Das kommt daher," war dann stets meine Antwort: „Erstens, weil mir dieses Instrument durch seine Anwendung lieb geworden, und zweitens, wer kennt nicht die Macht der Verhältnisse? Daß meine Frankfurter Laufbahn damals von der Laune einiger Wassertropfen abhing, wissen meine Leser bereits. Lieb gewonnen? Darauf die Antwort: weil es einen Mozart, Haydn, einen Gluck, Spohr, einen Mehul, Gretry und andere solche Männer gab, wovon jeder Paukenschlag, jeder Wirbel eine innere Nothwendigkeit ist, ein Beethoven, in dessen Symphonien, diesem Weltmeere an Effekten, kein Quotennötchen, selbst keine Pause ohne Versündigung gegen die geheimen und großartigen Wirkungen solcher Tonschöpfungen wegbleiben darf.

Wohl erkannt haben unsere Meyerbeer, Donizetti, Halevy, Auber, Marschner, auch selbst Mendelssohn und David in ihren Oratorien, was aus diesen Esels= und Kalbsfellen alles zu erzielen sei, wie bald ein Solo=Instrument daraus wurde und selbst die neueste Konstruktion mit einer Schraube kaum hinreichte, alle die Ansprüche zu befriedigen, welche unsere exal=

tirten Komponisten an ein so überschnelles Umstimmen der
Pauken machen. Und hat nicht Herr Richard Wagner diese
Uebertreibungen vollends so ausgebeutet, daß einem auf diese
Weise mißhandelten Timpanisten der Angstschweiß auf der Stirne
stehen muß?

Ich will keine Geschichte der Pauke schreiben, wie es schon
Mehrere vor mir gethan, aber durch die erhabenen Wirkungen,
welche sich durch edle Komposition auf diesem Instrumente hervorbringen lassen, habe ich die Würde desselben schätzen gelernt, und mich nimmt nur Wunder, daß ich nicht gleich unserm E. T. A. Hoffmann schon längst diabolische Novellen,
oder, was eben so nahe liegt, einen geharnischten Artikel „über
das Judenthum in der Musik" geschrieben habe.

Durch so vielerlei abstrakte Beispiele angeregt, mußte ich
da nicht nach und nach in eine Art von ästhetischer Rage gerathen, und am Ende dieses Instrument mit Liebe, Haß, Humor, Mysticismus und am Ende mit Berserkerwuth traktiren?
Jedenfalls aber hoffe ich es mit Geist behandelt zu haben.
Habe ich mir doch zu diesem Zweck selbst verschiedene Schlägel
von Holz, Filz und Schwamm fertigen lassen, wozu mir unser
Einbiegler wieder mit sehr praktischen Mitteln an Handen ging.

Um den Unsinn der italienischen Paukerei habe ich mich
niemals viel bekümmert. Ich paukte hier ganz nach Willkühr,
ließ oft ganze Seiten in meiner Stimme aus, und wußte genau den Punkt, wo mit desto besserer Wirkung wieder anzu-
knüpfen und einzufallen war. Namentlich traute mir Guhr diesen moralischen Takt zu und ließ mich frei gewähren.

Die Verachtung dieses Instruments und dessen Behandler
kann also nur in der totalen Unkenntniß desselben liegen, und
gewöhnlich wird Paukenschlagen und Trommeln für gleich be-

deutend gehalten. Nicht so leicht als diese Ehrenrettung wird
mir die des folgenden Faktums werden. Ich war nämlich oft
schwach genug meinen Stand zu verläugnen und stets bemüht
baldmöglichst über diese proletarische Klippe weg zu schlüpfen,
sobald ich nach meiner Funktion im Orchester befragt wurde.
Fand diese Frage gar bei schönen Frauen statt, um so schlim-
mer. Ich fand alsdann gewiß eine Umschreibung oder Vorrede
als Beschönigung, oder hatte — ehe ich das Schreckenswort
„Paukenschläger" herausbrachte — wenigstens das Verdienst, wie ein zarter Endimion bis über die Ohren zu erröthen. Eines andern Faktums erwähne ich hier mit besonderer
Beschämung, weil ich mir das Recht anmaßte, an meinem Instrumente während der Pausen Schriftstellerei zu treiben, ungenirt um Welt und Publikum, Bücher zu lesen, Gedichte zu
machen, Kritiken zu koncipiren u. s. w. Daß mir das Alles
jahrelang so hinging, kann ich noch nicht begreifen, und wahrscheinlich war es die Größe einer solchen Unverschämtheit, welche
den Leuten imponirt hat. Die Sache fand Nachahmung, denn
Happel, unser Posaunist, gab sich ebenfalls mit orchestrischer Literatur ab, nur etwas versteckter. Am bequemsten aber machte
es sich Meggenhofen, mein trompetender Vorsitzer *), welcher
während längerer Pausen, z. B. im Don Juan aus anderen
Klavierauszügen, Militär-Märsche für Blechmusik arrangirte,
und zwar so sachverständig, daß Guhr, der ihn einst belauschte,
ihm lächelnd sagte: „Nur nicht genirt, Meggenhofen, aber,
das mache ich Ihnen nicht nach!" Ueberhaupt wurde zu damaliger Zeit der Orchesterdienst mit großer Liberalität gehandhabt. Eine wahrhaft komische Scene hiervon, daß bei einer

---

*) Beide Männer sind ohnlängst auch hinüber.

großen Hitze Guhr seinen Rock auszog, und fortfuhr in Hembs-
ärmeln zu dirigiren. Flugs flogen andere Röcke von den Schul-
tern, aber nur, um sie sogleich wieder anzuziehen, da dem
Stifter dieser Freiheit die Nemesis auf dem Fuße folgen mußte.

Appendicula.

Nicht ganz uninteressant war die Steigerung meiner Gage
bis zu 400 fl. Ich beabsichtigte durch das Gesuch meine Entlassung zu befördern. Diese warb mir, und ich freute mich in
der That auf die Stunde der Erlösung. Nach dem Vierteljahr
üblicher Aufkündigung schlug diese Stunde, und zwar gerade
zur Zeit der Frankfurter Messe, wo bekanntlich die Herren
Orchestermitglieder am nöthigsten sind. Nach der vorletzten Probe
einer großen neuen Oper blieb ich plötzlich weg. Nun flogen
die Kalkanten. Guhr, keineswegs darauf vorbereitet, wollte nichts
von dieser Entlassung wissen, und — in einer halben Stunde
saß ich wieder in meinem Orchesterwinkel, und zwar mit fl. 100
Zulage. Neuer Stoff zum Aerger für viele meiner Kollegen,
da mancher Primgeiger damals nicht mehr Gehalt bezog. Es
blieb mir nach einem solchen »aut aut« freilich nichts übrig,
als zu bleiben. Unter dem Triumvirat wurde ich Correpetitor
mit abermals 200 fl. Zulage *), die ich unter Benedix wieder
verlor. Während der Mühling'schen Periode hatte ich die Ehre,
eine Zeitlang Mitvorstand des Pensionsfond zu sein, und den
Mitgliedern die Strafgelder diktiren zu helfen. Endlich wurde
ich krankheitshalber unter Gustav Schmidt nach 43jähriger

---

*) Welche Erfahrungen ein solcher beim Rolleneinstudiren be r ü h m-
ter S ä n g e r macht, dürfte allein einen Band ausfüllen.

Dienſtzeit mit 300 fl. penſionirt *), wovon horribile dictu!
— auch noch 1¹/₂ pCt. für den Penſionsfond abgezogen werden.

„Nun können die Herren Penſioniſten“ — ſo dachte und
ſagte man — „nun können dieſelben ſich gewiß recht bequem
mitten ins Parterre hinſetzen, und die Oper, die ſie ſchaffen
halfen, nicht mehr in dieſer oder jener Ecke einzeln und ver-
theilt, ſondern en face mit vollem Total-Eindruck genießen.
Welch eine Entſchädigung für ſo ſtückweiſe Halbgenüſſe! Aber
weit gefehlt, denn es ſcheint unbegreiflich, iſt aber wahr, daß
der Penſionär gewöhnlich nichts mehr vom Theater wiſſen
will, ſelbſt wenn er freien Eingang genöſſe **). Der Hoch-
genuß ſo lange entbehrter Freiheit ſiegt hier über die Luſt des
Theaterbeſuchs und ich kenne Perſonen, welche weite Umwege
machen, um nur nicht in die Nähe der Couliſſenwelt zu kommen. Geht es mir doch nicht viel beſſer, der ich den Vortheil
des unbedingt freien Eintrittes zu genießen die Ehre habe.
Um ein paar eklatante Beiſpiele zu geben, die Lindner ***) und
Meck, bei welchen ſich das Sprichwort nicht bewährt: daß alte
Kutſcher gerne knallen hören.“

---

*) Wobei das Ding aber nicht ſo glatt ablief, denn lange mußte
ich noch prozeſſiren, weil die Herrn Theater-Aerzte mich noch für tauglich hielten, Schmidt mich dagegen bereits geſtrichen hatte aus der Liſte
der Lebendigen, und ich alſo rein in der Luft ſchwebte, bis endlich die
Fiskal-Gerechtigkeit mich nach ſo langem Dienſt für mürbe genug hielt,
um endlich auf meinen Lorbeeren ruhen zu können.

**) Was aber nur ſelten ſtattfindet, namentlich in der neueren Zeit.
Wenn das ja geſchieht, ſo muß der Bittſteller antichambriren, wozu
er natürlich weder Luſt noch Zeit hat, und deshalb die Sache unter-
bleibt.

***) Zu vergleichen den Artikel Würzburg.

Aber nicht allein b i e s, die Wirkung dieser Freiheit macht den Invaliden selbst wieder gesund, er blüht aufs Neue auf, gleich den Blättern des Spätherbstes, die noch einmal den Charakter des Frühlings annehmen. Er gedenkt der goldenen Freiheit sich nunmehr in ihrem ganzen dolce far niente zu überlassen.

Bevor ich nun zur Guhr'schen Periode übergehe, sei mir eine kleine Erholung vergönnt, welche ich wohl am Besten mit

Gedankenstriche

bezeichne. Dieses sollen aber keine Striche sein, die mir durch die Gedanken gehen, wie gleichsam Striche durch die Rechnung, im Gegentheil sollen sie mir zum Wiederfinden meiner selbst, also zu meiner eigentlichen Selbstschau dienen. Diese Pausen oder Schweigezeichen, wie man sie auch nennen mag, sind vielmehr die gesprächigsten Redner der Aesthetik. Oder sollten Gedankenstriche nicht die stillen Athemzüge oder Pulsschläge sein, die zwischen dem Geplauder der ewig ungenügsamen Frau Musica liegen? Ach, sie sind aber oft noch weit mehr. Diese Gedankenpausen sind geeignet, die schweren Notenmassen zu lockern, damit sie recht durchsichtig werden, und wer empfände nicht die Ahnung eines höheren Daseins, welches in diesem Schweigen liegt? *) Welch ein fürchterlich grausenerregender Gedanke wäre das Chaos gigantischer Felsen und Abgründe, ohne einen versöhnenden Sonnenstrahl, wie man sie z. B. in ge-

---

*) Z. B. die ganze Taktpause im zweiten Theil der Ouverture zur Zauberflöte, nach den sechs Forte-Akkorden, womit das kanonische Imbroglio endet.

wissen undurchbringlichen Opern findet. Wären Gedankenstriche nicht die eigentlichen Paradiese der Tonkunst? und wollte man sich boshaft ausdrücken — wie wohlthätig wäre oft ein Gedankenstrich für den, der keine Gedanken hat. „Gebt mir einen schönen Gedanken" war das letzte Lallen Jean Paul's. „Gebt mir Gedankenstriche zur rechten Zeit", sollte das tägliche Gebet mancher Herren Poeten sein!

Ob es denn auch ein so großes Verdienst um die Ge= dankenfabrik ist? Es haben mir diese Zufälligkeiten der sogenannten Begeisterung stets Bedenken eingeflößt. Während die theoretischen Faktoren des Generalbasses, Kontrapunkts u. s. w. auf den festesten Grundsäulen gebaut sein mögen, wankt und schwankt doch das Schifflein Erfindung fast in einem fort. Der auf seine Principien stolze Priester dürfte bald zum be= müthigen Laien herabsinken, sobald es darauf ankommt eine gefällige Melodie zu schreiben. Oder wer kann sich rühmen einen Gedanken im eigentlichen Sinn erfunden zu haben? Kann er dafür, wenn sein Gehirn zufällig solche Blasen auf= geworfen hat, vermöge welcher er eine Reihe von Noten oder Buchstaben so und nicht anders zusammenfügen konnte. Er hat also eigentlich nur gefunden, was als Material schon auf dem Wege lag und dasselbe mehr oder minder geschickt benutzt. „Es kam von Gott," sagte Vater Haydn während der Aufführung seiner Schöpfung, welche deshalb weniger eine ei= gentliche Schöpfung, als ein Schöpfen aus dem Urquell war. Worin aber liegt hierin ein Verdienst? Wenn nun schöne Ge= danken von einem guten Geiste kommen, so giebt es auch einen

Dämon der die schlechten Gedanken gebiert, welches mir aber im Widerspruch mit der göttlichen Polizei zu liegen scheint, denn weshalb wirft der gute Geist den Dämon, der so viele schlechte Musik macht, nicht gleich zum Paradiese hinaus?

Allein noch gehen mir andere Dinge im Kopf herum, die mir ebenso ungerecht erscheinen. Man weiß, wie sich unsere Poeten und Musiker auf ihre eigene Art zu begeistern verstehen. Der eine thuts durch Champagner, der andere durch Bier, Branntwein, Opium, Kaffee, eine Cigarre und dergleichen. Noch andern wird klares Brunnenwasser zur Hyppokrene. Am Morgen noch ungewaschen und nüchtern bringt man schwerlich etwas Erkleckliches zu Stande. Erst gegen Mittag klopft es stärker an die Geisterpforte, aber leider oft zu spät, wenn der geplagte Genius in profanen Geschäften die Feder ausspritzen muß. Am liebsten besucht uns der Spiritus zur Abendstunde oder Nachtzeit, und ist dann derselbe an gewisse Lokalitäten gebunden. Dem Einen kommt er auf freiem Felde, dem Andern in dunkler Kammer, einem Dritten im Postwagen, in der Einsamkeit, im Gewühl der Menschen u. s. w. Plötzlich fährt unvermuthet ein Funke, ein Blitz herab aus düsterer Wolke, und da sitzt's uns, und bleibt sitzen. Mithin wäre die Begeisterung kein stereotypes Organ, sondern ein von jedem Zufalle abhängiges Element. Je nach Beschaffenheit seiner Leibeskonstitution und seiner Verdauung könnte sich füglich ein Jeder für drei Pfennige Begeisterung kaufen. Ich frage abermals: wo steckt da das Verdienst? Und eine solche Spiritualität, ein solcher Spiritus familiaris, wenn ich Frau Begeisterung also nennen darf, will mir eben nicht in den Kopf.

Muß ich doch stets an einen Tintenkleds denken, und sei
er auch noch so klein, der auf einem schneeweißen Sonntags-
kleide prangt, wenn ein artiges Mädchen einen Claviersatz
fertig einstudirt hat, und mitten darin auf einmal eine harte
Dissonanz intonirt (z. B. in D dur ein impertinentes F), so
daß der Lehrer hoch vom Stuhle auffährt, und wenn er selbst
fest eingeschlafen wäre. Das ist der Tintenkleds. Da sitzt er
unvertilgbar fest, wie ein Fixstern, und nichts vermag seine
Schmach zu tilgen. Man muß unwillkürlich stets daran denken, und hätte das hübsche Kind alles, was um die fatale
Dissonanz herumgelegen, noch zehnmal schöner gespielt. So
gäbe auch der alte Wachtmeister aus Wallensteins Lager ein
ganz praktisches Beispiel, wenn es nur minder gefährlich wäre.
„Habt ihr mir den Finger blos genommen? Nein, beim Kukuk,
ich bin um die Hand gekommen!" Darum hütet euch, ihr
lieben Kinder, vor dem ersten fatalen Kleds, denn die andern
kommen gewöhnlich gleich nach.

***

Man sollte sich doch bestreben, jedem Dinge sogleich den
rechten Namen zu geben; es würde dadurch weit mehr Klarheit in die Welt kommen. Man sagt z. B. sie, er, ist entsetzlich schön — ich liebe sie, ihn, rasend — die Rose duftet
fürchterlich schön — ich leide gräßlich . . . am Schnupfen u. s. w.,
und bedenkt nicht, wie sehr solche leidenschaftliche Beiwörter
den Standpunkt der Gesellschaft verrücken, wie sehr die Wahrheit in den Hintergrund tritt. Nicht minder schädlich sind solche
Uebertreibungen in der Tonkunst, und richten dort mehr Be-
griffsverwirrungen an, als man glaubt. „Das ist falsch!"

ruft mancher Lehrer, wenn auch das arme Kind noch keinen
falschen Ton gegriffen, sondern nur den vierten statt den dritten Finger übergesetzt hat. Sagt man ganz einfach: „das war
unrichtig", so hat das Kind sogleich den festen Begriff von
dem gemachten Fehler, und wird ihn weit eher vermeiden.
Unser Hans Georg Nägeli hat seiner Zeit gewaltig gegen
ähnliche Mißbräuche geeifert, aber es ist beim Alten geblieben,
wie so vieles Andere.

Unter diesem Andern aber ein wahrhaft mörderisches *)
Beispiel, darum bezeichne ich dieses am Besten mit

Sänger- und Verleger-Vandalismus.

Zuerst sei also die Rede von dem Vandalen-Krieg gegen
gute Compositionen, welche keinen Verleger finden können.
Man kann fürwahr die Niederträchtigkeit **) nicht oft genug
rügen, womit hier so oft ein tüchtiges Talent, ein schönes
Streben mit Füßen getreten wird, denn während seichte Occa-
sionalprodukte wie Pilze in die Höhe schießen, vermodert die
reife reiche Frucht im Schreibepult oder in der Rumpel-
kammer.

Aber nichts gleicht dann der Unverschämtheit nichtiger Entschuldigungen, indem es dann in der unfrankirten Rücksendung

---

*) Und dieses Epithet ist hier am rechten Platze.
**) Niederträchtig, seiner Ethymologie nach „was nach Niede-
rem trachtet. Also ebenfalls kein übertriebenes Beiwort.

des Manuscripts heißt: „Wir bedauern *) wegen überhäuften
Materials unserer Presse auf Ihr gütiges Anerbieten nicht eingehen zu können und verbleiben Ihr hochachtungsvoll ergebener **); oder in andern Versionen: „Die Zeitumstände haben
den Standpunkt unserer Verlagsartikel verrückt — sollte heißen
verrückt gemacht — und ohne Schaden zu erleiden wäre uns
ein Eingehen auf Ihre ehrende Offerte nicht möglich u. s. w."
Während darauf ein anderes Bedauern ehrlich genug ist zu
gestehen, daß des Herrn Einsenders Sachen zu gut seien
für seinen Verlag, da er leider vom Geschmack des Publikums abhängig sei; schreibt ein dritter Vandale, nachdem derselbe Decennien lang die Presse des Componisten abgenutzt hat,
schreibt ihm gerade auf den Kopf zu: „Da wir unserem neueren Princip zu Folge unsern Katalog nur mit Werken von
Ruf zusammen zu stellen trachten, so können wir uns auf
nichts weiteres einlassen u. s. w." ***)

Kann es aber einen größeren Unsinn geben? Wie soll man
denn ohne Presse zu Ruf und Namen kommen? Wer besitzt
die alleinige Allmacht dazu als der Verlagshandel? Ein ähn-
liches gilt von gewissen Sängern, welche das Talent eines
Componisten durch den öffentlichen Vortrag wahrhaft glücklich
machen könnten. Aber eine zarte Mischung von Indolenz (andere nennen's Faulheit) und Unwissenheit bringt diese tägliche
und traurige Erscheinung hervor. Wenn's hoch kommt, so ist's

*) Würfe man nach Lesung dieses wohlbekannten Schreckenswor-
tes den ganzen übrigen Kram doch lieber gleich ins Feuer, und meinet-
wegen auch das Manuskript hinterdrein.

**) Ein solches ergeben sein, welche infame Lüge!

***) Mit diesen und ähnlichen Original-Briefen kann ich zur Ge-
nüge aufwarten.

mit einem Dutzend abgenutzten Gesängen abgethan, welche nach allen Weltgegenden getragen werden, während so viel Neues und Werthvolles sich geltend machen möchte, der endlichen Erlösung harrend. „Oh, Ihre Lieder (Arien u. s. w.) sind brillant, reizend — versichert eine ungarische oder pommerische Nachtigal — ich werde sie singen im nächsten Concert, verlassen Sie sich darauf!" Nun schreibt der beglückte Dichter sein Manuscript säuberlich selbst ab, läßt es in Maroquin und Seide binden, überreicht die Dedicace eigenhändig der Dame seiner Hoffnung, wenn nicht gar seines Herzens. So erscheint endlich der heißersehnte Concerttag. Aber vergebens durchfliegen des Dichters Blicke das Programm. Sein Name prangt nicht darauf. S e i n Pegasus wird nicht geritten, dafür aber ein anderes bereits hundertmal gesatteltes Steckenpferd. Zur matten Entschuldigung diente wieder Zeitmangel, zur Entschädigung das heilige Versprechen, das Nächstemal eines dieser Lieder vorzutragen. Aber welches? Gewiß das alte von dem lustigen Bäcker, der auf sein Schild schrieb: „Morgen wird mein Brod umsonst ausgegeben", und dann sein Schild hängen ließ.

Von andern stillen Leidenshistorien vielleicht später, wenn ich einmal eine Sammlung der Männer aufgestellt haben werde, welche unter solchem Drucke gedarbt haben, oder wenn ich Zeit verlieren darf, die, wie man ja sagt, G e l d sein soll. »Time is money.« Für jetzt genüge — mit wenig um so schätzenswertheren Ausnahmen — die Aufstellung des traurigen Factums, daß Publikum und Presse einen Bund mit einander geschlossen, solche Leidensgeschichten bis auf die höchste Spitze zu treiben.

Zum Schlusse dieses Passus paßt ein Anderer, den ich meinen Citaten *) entnehme: „Der musikalische Verlagshandel zeigt sich heut zu Tage dem Componisten gegenüber wie der persische Satrape gegen seine Sklaven, oder die russische Knute gegen ihre Leibeigenen."

---

*) Diese Citaten, woran ich bereits Decennien lang gesammelt, bestehen aus folgenden Abschnitten: 1) Allgemeines Leben und Wirken; 2) Politik; 3) Musik (Gesang und Oper); 4) Malerei und Blumen; 5) fremde Wörter in Bezug auf Kunst, Wissenschaft und Literatur; 6) Sentencen in fremder Sprache; 7) deutsche Sprüche und Sentencen in Prosa und Versen; 8) Kuriosa; 9) Schauspiel; 10) Kritik.

Auto-Biographie

von

I Gollmick.

———

Zweiter Theil.

Einleitung zum zweiten Theil.

Daß ich nur solcher Personen Erwähnung that, die zu mir selbst in mehr oder weniger engen Beziehungen standen oder noch stehen, und ich mich daher in keine weiteren Beschreibungen einlassen kann, daß ich zu dem Vorhandenen nur Commentare liefere, habe ich bereits erwähnt, möchte aber noch einmal bringend daran erinnern.

Diese Erinnerung gelte namentlich meinem zweiten Theile. Der von mir erwählten sprungweisen Form zufolge glaube ich mit Guhr beginnen zu dürfen, obgleich ich mir in den Artikeln „Aristokratie der Eselsfelle" und ›Appendicula‹ (1r Theil, S. 118—122) bereits einige Vor- und Uebergriffe erlaubt habe. Eine durchgreifende Biographie dieses seltsamen Mannes ist, dem Plane meines Buches nach, nicht zu erwarten und verweise ich deßhalb auf die vielen Traditionen aus seiner Lebensgeschichte. Eine derselben entwickelte sich in Guhr's Nekrolog, den ich selbst direkt nach seinem Tode im Jahr 1848 geschrieben *).

Will ich aber darauf hinweisen, so unterwerfe ich mich einer schärferen Kritik, indem ich in meinen Mittheilungen dem Freunde

---

*) Bei Fr. Benj. Auffahrt in Frankfurt a. M.

Gollmick, Autob. 3. Theil. 1

allerdings etwas ungemessen Concessionen machte, und obgleich ich dem geneigten Leser manches zu ahnen gab, so genügte es doch nicht um als völlige Wahrheit gelten zu können. Besser hätte ich allerdings gethan, wenn ich jüngeren Musikdirectoren über Guhr's bessere Art zu dirigiren nachahmungs= werthe Winke gegeben haben würde. Eine Unterlassungssünde, welche im Laufe folgender Mittheilungen wohl noch zu verbes= sern ist.

Was die Aufstellung älterer und neuerer Bühnenmitglie= der betrifft, so werden Wiederholungen nicht zu vermeiden sein und für den bequemeren Ueberblick selbst als nothwendig erschei= nen. Auch kann dieser Aufstellung keine ängstliche Genauigkeit zu Grunde liegen, da von dem Ab= und Zugehen einzelner Mitglieder spätere Besetzungen abhängen, und deßhalb — wie wohl bei sämmtlichen Theatern der Fall ist — ein feststehender Modus auf längere Zeit zu bestimmen, kaum möglich sein dürfte. Auch dieses bitte ich gütigst beachten zu wollen.

Vor Allem ist als selbstverständlich zu bemerken, daß inner= halb der 27 Jahre, in welchen ich mit Guhr verkehrt habe, noch vieles Andere in den Strudel der Begebenheiten mit hin= eingezogen wurde und, genau betrachtet, der größte Theil mei= ner Selbstschau mit dem Schlusse dieser Begebenheiten endet. Citate von Briefen, Gedichten, als zum Ganzen gehörend, da ich nebst meinem Trachten auch mein Dichten zum Gegenstand meiner Verehrung gemacht habe, werden hoffentlich keine Stö= rung machen. Mit einiger Gewalt enthalte ich mich daher der Breite des Guhr'schen Artikels, hoffe aber um so mehr dem »non multa sed multam« zu genügen.

Carl Gollmick.

Carl Guhr.

(Nebst Fortsetzung der Hauptphasen aus dem Leben des
Frankfurter Theaters.)

O blicke nicht nach dem was jedem fehlt,
Betrachte was noch einem jeden bleibt.
Göthe.

Guhrs Uebersiedelung nach Frankfurt im Winter 1821 bildete einen verhängnißvollen Abschnitt in seiner Carrière, wie
in der Geschichte unseres Theaters, da es sehr darauf ankam,
auf welchen Boden das Saamenkorn seines fruchtbaren Talents
fallen würde. Uebrigens waren für ihn die Umstände günstig,
denn sein Erscheinen fiel in die Periode des reichen Materials
blühender, von Spohr ästhetisch angebahnter Kräfte. Als Guhr
in dem rüstigen Mannesalter von 36 Jahren die Zügel der
Oper ergriff, agirte er mit folgendem Personal. Sängerinnen waren: Die Damen Sabine Heinefetter, Lange, Wagner,
Cornega, Urspruch, Dobler und Hoffmann (die Tochter des
verstorbenen Musikdirektor Schmidt). Sänger: Die Herren
Hill, Leißring, Höffler, Krämer, Brauer, Kastner, Dobler, Obermeyer, Beer und Linker (damals Regisseur der Oper, und
zur Stunde noch im Theaterbureau beschäftigt). Im Schauspiel wirkten: Weidner, Otto, Becker, Rottmeyer, Henkel, Urspruch, Heigel, Hartig (Vater) und die Damen Lindner, Weidner, Elmenreich, Betty Urspruch, Frau von Paczkowska und
Lindner (die Mutter). Hassel, der schon im Jahr 1813 seine

1*

erften Verſuche bei der hieſigen Oper gemacht hatte, kam ſpäter
als Sänger von Mainz, löſte Obermeyer ab, wirkte gleich
Leißring in Oper, Schau- und Luſtſpiel und trat bald darauf
in die Fußtapfen von Lux, die er bis zu dieſem Augenblick noch
behauptet. Später traten hinzu: Herr und Madame Meck und
Meiſinger, die Herren Ludewig und Grahn, Ferdinand Löw
(Vater der Sophia). Die integrirenden Mitglieder der Oper
beſtanden aus dem tüchtig fortſchreitenden Chor unter Nikolaus
Baldenecker und den Würdeträgern eines Orcheſters, deſſen Mehrzahl ich bereits in dem Artikel „Bernhard in Offenbach. Theil
I." angemerkt habe. Die Erſatzmänner für ſpäter und zeitweiſe
neu hinzugetretenen Mitglieder waren die Geiger: Muſikdi-
rektor Hoffmann (1811 von Paris gekommen und zuweilen
gleich Baldenecker kleinere Opern und im Schauſpiel dirigirend),
Ripfel der Aeltere, Bamberger (Vater der berühmten Canta-
tricen-Trias), Moritz Haupt. Cello: Ripfel (Sohn), Elsner (der
Vater). Letzterer früher bei Geige, Horn und Trompete fun-
girend; Lauſe, erſter, Döring, zweiter Hoboiſt (ſpäter berühmt
gewordener Novelliſt und Kritiker), Lindner (Fagott), Faubel,
Reinhardt, de Groot und Bretſchneider (Clarrinetten), (in ver-
ſchiedenen kurzen Perioden gekommen und abgetreten) Nipper-
ger (Horn), Gentſch (Trompete), Antretter (Contrabaß), Gollmick (Paucke); Fräulein Arnold (Harfe). Haſemann — auch
geſchätzter Celliſt — und — Jokoby — zur Aushülfe auf Trompete — (Poſaunen). In Bezug auf Letzteren entnehme ich zur
Steuer der Gerechtigkeit folgende Notiz:

Joſeph (fälſchlich gewöhnlich Fritz) Jacoby, eines Frankfurter Bürgers Sohn kam zum hieſigen Theater 1805, ſang
in der Zauberflöte und im Labyrinth (Fortſetzung der Zauberflöte von Göthe und Winter, und hier zum erſten Male ge-

geben am 30. März 1806) abwechselnd die drei Genien, 40—50
Jahre später den ersten Tenor der zwei geharnischten Männer,
wurde Chorist, Orchester-Mitglied, Kalkant, machte als Freiwilliger den Feldzug von 1815 und 16 mit, und feierte vor
mehreren Jahren bereits sein ungefeiertes 50jähriges Dienstjubiläum. Ein erhabenes Beispiel von der Belohnung treuer
Dienste gehört wohl auch zu den Annalen des Theaters. Unter
dem bekanntlich so einsichtsvollen Regime des Herrn Roderich
Benedix erinnerte jener Knecht Jacoby an diese ein halbes
Jahrhundert dauernde Dienstzeit, worauf nicht einmal eine Antwort erfolgte. Nach wiederholter Mahnung hieß es endlich „die
jetzige Direktion sei für solche Belohnung zu neu." Eine vortreffliche Logik, und doch war es dieselbe Direktion, welche das
25jährige Dienstjahr zweier Herren Orchestermitglieder nicht
unbelohnt vorrübergehen ließ. . . . . Ich forderte ein hiesiges
Blatt auf, sich dieses besonderen Falles anzunehmen. Das
Manuskript wurd abgedruckt. Vergebens. Niemand bekümmerte
sich um den Greis, der trotz Gicht und Zipperlein jetzt noch
(im Jahr 1865) herumhumpelt und Pensionsfonds-Gelder
herumträgt; Rollen, die gewiß noch keiner zurückgewiesen hat.
In ein anderes aber günstigeres Stadium traten freilich die
Angelegenheiten Jakoby's, als im September 1865 derselbe
in der That sein 60. Jubiläum feierte oder vielmehr gefeiert
erhielt. Humaner als die frühere Direktion unter Benedix aber
verlieh Herr von Guaita dem Greise alle Koncessionen, die
mit einem solchen Ehrentage verbunden sind, wobei sich unser
Chor in Festgesängen und anderen Zeichen der Collegialität
betheiligte.

Und nun zu unserem Guhr zurück, der mit Spontini's
Vestalin sein erstes Debut begann, und als er seinen Stab

nach der Ouverture niederlegte, sich stolz umschaute und ausrief: „Bravo meine Herren, bei Ihnen braucht man nur den
Arm!" da hatte er schon Alles für sich. „Bei Ihnen braucht
man nur den Arm;" wahrhaftig, der Ausspruch eines Römers,
und doch war er schlau dabei wie ein Grieche, denn er wußte
mit welchem Orchester er zu thun hatte. Eine furchtbare Waffe
gegen ihn, wenn diesem Arm die Grazie gefehlt hätte, wenn
er weniger ein musikalischer Alcibiades gewesen wäre. Aber er
war doppelt schlau, denn er verstand den Ausspruch des Herrn
Peerse zu deuten: „Wir brauchen einen tüchtigen Musikdirektor
und keinen Komponisten." Und deßhalb auch Spohr's ironische
Prophezeihung „Guhr ist der rechte Mann für Frankfurt."

Und wie sich dieses bestätigt hat, zeigten seine Vorzüge und
seine Mängel, seine Talente und Verirrungen, sein reiches
Leben und sein armes Ende. Guhr's Lebensbaum hatte eine
klassische Ader, aber das Blut darin war zu dick und hatte
nicht die gehörige Cirkulation. War Stolz seine Gattin, so hielt
er sich daneben die Maitresse Selbstsucht und Eitelkeit. Ohne
diese gab es für ihn keine Tugend.

Man werfe nur einen Blick auf sein gelungenes Bildniß *)
und frage, ob wir das Wesen des ganzen Mannes nicht vor
uns haben?

Vor einem reich gezierten Teppich prangt das stattliche
Kniebild Guhr's mit der wahrscheinlich fehlerhaften Devise:

„Theuer ist mir der Freund, doch auch dem **) F e i n d kann ich
nützen; zeigt mir der Freund was ich k a n n, so lehrt mich der Feind
was ich s o l l.

---

*) Im Jahr 1846 in Frankfurt von J. Steinberger gemalt und
von Heister lithographirt.
**) Dem? muß wohl der Akkusativ sein?

Die mit einem funkelnden Brillantring gezierte linke Hand ruht auf der geöffneten Partitur der Aulischen Iphigenie. Die Rechte ist in die Seite gestemmt, als wenn er fragen wollte: „Wer thut mir's nach?" Ein silberner Kandelaber mit gebrauchten Kerzen zeigt, daß Guhr auch bei Nacht arbeitet. Sein stattlicher, wie neu frisirter Kopf voll zierlicher Locken zeigt eine offene Stirne, aber doch keine eigentliche Charakteristik der Züge, weil sein Mienenspiel stets wechselt. Die breite Brust ist mit emaillirten Tuchnadeln sattsam versehen, die Halsbinde umschlingt ein improvisirtes Ordensband und an der Stelle des Herzens strahlt die österreichische goldene Civil- und Verdienst-Medaille mit Band. Die straffen Beinkleider dürfen kein Fältchen werfen, und da dieselben nicht bis übers Knie reichen, so kann man nicht wissen, ob nicht auch noch das »honni soit qui mal y pense« darunter zu schauen ist. So steht der Mann der Zeit vor uns und fordert sein Jahrhundert in die Schranken. Daß wir ihm aber trotz solcher Wiedersprüche unsere Bewunderung nicht versagen können, ist ein Vorrecht des Genies, das grade in seinen Fehlern sich oft am strotzendsten zeigt.*)

Wir haben angemerkt, wie Guhr hauptsächlich bemüht war, vorhandene Lücken bei seinem Opernpersonale auszufüllen oder wenigstens das Unbedeutendere unschädlich zu machen, und es ist bekannt, daß damals die Oper wie auch das Schauspiel zu Kassel und Frankfurt zu den besten in Deutschland gehörten. Daß er auch auf Letzteres einwirken konnte, wenn er wollte, beweißt folgender Vorfall: Einst fand er die Klage gerecht-

---

*) Die Worte, welche mir Guhr unter ein Exemplar dieses Bildes schrieb, darf ich nicht vergessen: „Seinem alten Freunde Gollmick zum Andenken an Karl Guhr, Kapellmeister."

fertigt, daß unser Schauspiel auf lahmen Beinen wankte. Hier rasch einzugreifen, in Person die Proben zu leiten, schmeichelte ihm. Aber dieser Fetisdienst dauerte nicht lange. „Ach, weshalb verlassen Sie uns wieder, bester Guhr?" klagte die Lindner. „Ich hab' es Euch gezeigt" — antwortete er in seinem treffenden Lakonismus — „jetzt macht's nach!"

Geschah es aus Indolenz, Politik oder war es ein ehrenwerther Zug von ihm, daß er, obgleich er das plein pouvoir hatte, seine eigenen Opern doch niemals vordrängte *), kurz, er folgte diesem Zuge, und — wer mag beurtheilen ob er ihn zu bereuen hatte? König Siegmar, 1819 in Kassel componirt, vertraute mir Guhr zur Umarbeitung an, und obgleich diese Oper weit später hier mit einem Succès d'estime gegeben wurde, hatte ich doch wenig Dank davon. Ueberhaupt ist es eine alte bekannte Sache: Gefällt eine Oper, so fragt man nichts nach dem Dichter, und mißfällt sie, so ist allein das Buch daran schuld. In eine pikante Collision kam ich übrigens mit der berühmten Elise Bürger (die dritte Frau des großen Dichters), mit welcher ich um den Preis einer Bearbeitung des Alabin zu kämpfen hatte. Ein Umgang und Briefwechsel mit dieser Frau und dem Schriftsteller Freyeisen, war

---

*) Feodora, 1814 für seine Gattin Wilhelmine Epp geschrieben; Deobata 1815 zum Geburtstage des Kronprinzen, und die Vestalin, dem Kurfürsten gewidmet. Die Spontini'sche Vestalin war zur Festoper bestimmt. Alles war pomphaft vorbereitet, als es dem Intendanten einfiel, daß Spontini aus französischer Schule war. In dieser Verlegenheit, und die Zeit drängte, schrieb Guhr in wenig Wochen eine neue Vestalin, die von der Leipziger Kritik auch sehr belobt wurde. Das Weitere im Text. Auch von einigen Messen und Symphonien spricht die Kasselaner Erinnerung.

das Einzige, was uns davon übrig blieb, denn — diese Wunderlampe wurde niemals angezündet. Elise Bürger, verarmt und
erblindet, starb 1833 zu Frankfurt a. M.

Mit welchem Ernst und Feuer er die klassische Oper angriff, ist bekannt, obgleich er in diesem Feuer z. B. die Mozart'schen Ouverturen oft zu rasch, die Dynamik zu willkür-
lich nahm. Daß sein Gefühl für richtige Tempi nicht immer
stichhaltig sein konnte, bewies dann der Gegensatz, daß er manches Tonstück auch wieder zu schleppend nahm, wie z. B. die
ganze Jessonda. Erwägt man dabei, daß Spohr ohnehin kein
besonders musikalischer Humorist war, so ist es kein Wunder,
wenn die Oper nicht durchgriff. Von Seiten S p e y e r s sind
ihm deshalb Vorwürfe gemacht worden, die dann Guhr.....
ewiges Räthsel der Natur..... auch folgsam hinnahm. Dennoch wollte die Oper nicht durchgreifen. Man hatte das Vertrauen verloren, und ein Publikum hat den Muth nicht und
die Bildung, um durch veränderte Methoden plötzlich weise zu
werden. Das Gefallen dieser reizenden Musik bleibe daher
einer späteren Zeit überlassen *). Seinem ungemessenen Unter-
nehmungsgeiste haben wir jedoch interessante Thatsachen zu
verdanken, darunter z. B. die hinzugefügte Scene des Apfel-
schusses im Tell; Paganini's enthüllte Kunst die Violine zu
spielen. (1820)**) u. s. w. Zu seinen Vorzügen darf man
auch einen ungeheuchelten Sinn für Literatur zählen, und in

---

*) Diese Zeit nun fiel wieder in das Jahr 1865, wo Ignaz Lach-
ner es besser als sein Vorgänger verstand, das richtige Maaß von
Takt, Tempi und Vortragsweise und edler Inspiration einzuhalten.

**) In einem Theater-Concert öffentlich gespielt im Angesichte
Paganini's.

der letzten Zeit trug er, — ohne Ironie sei es ausgesprochen — Jean Paul's Flegeljahre stets in der Tasche nach. Zwei seltene Fakultäten bildeten sein Partiturenlesen und ein enormes Gedächtniß. Aus einer früher nie gesehenen Partitur z. B. einer Cantemira oder einem Clavierauszuge a vista zu dirigiren, war ihm eine Kleinigkeit, und ich hätte Keinem rathen mögen auf das hin einen Fehler zu wagen. Seltener Widerspruch, denn nicht ganz so sicher war sein Gedächtniß in Bezug auf Pianobegleitung. Ohne Noten z. B. ein einfaches Lied zu accompagniren suchte er stets sorgfältig zu vermeiden. Eine Anekdote mag hier zugleich als Belehrung gelten. Nicht selten geschah es z. B., daß er während der Proben auf das Bureau abgerufen wurde, und folglich das ganze Personal, müßig und ärgerlich geworden, auf ihn warten mußte. Da fiel es einst den Sängern ein — es war gerade Figaro — ganz ohne Dirigent fortzusingen, und das Orchester stimmte alsobald instinktmäßig mit ein. So kam die Oper, selbst mit den Guhr'schen Nuançen, ohne Fehl fast bis zu Ende, als endlich der Maestro verspätet erschien, und erstaunt um sich blickte. „Kinder", lachte er, „ihr braucht mich also nicht mehr, und ich kann gehen?..." Aber wer ihn studirte, sah es ihm an, daß ihm nicht recht war, entbehrt werden zu können. Ist es denn auch gar so nothwendig — denkt wohl mancher — daß der Dirigent sich so bemerkbar macht? und ging hier die Sache nicht ganz sicher und gemüthlich? Bildeten sie nicht gleichsam eine trauliche Familie? Ich selbst schrieb einst eine Novelle über dieses Thema *), worin ich das System eines unsichtbaren Orchesters aufstellte.

---

*) „Die vollkommene Oper." Rosen und Dornen bei G. Jonghaus 1852.

Mit welchem Rechte er es wagte, ganze Sätze, die ihm langweilig oder überflüssig schienen, z. B. aus Tell, Undine, namentlich aus Meyerbeer's Opern ohne weiteres zu streichen,
und kürzen was ihm eben gut dünkte, ist eine brennende Frage.
Und doch hat manche Bühne sich diese Guhr'sche Streichkunst
zum Muster genommen.

Wirklich hoch zu stellen war aber sein feines Ohr und eine
vollkommene Instrumental-Kenntniß, denn bekanntlich spielte er
fast alle Instrumente *). Und gerade weil er mit diesem, ich
möchte sagen: unbewußten Bewußtsein handelte, durfte
er wohl mehr wie mancher Andere, der gewissenhafter war, auch
wieder manches hingehen lassen. „Wenn's gilt, wird's schon
gehen, man muß dem Ehrgefühl auch etwas lassen", meinte er,
und er hatte gewissermaßen recht. Daß Guhr weniger auf
die besseren Eigenschaften seines Taktirstocks pochte, als auf dessen
Extreme, d. h. auf die Manipulation seines Armes, auf das
Vor- und Nachrücken seines berühmten Zauberstabes, auf ge-
heime fesselnde Winke (auch wo sie nicht nöthig), auf die Liebhaberei vor gewissen Perioden oder Tempiwechsel ein spannen-
des Ritardando oder gar eine Fermate eintreten zu lassen,
wodurch allerdings gewisse Effekte erzielt werden, aber die eigentliche Bedeutung einer guten Composition nothwendig leiden
mußte, mit einem Worte: auf alle die misteriösen Koketterien
und Minutien, worauf Guhr einen so großen Werth legte,
dieses und ähnliche Dinge gehörten nun einmal zu seinen liebenswürdigen Schwachheiten. Wahrscheinlicher aber ist, daß er auch

---

*) Wie er an einem und demselben Abend als Geiger und Pianist
excellirte und zwischen den Pausen seine Binde wechselte — wahrscheinlich um als Doppelgänger aufzutreten.

ohne solche Künste ein tüchtiger Maestro di Capella geworden wäre.

Was Guhr's Schule endlich betrifft von der man so viel Wesens machte und noch macht, so bestand diese kurz darin, daß er seine Schüler, wenn man ein ruhmbürstendes Sängervölkchen also nennen darf, sogleich Kopfüber bis an die Fersen in das Meer der Praxis tauchte (weshalb manche so flüchtig das Fersengeld nehmen konnten, wenn sie sich überschätzend ihren Lorbeer im Auslande suchten und über ihren Ansprüchen die Dankbarkeit vergaßen. Das Terrain dieser Schule war nicht die enge Stube, sondern die Welt vor den Lampen und ein reiches Repertoire. Guhr begann nicht mit dem Schneckengang der Scala, sondern mit dem Flügelschlag des Vortrags, er setzte seinen Zögling sogleich mit Tunika und Chlamy's zwischen Thaliens blendende Säulen, segnete ihn dann und sprach: „Hilf dir selbst, so helfen dir die Musen!" Guhr stand seinem Zögling, ein geladener Konduktor zur Seite, dessen Berührung elektrisirt. Seine Oper glich der Mühle in der Fabel aus welcher der Schwache mit neuer Lebenslust jugendlich wieder hervorspringt. Aber auch der Geschmack des Publikums war ein Werk dieser Schule. Wie viele Berühmtheiten des Auslandes scheiterten an dieser Klippe, weshalb auch Frankfurts Opern-Podium für jeden Fremden bis heute noch ein Gefürchtetes ist; und wie viele wieder, die hier begonnen haben, oder die unbeachtet in das Räderwerk dieser Sängermühle getrieben wurden, sind angefrischt und reich an Erfahrungen daraus hervorgegangen und haben in der Fremde ihr Glück gemacht.

Man suche kein anderes Element in der Guhr'schen Schule. Wie sehr ich damals bemüht war, Guhr unbedingten Weihrauch zu streuen, wäre in einem Aufsatz zu lesen: Guhr's alter

Taktirstab und der neue Kapellmeister*), und mache ich nur
zu meiner Beschämung darauf aufmerksam.

Meine speziellen Beziehungen zu Guhr waren so mannich-
faltig, wie unsere Charaktere verschieden. Zwei Menschen wie
die beiden C. G. mußten mit einander in Berührungen und
Konflikte kommen. Sie mußten sich finden und abstoßen, tödtlich
beleidigen, und eine lebendige Freundschaft schließen. Unedel
war sein Haß, aber leicht versöhnlich; übertrieben seine Gunst,
und beides oft ohne Grund. So lebte ich fast an drei Dezen-
nien lang mit diesem Manne in so abwechselnden Phasen, bis
die letztere Zeit doch in dauernd wohlwollender Stimmung festgehalten hat. Hiervon ein hervorragendes Beispiel, wie er niemals verfehlte im Vorbeigehen mir die Hand zu drücken, wenn
er sich durch das Orchester drängte, um seinen Thron zu be-
steigen. Dort angelangt, blätterte er dann ein Paar Minuten
höchstens in der Partitur herum, bog Blätter ein, machte sonstige Marken, und wartete dann mit der Sicherheit eines sorg-
losen Fechters des Angriffs.

Von seiner physischen Kraft und Ausdauer, sobald es
„va banque!" galt, citire ich nur seine sogenannten chrono-
logischen Akademien, das Pesth-Ofener Konzert im März 1838,
das Frankfurter Sängerfest am 28. 29. und 30. Juli desselben Jahres, und das Konzert für die Abgebrannten der
Stadt Hamburg am 15. Mai 1843, alle drei Monstre-Kon-
zerte unter Mitwirkung des ganzen Opern-Personals in der
St. Katharinenkirche aufgeführt. Das Pesther Konzert, worin
Haydn's Schöpfung und das Hallelujah von Händel aufgeführt wurde, war in seiner Zusammenstellung der musikalischen

---

*) Frankfurter Conversations-Blatt in den zwanziger Jahren.

Kräfte, wie auch in sozialer Beziehung merkwürdig, da Guhr es vermochte in drei Tagen die heterogensten Elemente in ein Kunstinteresse zu vereinigen. Nur er, dem man nichts abschlagen konnte, vermochte in einer Handelsstadt eine solche Aufgabe zu lösen. Bei dieser Gelegenheit gab er mir einen besonderen Beweis von Anhänglichkeit, indem er mir die Begleitung der Recitative auf dem Klavier anvertraute. Eine Episode, worauf ich nicht wenig stolz war, schalte ich gerne hier ein. In den Reihen so hochgestellter Notablen befand sich auch die Gräfin Rossi, Sophie Löwe und Madame Schodel, welche Damen die Soloparthien übernahmen. Die Pause während der einzigen Probe wurde mit Orangenessen ausgefüllt, welchem holden Schauspiel ich auf meinem Klavierbänkchen sitzend behaglich zuschaute. Mochten meine Blicke auf die junge Sangesfürstin länger verweilt haben, ich weiß es nicht mehr, aber so viel weiß ich, daß plötzlich ein Livreediener vor mir stand, mir eine Orangenschnitte auf einem Goldtellerchen devotsvoll überreichend. Ob solcher Huld mich tief verbeugend, winkte mir die Gräfin zu sich und fragte mich Angesichts der hohen Anwesenden mit offener Freimüthigkeit: „Nun, werther Herr Gollmick, erinnern Sie sich auch noch Ihrer kleinen Gespielin in Köln? und . . . vergessen Sie mich auch ferner nicht." Auch Frau Baronin von R. hatte die Güte, sich mit mir unterhalten zu wollen, als Guhr etwas über Gebühr heftig das Zeichen zum Beginne des zweiten Theils gab, und — der kurze schöne Traum entschwunden war. Mehrere Jahre darauf, als die gräfliche Nachtigall in Frankfurt gastirte, mußte ich zu ihr kommen, und — ihre sinkende Größe konnte für mich kein Geheimniß mehr sein — ihr edles Vertrauen verbarg die Bitte nicht, mich ihrer anzunehmen. Welch ein Unterschied zwischen dem holdseligen Lächeln, womit sie mir damals die Orange reichen ließ, und der tragischen Ahnung, welche sie dem stillen Ocean ihrer Leiden (Mexico) zuführten.

Ueber das Sängerfest *) berichtet ein witziger Referent: Gollmick bewährte hier auf das s c h l a g e n d s t e die Kraft seiner Arme u. s. w. Bei der weiten Dimension, die meine Pauken vom dem Pulte Guhr's trennte, war es keine Kleinigkeit, unsere Schläge mit metronomischer Genauigkeit eintreten und fallen zu lassen. Ich half mir dadurch, daß ich meine Blicke stets auf den Dirigenten heftete, und zur Aushülfe auf die Noten schaute, wozu mir mein junger Sohn (Adolph) vermittelst eines Stäb-chens, womit er jede Note verfolgte, sehr behülflich war. Nach-dem dies Argument glücklich gelöst, war er so freundlich zu gestehn, „Gollmick habe die Ehre des Tages durch seinen Schlägel gerettet." Soll ich nun auch noch von den „Guhr's Festen" erzählen, die alljährlich mit Haffel und Hallenstein an der Spitze am 31. Oktober zu Ehren des Direktors gefeiert wurden, und bei welchen meine Opfer-Fähigkeit wieder einmal übertrieben war? Das Conterfey, halb Dionysios, halb Faun, zwischen zwei Schönen sitzend, in der Rechten das Champagner-Glas, in der Linken den Würfelbecher, die übermüthige Stirn geröthet, mußte sich allerdings charakteristisch ausnehmen, und es war in der That sehr schmeichelhaft für mich, daß er mir

---

*) Hier wurde aufgeführt: Spohr's „Vater unser" (nach Klop-stocks Gedicht) Choral und Motette „Ich danke dem Herrn" von Bern-hard Klein (instrumentirt von Schnyder v. W.), das Oratorium „Zeit und Ewigkeit" (ebenfalls von Schnyder), und „im Wald beim Forsthause", Männerquartette und sonstige kurze Stücke. In dem Ham-burger Concert (siehe oben) wurde ebenfalls Haydn's „Schöpfung" gegeben.

bei einer dieser Gelegenheiten den „Schmollis" anbot. Daß er mitten in der Messe oder auch zur Museumszeit mir erlaubte, einige weitere Reisen zu machen, z. B. nach München in die Schweiz u. A. und es über sich nahm, Herrn Leerse, die Nothwendigkeit solcher Reisen durch eine kühne Ente begreiflich zu machen, gehörte zu den vielen Freundlichkeiten, die ich ihm allerdings zu verdanken habe.

Doch genug und übergenug von solchen Dingen, welche die Zügel seiner Autorität allerdings nicht befestigten, und gehe ich lieber zu einem andern Thema über, welches ich wohl in einem der zahlreichen Gedichte und Gesänge finden werde, die ich unserm Freunde zu Ehren habe erscheinen und drucken lassen. *)

Der Instrumente Gruß an ihren Meister.

Es ist ein Ding, das stammt von Ewigkeiten
Es dauert ewig fort, und dennoch altert's nie;
Entspringt aus Menschenbrust, und rühret andre Saiten
Mitfühlend an. Man nennt es Harmonie.
Auf ihren Säulen ruhen Welten,
Auf ihr ist auch die Kunst gebaut;
Drum kann Musik als ihre schönste Tochter gelten.
Sie ist zunächst dem Klange angetraut.
Und da sich eine Welt gebaut in des Orchesters Kreise
Worin des Einzel'n Kraft zum Ganzen sich verschlingt,
So bringen wir dem Meister, ganz nach unsrer Weise
Der Liebe Wort, das gleich dem Ton zu Herzen dringt.

---

*) Für meine Hingebung bei solchen größeren und kleineren Festen überhaupt, sei die Notiz bezeichnend, daß ein ganzes Paquet von mir gedruckter Gedichte und Gesänge in andere Hände übergegangen ist, während sich für meine Person noch nie ein dankbarer Poet gefunden hat.

Soli:

Zuerst erscheinen wir Violinen
Mit heitern gefälligen Feiertags-Mienen.
Schon Sancta Cäcilia hat uns protegirt,
Den fürstlichen Bogen begeistert geführt,
Auch giebt's wohl selten ein Freudenfest,
Wo man uns're Saiten nicht klingen läßt.
„So hohen Ernst, wie Frohsinn, die wir zeugen,
Wir bieten Dir beides, sie seien Dein eigen."

Pathetischer kommen wir Violen,
Doch da ist wenig Freude zu holen;
Denn ewiges Klagen und Jammern
Entspringt unsern hölzernen Kammern.
Weil wir nicht lieben die Salto,
Nennt man uns schlechtweg auch Alto. —
Doch hüllen wir uns in stille Tugend
Und bratschen Dir zu, trotz dem Feuer der Jugend:
„So alt wie Cremoneser werden
Florire Dein Name auf klassischer Erden!"

Gespreizt und feierlich
Begrüßen wir Violoncello's Dich.
Nur edle körnige Gesänge
Hört man von uns in Breit' und Länge;
Und weil dabei wir theuer sind und selten,
Können füglich als Tenore wir auch gelten.
„Mögen diese köstlichen Juwelen
Deiner Oper niemals fehlen!"

Nun wälzt sich Dir die schwere Masse
Des Tons entgegen vom Contrabasse.
Nicht der Triller und Kadenzen verderbliche Moden,
(Nicht kränkelnde Stoffe für Schwalbach und Soden),
Ertönen unserm altvät'rischen Boden;
Nicht schmeichelt und tändelt der riesige Mund;
Aus ihm spricht deutscher Kern und Grund.

Wie Allem was grad ist, oft grob, — doch ehrlich,
Zollt Lob und Weihrauch man uns nur spärlich,
Doch sind wir, wir fühlen's, Dir unentbehrlich.
   „So wie wir treu sind, und nicht schwanken,
   Mög' Deines Glückes Grund nie wanken!"

Wir Clarinetten, Hoboen und Flöten,
Auch wir dürfen nahen ohne Erröthen.
Was auch der Großpapa Contrabaß spricht;
Er giebt nur Finsterniß, wir geben Licht.
Aus uns entspringen der Tonkunst Wonnen;
Wir sind des Orchesters Prima Donnen.
   „Fortuna, sie wird immer dich umschlingen,
   Wenn stets gleich uns die Prima Donnen singen!"

Fagotte sind doch auch nicht zu verachten,
Obgleich sie nicht nach eitlem Schimmer trachten.
Onkel Baß kann uns das Zeugniß geben,
Daß Hand in Hand geht unser ernstes Streben.
Unser Bruder ist der Bariton.
Was der jetzt gilt, das weiß man schon.
   „Wir stützen redlich die Lablache,
   Zu füllen des Direktor's Tasche!"

Wir bitten Euch, geliebte Brüder,
Schont schweigend Eure zarten Glieder.
Nur Hörner, Trompeten und Posaunen,
Die setzen jetzt die Welt in Staunen.
Wenn wir nicht schmetterten, das glaubet nur,
Gäb's keine romantische Literatur.
Wir bieten den Pomp, die Macht, die Ehre,
Die Fama giebt durch uns sich kund;
Wir brechen kühn Atropo's Scheere,
Unsterblichkeit dröhnt unser Mund.
   „Was Künstlern heilig ist vor Allen,
   Wir blasen den Ruhm in Deine Hallen!"

Was hilft hier eitel rekommiren?
Der Pauken Gewicht kennt alle Welt.
Wenn schlagend wir uns annonciren
Behaupten wir der Töne Schlachtenfeld.
Des Jubeltoasts, wie der Verzweiflung Wellen
Entwirbeln unsern Eselsfellen.
(Und mancher Esel ist's nicht werth
Daß seine Haut noch so wird geehrt.)
Wir leiten — probat est — durch Wasser und Flammen,
Wir halten donnernd das Ganze zusammen;
Und wie ihr auch Alle euch abmüht nnd plackt,
Auf uns horcht der Meister, in uns steckt der Takt.
  „Drum wir uns're Schlägel Dir dediciren,
  Zu schlagen, die Dich neiden und tourbiren.
  Mög, Deine Stimmung stets frisch und rein
  — Viel reiner als die uns're — sein!"

Alle Instrumente.

Und wie ein jeder sich im Solo kund gethan,
So stimmen wir vereint ein fröhlich Tutti an:
  „Dies volle Glas zu nnsers Mentors Wohl erhoben
  Verkünde ihm Vertrau'n zu seiner Meisterschaft!
  (Auch braucht's bei uns gar nicht der vielen Proben,
  Daß er uns kennt und uns're Kraft.)
  Mög' dieses Festes Harmonie uns stets in Ernst
                                    umschlingen!
  Laßt unserm Guhr zu Ehren hoch! die Gläser klingen!!"

———————

Bei einer früheren Gelegenheit (schon im Jahr 1827) ließ
ich folgendes Akrostichon vom Stapel, das vierstimmig auch
von mir componirt von den Sängern Tourny, Linker, Dobler
und Haßel vorgetragen wurde.

Charis begleite des Künstlers Bestreben
Aufwärts den Blick zu den Sternen gewandt,
Reich in sich selbst fühlt ein edleres Leben,
Liebliche Musen, wer Euch sich verband.

Gütig beschenkte mit himmlischen Gaben
Uns zu erquicken, Euterpe, Dich heut'.
Hin nimm, was wünschend zu spenden wir haben:
Ruhig genieße, was Ruhm Dir gestreut.

Nicht minder wie diese Feste half ich sein 25jähriges Dienstjubiläum mitfeiern, das zwei Tage hinter einander im Februar
1846 währte, im Weidenbusch stattfand, und Monate lange
Vorbereitungen erforderte. Adressen und Deputationen von Bühnen und Privatinstituten des In= und Auslandes wurden ab-
gesandt, dem Meister zu huldigen, und unter den Geschenken,
die einen kleinen Bazar bildeten, befand sich eine mit analogen
Emblemen verzierte silberne Lyra, welche den Hinterlassenen
immer ein werthvolles Erbtheil bleiben wird. Als Comite-Mit-
glied sparte ich auch hier weder Zeit noch Geld, und — wie
bei solchen Gelegenheiten oft geschieht — hinterher ärgert man
sich über manches Verfehlte, und lacht sich am Ende selbst aus.

Diese Skizzen mögen mit einer etwas bizarren Anekdote
schließen. Obgleich das Faktum Diskretion erheischt, so habe ich
doch nicht das Recht, es zu ignoriren. Dies Faktum zeigt mir
ein historisches Kunstwerk, das seiner Zeit hier ein Paar Vorstellungen erlebte, und, von einem hiesigen Kapellmeister protegirt
meinem Kriterium anvertraut wurde; die geheimnißvolle Com-
mission schien gelungen, denn ein werthvolles Familienstück
prangte bald auf dem Gesimse der Kurhessischen Villa und der
bescheidene Kritiker hatte das Nachsehen. „Ich konnte manches

davon brauchen", sprach vornehm der Protektor, ich aber fand, daß alles wörtlich abgedruckt war.

———————

1832 ging Guhr einen zehnjährigen Kontrakt ein, worüber sich mein Tagebuch beifälligst äußert. Um diese Zeit namentlich an neuen Mitgliedern wären anzugeben*) die Sängerinnen Doris Hauß, Backofen, Ernst, Rotthammer, Meiſſelbach, Schulz, Lampmann, Kratky und die beiden Noisten. Sänger: Beils, Größer, Wiegand, Marrber, Wieser.

Im Frauenperſonal des Schauspiels fand außer den Damen Frühauf, Leclere, Brenneck, Müller — kein beſonderer Wechſel ſtatt.

Das Männerperſonal war durch die Herren Wagener, Dupré, Schulze, Rottmeyer beſetzt, wonach Hallenſtein, Diehl, Leeſer, Lußberger, Hendrichs, Lavalade, Danielſon und Breuer erſchienen. Die Rollen der Herren Welb und Heil ſind bis jetzt noch in Gelegenheitsſtücken, wo es gilt, etwas aus ſich ſelbſt zu machen, gut beſetzt, und Männer wie Zielfelder, Rühr, Rau, Braun, Ganz, Collin u. A. werden in ihrem Fach immer die Erſten bleiben. Die jungen Damen Hens, Farnung und Gutmann wirkten auch im Schauspiel. Die Töchter Urspruch's verſprachen etwas zu werden, und Fräulein Zeis (ſpätere Welb), die Enkelin eines achtbaren Künſtlergeſchlechts, bewährt noch heute hier mehrſeitige Nützlichkeit. Endlich vergeſſen wir auch einen Hilde und Hetzel nicht, die nicht minder in die Kalkanten-

———————

*) Ich kann es nicht oft genug wiederholen, daß trotz aller Mühewaltung ein ſo häufig wechſelndes Perſonal ſich unmöglich genau controlliren läßt.

geschichte unserer Nationalbühne gehören, und später durch unsern vielseitig erprobten *) Jakob Rindsfuß abgelöst wurden.

In den mittleren und unteren Kunstschichten blühten uns eine Erdmann, Obert, Fischer, Kinbinger, Laforelle, Miccolini, Barozzi u. s. w.

Daß eine Lindner, eine Hofmann (Röhrig), eine Weidner, ein Leißring, Hill, Otto, Dobler, Hassel u. A. noch lange Zeit die Anziehungspunkte mehrerer Perioden bildeten, bedarf kaum der Erinnerung.

Gäste, theilweise engagirt, waren in diesem Jahre so zahlreich als interessant. In der Oper: Dem. Erhardt von Prag; Haitzinger, Sabine Bamberger (1. theatralischer Versuch am 22. April); Pillwitz (31. Mai); Wild (10. Juli); Forti (von Wien, 29. September); Tourny von Mannheim; Madame Milder (Hauptmann) von Darmstadt.

Im Schauspiel: Fehringer und Kirchner von München; Mayer von Karlsruhe; Demois. Esser (1. Oktober); Hill feierte sein 25jähriges Engagements-Jubiläum am 31. Januar d. Jahres.

In diese Periode nun fiel abermals eine goldene Zeit unseres Instituts. Obgleich man dafür schwärmte, so scheint mir diese Schwärmerei doch mehr Sache der Gewohnheit als einer aufrichtigen Ueberzeugung zu sein. Ich erinnere mich z.B. jener klassischen Zeit noch recht gut, wo der Sänger mit seinen Fiorituren nicht fertig werden konnte, und zu den Uebertreibungen der Schauspieler den Commentar lieferte. Um nur bei der Zauberflöte zu bleiben, so sang z. B. der berühmte Demmer die Stelle:

---

*) Weil er die Proben ansagt.

O wenn sie doch schon vor mir stän = de.

Und veränderten andere berühmte Bassisten folgenden Schluß der Jsis Arie:

küh — — — — — — — nen Lauf....*)

Allerdings leidet die heutige Einfachheit oft an ebenso ge=
schmacklosen Uebertreibungen, da man sich kaum noch an die
gewohnten Schlußnoten wagt, z. B.

Ad - di - o

oder auch, man verkennt die alte Regel der Appoggiatura
und singt oder spielt die kleinen Noten wie sie stehen:

statt

Also das Eine so schlimm wie das Andere.

Des halb erhebe man nicht so leicht die vergangene Zeit auf
Kosten der Gegenwart, denn diese wird auch einstens vergehen. Ver=
setzen wir uns z. B. aus der Zeit schwindelnder Illusion in
die jetzt bestehende, so werden wir Personale's finden, welche
den früheren an Material und Intelligenz schwerlich etwas
nachgeben werden. Aber ich will ja kein Dogma über die Ap=
poggiatura schreiben, und kehre nach diesem Appendix zu un=
serem Personal zurück.

---

*) Und wer könnte diesen charakteristischen Vortrag verläugnen?

Der Abschnitt, in welchem Elise Capitain zur hiesigen Bühne kam, fiel in die Zeit der Damen Jazede, Rudersdorf und der Herren Dettmer (zum zweiten Mal engagirt 1836), Dobrowsky, Irmer, Hauser und Nissen, später Pischeck, Chrubimsky und Frau Behrend-Brandt.

Einen Zuwachs an Schauspielern von Bedeutung finden wir in dem folgenden Citat, das uns in reicher Auswahl an Gästen und neu angagirten Mimen das reiche Jahr 1837 gebracht hat. Ich lasse dieselben so viel als möglich den laufenden Daten nach die Revue (als selbstverständlich in den ersten Antrittsrollen) passiren.

Catinka Heinefetter, 1. theatralischer Versuch „Agathe"; Klein *) ditto, „Othello". Fräulein Mina Gneb von Prag, „Rosine". Haitzinger, Großherzoglich Badischer Hofsänger „Arnold von Melchthal" (5. April). Schnepf von Mainz „Alphons in der Stummen von Portici. Michel Greiner von Berlin „Fra Diavolo". Madame Janik von Pesth „Isabelle" im Robert; Reichel von Darmstadt „Tell"; Seyler „Joseph"; Selig von Düsseldorf „Hassan" in Pflicht um Pflicht; Schmezer von Braunschweig „Murney" (24. Mai); Demoiselle Peroni von Pesth „Käthchen von Heilbronn"; Madame Fischer-Achten von Braunschweig „Amina" (29. Mai); Biberhofer von Breslau „Arthur" in der Fremden; Herr und Madame Dahn von München eine Reihe vorzüglicher Darstellungen (im Juni); Nissen von Bremen „Alphons" in Zampa; Baumeister von Nürnberg „Rudolph" im Landwirth; Ferdinand Löwe von Wien „Garrik"; Kreipl von Pesth „Sever"; Götz von Wei-

---

*) Ich erlaube mir der Kürze wegen die Titulaturen bei den Herren wegzulassen.

mar „Max"; eine Demoiselle Größer finden wir hier als engagirte Anfängerin; Madame Biberhofer „Walpurgis"; Madame Köhler von Kassel „Oberförsterin"; Demoiselle Bial von Wien „Norma"; Dem. Hildebrand von Bremen „Elsbeth" im Turnier zu Kronstein; Dem. Quint von Breslau „Agathe"; Ernst, erster theatralischer Versuch „Murney"; Schunke von Breslau „Don Carlos"; Madame Wacker von Würzburg „Die alte Feldern" und „Die Großmama".

Außer mehreren kleineren Novitäten wurden in diesem Jahr zum erstenmale gegeben: am 13. März „Hans Heiling" und am 23. April „Die Hugenotten".

Wenn das in unseren Annalen nicht wenigstens eine diamantene Zeit genannt werden darf, so giebt's keine mehr. Aber wie bereits erwähnt, würde man mit Aufzählung solcher goldenen Zeiten nicht fertig werden, wollte man sie alle berücksichtigen. Zur Genüge auch ist wohl in diesen Artikeln gethan worden, um die Wißbegierde dieser „Alterthumsforschungen" zu stillen. Mit einem Gewaltsprunge gedenke ich also, nach einem kurzen Abschied von dem verhängnißvollen Jahre 1848 mit dem Status quo der beiden letzten Theaterphasen 1855 und 65 zu schließen, d. h. wenn ich so weit komme.

Der Periodenwechsel unter den Mitgliedern des Orchesters war zu dieser Zeit nicht erheblich, und wüßte ich darunter nur die klangvollen Namen eines Fenny, Joseph Schmitt (später Schauspieler), Moritz Haupt (eingetreten 1835), Rießstahl (1836) anzugeben. Die Hornisten Grimm und Karl Oestreich *), der Oboist Turner später, Wilhelm Elsner und Adolph Gollmick (Söhne) traten als Geiger und Volontaire nur auf kurze Zeit

---

*) Geschätzter Componist und Theoretiker.

ein, und fanden dann vortheilhafte Bedingungen in Dublin und London.

Es bedarf in der That keiner Ueberwindung, um hier „unserm Capitainchen" ein eigenes Gedenkblättchen zu widmen denn, außer der Rücksicht auf ihre Leistungen bleibt sie immer unvermeidlicher Theil der Guhr'schen Periode. Vielleicht auch war es die Dankbarkeit die mich veranlaßte, im Jahr 1843 in Brendels Neuer Zeitschrift für Musik*), No. 44 des 18. Bandes eine Gallerie ausgezeichneter Sänger und Sängerinnen erscheinen zu lassen, die ich mit Elise Capitain begann, und in No. 3 und 4 – 32. Bande 1850 auch fortsetzte.

Auf diese beiden Artikel verweise ich meine Leser, wenn sie sich mit dem Aufschlagen abgeben wollen. Wo nicht, so nehme ich mir die Freiheit, einige Sätze daraus zu copiren:

Elise Capitain

ist die Tochter eines Frankfurter Bürgers und Handwerksmanns, dessen Umstände nicht geeignet waren, seinen Kindern eine Talente erweckende Erziehung zu geben. Es sind (namentlich in unserm Deutschland) leider nicht seltene Erscheinungen, daß schöne Stimmen, kaum sich selbst bewußt, sogleich in höhere Sphären gezogen, und dem Egoismus geopfert werden. Die junge Capitain würde dasselbe Loos getroffen haben, wäre ihr gesundes Organ nicht von der Art, daß es gleichsam auf den Lippen schwebt, und selbst auch unter Anstrengungen nicht leidet. Der in den 20er Jahren in Blüthe stehende Großmann'sche

---

*) Worin ich nach der Beendigung der Leipziger allgemeinen musikalischen Zeitung bis dato Mitarbeiter geblieben.

Gesangverein hatte das Verdienst, ihr Talent dem Dunkel entzogen zu haben. In diesem Institute entwickelte sich ihr Organ zuerst, und Demoiselle Grasemann, ihre erste Lehrerin, unterrichtete sie nach der damals vergötterten Schelble'schen Methode. Kaum 13 Jahre alt sang sie bereits den hohen Sopran in Messen und Oratorien, welche der Großmann'sche Verein aufführte.

Das Schicksal einer blühenden Stimme ist in den Sternen aufgezeichnet, sobald sie ein Kapellmeister gehört hat. Das Museum war der erste Ort, wo ihr Gesang den Uebergang aus der Kirche zum Theater bildete. Hier trug sie die Arie aus Idomeneo „So il padre perdei" vor, und zog damit die Aufmerksamkeit eines engeren und gebildeten Kreises auf sich.

Als unter solchen Initiativen endlich der Entschluß reif wurde, sich dem Theater zu widmen, trat sie am 26. April 1837 als Pamina auf. Ein siebzehnjähriges Mädchen mit der ersten Blüthe eines vollen und wohlthuenden Organs, mit dem seelischen Ausdruck inniger Empfindung und der Unbefangenheit, welche die Gefahren eines solchen kritischen Tages nicht kennt, bildeten hier die Eigenschaften zu einer Mozart'schen Pamina. Fräulein Capitain war von dieser Stunde an der Mittelpunkt einer achtungsvollen Aufmerksamkeit und die Kritik stellte ihr ein sehr günstiges Horoscop.

Ziehen wir nun ein Facit der verschiedenen Lebenselemente dieser merkwürdigen Frau, so steht sie in sanft tragischer, wie in leidenschaftlicher Lyrik auf gleicher Stufe, und wenn sie den vollen Becher zuweilen verschüttet, so hat sie das mehr oder weniger wohl mit den Künstlern ersten Ranges gemein, und wer mag sie darob verdammen? Wenn unsere kritischen Schwärmer sie nun gar mit einem Phönix, mit einer Mignon, oder mit Jean Paul's „Geflügelten" vergleichen, so haben sie doch weniger Schaden angerichtet, als vielleicht ich selbst, der ich redlich mithalf, sie zu verwöhnen. Verderben läßt sich glücklicherweise kein ächter Genius.

Was Guhr betrifft, so mußte er sowohl seinen künstlerischen als merkantilischen Vortheil aus dem praktischen Unterricht zu ziehen, den er seinen Elevinnen ertheilte, und wenn irgend ein Hoftheater es gewagt hatte, sich an diese zu wenden, so erwiderte er dictatorisch: „Ihr könnt hier bleiben!" zerriß den königlichen Kontrakt, oder steckte ihn in die Tasche.

Der zweite Abschnitt dieser Skizzen bezeichnet ihre Verheirathung mit dem Schauspieler Alexander Anschütz am 5. September 1846 *) und 10—12 Jahre später mit dem Schauspieler Haase. Daß diese Ehe keine glückliche war, bewies ihre baldige Trennung.

Nun folgt die Aufzählung eines weit über 100 Rollen großen Repertoirs, welches sich von dem Schmerzenssohn Benjamin an, nach allen lyrischen und hochbramatischen Richtungen hinzieht und mit den Wagner'schen Höllenstürmern schließt, wenn sich nicht noch ein neuer Stimmverderber für dieses Fach einstellt.

Bei dem Namen Benjamin, woran sich nothwendig ein Jakob knüpft, fällt mir oft die gethane Aeußerung der Capitain ein, aber nicht auf, daß unter allen Sängern, welche einst mit ihr die hiesige Bühne betreten, sie mit dem gefühlvollen Vortrage ihres Dettmer (Marcell, Richard Boll, Sarastro u. A.) doch am meisten sympathisire. Vor einigen Jahren hat

*) Sohn des hochachtbaren Veteranen und Regisseurs des Hofburgtheaters in Wien, Heinrich Anschütz.

Frau Anschütz-Capitain uns verlassen und erregt auf anderen Bühnen, namentlich in Bremen, enthusiastische Anerkennung; jedenfalls aber dürfte die jetzige Direktion mit diesen ausländischen Triumphen nicht sehr einverstanden sein.

Im Augenblick hält sie sich mit ihrem geistvollen Kinde aus zweiter Ehe in Heidelberg auf, als dem Stapelplatz ihrer theatralischen Excursionen, denn das Treiben, dies sogenannte „auf Gastspiel reisen" fängt bereits an, zur Unsitte zu werden. Und warum auch nicht? Mit 6—8 Flitterkleidern im Koffer, und eben so vielen Rollen in der Tasche, kann der ganze Apparat für speculative Müßiggänger bequem aufgelegt werden.

Ich habe viel zum Lobe unserer Freundin gesagt, aber soll ich nicht dankbar sein für die schönen Stunden, die ihr Talent mir bereitet hat? Die Gelegenheit eines genaueren Umgangs mit der Selecta der Sängerwelt erweckte stets meinen Ehrgeiz, brachte mir possitive und negative Belehrung. Ich sehe viele dieser Sterne auf- und untergehen. Ich sah eine Fischer-Achten, Sophie Löwe, Laslo Doria, Schodel, sah die schönen Schwesterpaare Cruvelli, Bertha Carl und Leisinger, verkehrte mit den tüchtigsten Sängern Deutschlands, aber keine dieser Coriphäen wußte meinen Sinn für Gesanges-Komposition so zu erregen, wie grade Elise Capitain, und wenn sie gar meine „plaudernden Lüstchen" *) oder „der Mai und die Liebe" **) mit unnachahmlicher Naivetät vortrug, fühlte sich meine Dankbarkeit um so mehr an ihre Person gefesselt.

Möge sie noch lange fortfahren, ihre Verehrer durch ihr Talent zu erfreuen.

---

*) Ohne Opus bei J. B. Schott in Mainz.
**) Opus 49 bei Mompour in Bonn.

Dem Schluſſe unſerer Guhrfrage zueilend, iſt nur noch Folgendes zu ſagen:

Der excentriſchen und dem Inſtitute oft ſchädlichen Genialität Guhr's einen Damm entgegen zu ſtellen, wurde der Intendant Grüner von Darmſtadt hierherberufen (1830.) Wie dieſer ſeinen Corporalſtock handhabte, die eiferſüchtige Colliſſion beider Elemente ſich nicht verſöhnen wollte, wie nach kurzem Terrorismus der Intendant fortgeſchickt wurde (1836) und in Wien zu Grunde ging, iſt zur Genüge bekannt. Alles Weitere, wie ſich der alte Aktienverband auflöste (1842) in Folge deſſen das Triumvirat Guhr, Malß und Meck entſtand; die Reſtaurationsverſuche der Herren Mühling von Hamburg und Hoffmann von Prag; die ominöſe 40prozent-Geſchichte (1848), die durch Senatsbeſchluß Herrn Hoffmann entzogene Konzeſſion (2. März 1855), wodurch über 100 Bühnenmitglieder an die Luft geſetzt wurden; die vermittelnde Generalverſammlung am 9. April; das humane Hülfskomité (reſp. der neue Aktienverband) in Betreff der Fortſetzung des Theaters unter dem Interim*) — während der Monate Mai, Juni und Juli — das dirigirende Comite der Herren Haſſel Dettmer und Guſtav Schmidt; das rechtskräftige Bündniß in dieſer Bedrängniß die Mitglieder zuſammen zu halten**); der Umbau des Theaters, begonnen in der Nacht vom letzten Juli; die Abonnements-Konzerte im Weidenbuſch; die Uebergabe des

---

*) Interim: Fräulein Lindner, die Herren Hallenſtein, Heil, (Repräſentant des Chors) und Gollmick (Repräſentant des Orcheſters und Protokollführer) Mühling als Aſſiſtent und — Meck, unberufen und doch dirigirend.

**) Welches auch mit wenigen Ausnahmen geſchah, unter dieſen Reger, 1844 gekommen, den die Angſt nach Berlin getrieben.

neuen Theaters (am 1. November) von Seiten des engeren Ausschusses (als Vertreter der Aktiengesellschaft *); die unmittelbar darauf erfolgte Betrauung der neuen Intendanz Roderich Benedix von Seiten des engeren Ausschusses .... doch halt, schon habe ich weit über mein Ziel hinausgeschossen, und wollte doch das Jahr 1848 nicht überschreiten. Alle diese Veränderungen zu detailliren, gehört nicht in meine Selbstschau, und für den, welcher diesen verworrenen Knäul von Begebenheiten zu lösen begehrt, wird sich in den Zeitungen vom Jahr 1855 leicht die gewünschte Aufklärung finden. So bleibt mir nur die traurige Pflicht zu erfüllen, unseren Freund auf den Friedhof zu Bockenheim zu begleiten. Sein Tod mag größtentheils die Folge vieler Kränkungen gewesen sein, die er zu jener roth angestrichenen Freiheitszeit von der Rache kleiner Feinde zu erleiden hatte. Die letzte Oper, die er dirigirte, war Figaro's Hochzeit (am 21. Mai). Er starb am 22. Juli 1848 vor Mitternacht, nach 27jähriger Thätigkeit bei hiesiger Bühne. Wenn Bulwer in seinem Zanoni sagt: „Ein Mann, leicht empfänglich für heitere Eindrücke, wie das Genie immer sein muß, ein Freund des Vergnügens, ein sorglos Künstlerleben führend, ehe sich der Geist mit Ernst auf die Arbeit wirft", so sollte man glauben, Guhr habe ihm vorgeschwebt. Im Mai des Jahres 1861 feierte mein Gemüth ein tragisches Fest, denn als ich eines Tages hinauswanderte, mit „eine Blume aus der Asche seines Herzens" zu brechen, fand ich sein Grab veröbet, und nur ein einfaches Epitaphium erinnerte an seine

---

*) Die erste Vorstellung am 5. November war Jphigenie in Tauris, Webers Jubelouverture und die aus Jphigenie in Aulis, Prolog, gedichtet von Professor Hessemer und gesprochen von Dr. Schwarz.

Exiſtenz. Ein Aufruf an Freunde, des Todtenhügels wieder zu pflegen, blieb ohne Erfolg. Daher entſtand in den Frankfurter Nachrichten mein kleiner Nekrolog: „Ein vergeſſenes Grab." Sic transit!

Die tragiſche Lyrik dieſer Erinnerung ein wenig zu beleben, erlaube ich mir, einige in den 30er Jahren verfaßte Verſe zu citiren:

Poetiſche Gegenſätze.

Monodie. *)

Ach Ihr Leutchen, laßt Euch ſagen,
Daß ich nicht bei Stimme bin.
Keinen Ton mehr kann ich tragen,
Und mein Umfang iſt dahin.
Wie ich ſtöhne, wie ich ächze,
Trotz der Marter, trotz der Müh'
Einen Ton nur, den ich krächze,
Gräßliche Monotonie!
Während and're Leute ſingen
Triller- und Cadenzenvoll,
Drei Octaven überſpringen,
Bald in Dur und bald in Moll,
Sitz' ich hier in ſtiller Kammer,
Werde nirgend wo vermißt,
Ach, es iſt ein großer Jammer,
Wenn man nicht bei Stimme iſt.

---

*) Op. 44 bei Mompour in Bonn. Das Thema iſt das eingeſtrichene g, und wird als komiſch durchgeführte Arie mit figurirtem Accompagnement behandelt.

Meine allerletzte Gabe
Ist dies eine Tönchen hier,
Wenn auch das ich nicht mehr habe,
Ach, dann ist es aus mit mir!

Die Musikstunde im Freien.*)

Komm', Herzliebchen, komm' in's Freie,
Fort aus düsterem Gemach.
Dort wo frisch die Knospen prangen
Unter Himmels blauem Dach.
Dort wo Aar und Mücke kreisen,
Dort will ich Dich unterweisen
In der Tonkunst Wissenschaft.

Wo der Himmel Berge küsset,
Wo der Mond durch Wolken bricht
Nächtlich mit den Sternlein wandelnd,
Suchend dann das Morgenlicht,
Wo die Täublein girrend kosen,
Düfte mischen Nelk' und Rosen,
Das ist, Liebchen, Harmonie.

Willst Du sieben Töne haben
Sieh' den Regenbogen steh'n.
Selbst nicht Mozarts Partituren
Sind Dir schöner anzuseh'n.
Willst Du Melodien hören,
Soll mein Mund Dir Liebe schwören,
Und den Takt dazu schlägt's Herz.
Soll Dir ein Quartett ertönen
Feuer, Wasser, Erde, Luft
Steh'n vereint Dir hier zu dienen,
Wenn der hohe Meister ruft.

---

*) Didaskalia 1839.

Soll ein Chor sich zu Dir neigen?
Lausche nur, von jenen Zweigen
Schallt ein Oratorium.
Horch! was tönt dort in dem Busche?
Welcher Kehle Zauberklang?
Ach, wie hebt bei solchem Liebe
Sich die Brust so froh und bang.
Das sind Triller und Figuren
Wie sie auf Italiens Fluren
Selbst nicht reizender gehört.

Schau, wie dort die Lerche steiget
Und im Morgenglanz sich wiegt;
Ist das nicht ein Portamento
Unerreichbar, unbesiegt?
Willst Du Variationen haben?
Magst die Blicke Du erlaben
An der Wiesen Blumenspiel.

Auch die Modifikationen
Treuer Bilder finden wir,
Piano rieselt dort die Quelle,
Forte brüllt ein Donner hier.
Willst Du ein Crescendo sehen?
Wandle mit auf jenen Höhen,
Wenn der Tag dem Meer entsteigt.

In der Sonne Wanderungen
Wirst die Tempi Du gewahr,
Und des Mondes Viertel-Wechsel
Macht die Eintheilung Dir klar.
Auch die Lehr' vom Hände halten
Mag sich freier hier entfalten,
Durch der Liebe Händedruck.

Schwalbenschwänzchen gleichen Achteln,
Wenn sie schwirren rings umher.
Stumme Fischlein sind die Pausen,
Wenn sie plätschern kreuz und quer.

Sitz' ich so an Deiner Seite
Still betrachtend Gottes Weite —
Merk' — das ist der Ruhepunkt.

Siehst Du dort auf jenem Hügel
Die Kapelle einsam steh'n?
Dort beschließ' ich diese Stunde,
Dorthin laß uns, Trautchen, geh'n.
Bei des Tages sanftem Neigen
Harrt der Priester — der wird zeigen
Uns, was eine Bindung ist.

Nach einem solchen poetischen Flügelschlage glaube ich schon einen herzhafteren Sprung wagen zu dürfen. Ich streife also drei volle Decennien von mir ab, und erscheine wieder verjüngt, ein delphischer Apollo — doch nein, mehr noch als das, als ein beglückter Hymenäus erscheine ich, über welchen der Priester soeben sein „Amen" ausgesprochen hat.

Mancher Andere als ich, hätte als Ueberschrift zu folgendem Kapitel vielleicht den nüchternen Terminus „meine Verheirathung" — „Verehelichung" u. s. w. gebraucht, ich aber, den glühenden Fackelbrand einer Welthoffnung noch in den Händen, wähle den olympischen Titel

Eros und Anteros.

Zu deutsch

Liebe und Gegenliebe.

(Skizzen aus meinem Tagebuche.)

„Elise — meine Frau!" fühle ich denn auch die ganze Bedeutung dieses Wortes? begreife ich, was es heißen will, sich für dies ganze Leben lang an ein Wesen ketten? mit ihm alle Lust und Schmerzen tragen? Alles zu genießen und zu entbehren? Ich stehe nun nicht mehr einzeln da; denn Alles was mich trifft, trifft auch sie, und dem Schicksale trotzen heißt auch sie preisgeben. Die Seelen in einander verschmolzen, die Herzen vertauscht, und ein unbedingtes gegenseitiges Vertrauen — darin liegt doch nur allein das Wesen einer glücklichen Ehe. Ich kenne meine Pflichten gegen sie, und werde sie erfüllen, ich werde ihr Freund und Beschützer sein!"

Es wäre nicht gut für beide Theile, wenn sich ein solcher Enthusiasmus nicht nach und nach abkühlte, aber dennoch darf ich die Ueberzeugung aussprechen, daß diese Abkühlung niemals zu einem Sturzbad wurde, und wir in unserem ruhigeren Begegnen uns immer unentbehrlicher wurden. Seinem Weibe bei solcher Gelegenheit ex officio eine Lobrede halten, zeigte wenig Takt, doch sei mit wenig Worten das gesagt, was mancher anderen Frau als Beispiel dienen könnte:

Vor allen Dingen war sie mir eine Lebensgefährtin. In wichtigen Fragen hatten wir niemals Geheimnisse, und dann uns recht auszusprechen, schützte uns vor manchem Mißverständniß. Mein Bedürfniß nach Mittheilung rühmte ich mich, ihr eingepflanzt zu haben, denn wenn diese fehlt, darf man auch auf kein Vertrauen Anspruch machen. Meine Elise hatte weniger Schärfe des Geistes, als einen natürlichen Verstand, und oft waren ihre Beobachtungen und Urtheile richtiger als die meinigen, wie denn überhaupt die Frauen einen feineren und sichereren Takt in sich tragen, und in den meisten Fällen das Richtige treffen. Unsere Weisheit ist ihr Instinkt. Daß meine Frau schön war, mußte sie wissen, und sparte deßhalb viel an Putz und Flitterstaat. Auch ich wußte es, und

wurde oft kanibalisch eifersüchtig auf sie. Doch legte sich diese
Unart mit der Zeit.

Stets guter Laune, sah sie gerne Freunde um sich, welches
unsere Abendstunden sehr angenehm machte. Hauptsächlich war
ihre Rührigkeit im Hause musterhaft. Sie war immer die
Früheste wach und auf, legte überall selbst mit Hand an, und
war doch stets sorgfältig gekleidet, Dinge, die bei den Haus-
herren, wie bei den Dienstboten gleich magisch wirken. Um zu
dem reinlichen Sonntag zu gelangen, mußte der Samstag sein
erbliches Recht aufgeben, schmutzig zu sein, und um Ostern zu
feiern, triefen nicht schon am Gründonnerstag die Wände voll
Wasser; der arme Mann brauchte nicht zu flüchten, und seine
Besucher stolperten nicht über Besen und Kübel. Weiß es Gott
wie sie's anfing, aber es geschah. Ich würde sagen, eine Fee
habe ihr geholfen, wenn eine tüchtige Hausfrau nicht selbst
eine wohlthätige Fee wäre. Ihr Töchter, die Ihr einst Mütter
werden wollt, beherziget diese Worte!

Ich zweifle, daß ich glücklicher gewesen wäre, wenn wir
uns nie gezankt hätten. So ein tüchtiger Zank schützt wie Sal-
peter vor Fäulniß, und säubert das Blut. Wir hatten uns dann
um so lieber, denn ein Jedes fühlte sein Unrecht. Aber hüte
sich ein Jeder vor seiner Zunge. Mein liebes gutes Weib ist
dahin, aber noch immer möchte ich blutige Thränen weinen
um jedes unvorsichtige Wörtlein, das über meine Zunge gerathen. Wie bereue ich jetzt zu spät das nimmer zu Sühnende,
und mag dieser innere nagende Schmerz für Väter und Mütter,
für die ganze Familie ein warnendes Beispiel sein!

Unsere Heirath fand am 10. Juni 1822 statt, nachdem
ich zuvor meinen Bürgereid (am 20. Mai a. c.) in gelehnter
Uniform geschworen hatte. Es fehlte dabei nicht an üblichen

Festgeschenken, und die rüstige Frau Schwiegermutter sorgte
redlich für das nagelfeste Material in Haus, Küche und Keller.
Nach dem ersten Mittagsmahl auf eigenem Heerd ging's hinaus
in das sonnige Wäldchen bei Niederrad, wo sich ein Kreis
von Freunden und Verwandten eingefunden, mit Speisen und
Getränken; ein alter Leyermann spielte lustig auf zum Tanze
und dahin flog die frohe, mit Kornblumen bekränzte Schaar
in wirbelndem Reigen. Aber schöner war's doch daheim im
traulichen Stübchen,*) wo meine junge Frau die ersten Rollen
ihrer Kochkunst mit schüchternem Ernste einstudirte, und mir
nichts desto weniger manche verbrannte Linsensuppe zum lukul-
lischen Mahle wurde.

> O, daß sie ewig grünen bliebe
> Die schöne Zeit der jungen Liebe!

Daß ich damals schon anfing, mir eine Bibliothek zu bilden, und nur noch ohne Auswahl Klassisches und Modernes
durcheinander kaufte, lag in meiner Ungeduld. Es konnte nicht
fehlen, daß eine solche Bibliothek meine Prinzipien nicht festen
konnte, im Gegentheil dieselben durch schwankende Motto lockerte.
Ich habe in meinem ersten Theile schon darüber gesprochen,
aber es ist deshalb nicht besser geworden, die Motto-Manie
blieb. Nachdem ich mich eine längere Zeit an dem Ciceronia-
nischen »Quid quid agis etc.« festgehalten, glaubte ich die
Quintessenz aller Weltweisheit in dem Spruche: „handle ver-
nünftig" gefunden zu haben, welches auch an meinem Hoch-
zeitstage for ever angeheftet wurde.

---

*) Unsere erste Wohnung im heiligen Stand der Ehe war beim
Gewürzkrämer Horix in der großen Bockenheimer Gasse.

Was eine wohllöbliche Polizei bei meiner Verheirathung Alles verlangte, verdient eben keinen Lobhymnus; der obgenannten gelehrten Uniform erwähnend, so knüpft sich an diesen alten ehrwürdigen Gebrauch noch mancher andere Zopf. Da hatte z. B. der arme Ehestands-Candidat mitzumachen und auszuhalten: die Kämpfe mit dem Konsistorio und mit der Stadtkanzlei, mit Kaution und Expropriationsgeschichten, mit Standes- und Landes-Buchführung, mit Kriegszeugamt und Landwehrplagen u. s. w. Die Letztere anlangend, so wurde ich einregistrirt in das 2. Bataillon des 1. Regiments, 2. Compagnie, als Landwehrmann, nachdem ich als Pompier meine Wasserdichtung erprobt, und meine Schuldigkeit so oft als möglich — verschlafen hatte.

Als Fortsetzung jener Vorjer-Kapitäns-Periode und gleichsam als Nachtrag zur Geschichte meines Vaters, gedenke ich noch mit Wehmuth des armen Mannes, der trotz aller Bemühungen als Beisaß nicht geduldet ward, und des Sohnes Bürgschaft wurde nicht angenommen. Vater durfte hier kein **bürgerlich Gewerbe** treiben, und also auch keinen **musikalischen Unterricht** ertheilen.

Auch aus den naheliegenden Städtchen Bockenheim und Rödelheim wurde der alternde Künstler verwiesen, und während er sich eine neue Heimath suchte, lag es dem Sohne ob, für die Familie zu sorgen. Das waren schwere Zeiten für die Anfänge junger Eheleute. Wäre damals Gewerbefreiheit gewesen, wie jetzt, die Fluth meiner Einnahmen hätte sich schwerlich in eine trostlose Ebbe verwandelt.

Doch fort mit solchen Rückblicken, und jeder Unzufriedene suche Trost bei seinem Weibe, insofern **10 Kinder haben**, die sie ihm gebar, und **Trost finden** synonyme Dinge sein können. Aber der Sieg über die Verhältnisse gelang, und die drei Paare, die mir blieben, sind nun meine moralische Erhebung. Außerdem dürfte sich nicht leicht ein Stamm finden, dessen Zweige so verbreitet sind, als der meinige. Irland, London, Australien, Moskau und Frankfurt a. M. sind die Stapelplätze, die weit aus dem Bereiche willkürlicher Besuche liegen, und deshalb bleibt es eine schöne Wahrheit, daß es für Menschen, die sich lieben, keine Trennung giebt.

Es kann nicht in meiner Absicht liegen, bei dieser Gelegenheit meinen Kindern Marksteine der Erinnerung zu setzen, doch glaube ich meines ältesten Sohnes Adolph besonders erwähnen zu dürfen, da er sich unter Londoner Tonkünstlern Achtung und Ruf erworben. Bei Riefstahl und Heinrich Wolff studirte er die Geige bis zu keinem geringen Grad. Er nahm sie unter den Arm und wanderte aus, aber mußte sie bald gegen das den Engländern mehr zugängliche Welt-Instrument (das Klavier) vertauschen. In London heirathete er eine Deutsche, verlor sie durch den Tod und übergab seine 2 Kinder der Erziehung meiner Töchter, wodurch nun meine kleine Villa einen eigenen Zauber erhält. Seine zahlreichen Pianoforte-Kompositionen, des freundlichen Ernstes nicht entbehrend, viele seiner gemüthvollen Lieder werden gesucht, und unter seinen größeren Compositionen hat jüngst eine Oper*) auf einem Londoner Privattheater „Bijou Theater Victoria Hall" eine zweite gelungene Vorstellung erlebt. Wohl noch andere seiner Opern dürften der Aufmunterung werth sein, wenn eine solche im Cha-

---

*) „Das Orakel", von einer meiner Töchter in's Englische übersetzt. Noch andere von ihm componirte Libretti sind als selbstverständlich?! aus seines Vaters Feder.

ralter deutscher Directionen läge. Ohne Reclame aber — denn eine solche gliche dem Krebs, der sich selbst seine Scheeren abzwickt — darf ich den Glauben aussprechen, daß dieser junge Mann auch eine Zukunft haben werde.

Der Tugendbund.

Diese Verbindung mit dem Motto „Ohne Kampf keine Tugend" begann schon am 10. Februar 1821, und hatte den bescheidenen Zweck die Ewigkeit zu überbauern. Zum Glück für meine Leser habe ich im Wuste meiner Papiere die Acten meines moralischen Systems verlegt. Da nun jeder Bruder ein solches System, das die Grundzüge unserer Charakteristik tragen sollte, liefern mußte, so gewahrten wir mit Schrecken, daß am Schlusse dieser Lesungen sich alle auf's Haar glichen. Hundert kleinere Verirrungen sollten zu der Generalverirrung eines holden Wahnsinns leiten. In dem Kapitel „Vergangenheit und Kinderleben" (1. Theil, pag. 17) kündigten sich bereits Sympathien für solche Tugendübungen an, nur mit dem Unterschiede, daß die letzteren gefährlicher als die ersteren waren. Tugendhaft zu sein ohne Kampf schien uns kein Verdienst, und so waren wir nahe daran, uns ex officio lasterhaft machen zu wollen. Aber richte man uns nicht allzu strenge, da schon der bloße Wille uns vor vielen Thorheiten schützte. Wir hatten Alles, was zu solchen Institutionen für nöthig befunden wird; wir nannten uns Präsident, Sekretair, Protokollführer, hatten Ehren-, correspondirende und auswärtige Mitglieder, trugen goldene Ringe mit analogen Zeichen, und lernten Ehrenberg und Alamontade auswendig. Wir beichteten förmlich unsere kleinen und großen Sünden, und ärgerten uns, wenn wir keine hatten. Für leichte Vergehen legten wir uns große Buße auf, und daß wir nicht auch wie Ascethen uns geißelten, war Alles. Unsere Sitzungen hielten wir abwechselnd hier und in Offenbach ab. Zu jeder Nachtstunde

> „Bei Sturm und Regen
> Dem Wind entgegen"

wanderten wir hin und her, und hielten selbst Stiftungsfeste, theils weil das so gebräuchlich, theils um uns für so lange Entbehrungen zu entschädigen, für so viele Kampfübungen zu belohnen. Endlich aber schlug die Stunde der Ermattung. Weil wir nichts mehr zu beichten hatten, wurden wir monoton und langweilig. Um diesem zu entgehen, schufen wir wichtigere Aemter, erfanden neue Embleme der Tugend und schmückten uns mit Orden. Aber wie es mit allen Dingen geht, die auf die Spitze getrieben werden, so auch hier. Nach zwei Jahren hatte die Ewigkeit ein Ende.

Herr von Kotzebue hat ein gutes Buch „Philibert oder die Verhältnisse" geschrieben, worin sich, wie hier, junge Männer für die Tugend verbunden haben.

Eine Kopie jenes Artikels lohnte schon der Mühe, wenn er nicht zu lang wäre. Ich citire also nur die letzte Stelle:

. . . . . „Wenn Männer, die zusammen studirten, sich nach vielen Jahren einmal wieder versammeln, um etwa einen Landesvater zu feiern, und ihre Hüte · jubelnd auf ihren Degen schwingen, so habe ich nichts dagegen; es ist eine frohe Stunde in der die lustige Vergangenheit einen Besuch bei der trockenen Gegenwart abstattet. Aber wenn Männer sich quälen, gewisse

Jugendgefühle, für die sie selbst keine Empfänglichkeit haben, in ihr ernstes Geschäftsleben zu flechten, so kommt mir das gerade so vor, als wenn ein Greis den Verliebten bei einem sechszehnjährigen Mädchen spielt; er macht sich lächerlich. Drum meine ich, wir heben diese Zusammenkünfte auf, und sind froh daß im Publikum noch nichts davon laut geworden."

———

Sei dem wie ihm wolle, jedenfalls erinnere ich mich noch im späten Alter mit Erhebung jener Zeit, und wehe einer Jugend, die nicht Sinn hat für solche Schwärmereien. Sie erwärmen das Fischblut und geben Muth zum Handeln. Was nun kurz folgen soll, hängt so genau mit unserem Tugendbund zusammen, daß ich dessen gerne erwähne, obgleich die Sache etwas kitzlich ist.

Joseph Pirazzi — wer kennt den Namen dieses Ehren= mannes nicht — ein Mitgründer unseres Tugendpakts, mein alter edler Freund und gleich mir Katholik, wurden nichts destoweniger von dem Strudel erfaßt, der im Jahr 1848 ein neues Glaubensbekenntniß gründeten. Ein Duller, Ronge, He= ribert Rau u. A. pflanzten das Panier des neuen Glaubens hoch auf, und wir flatterten — aus Religion eifrig nach. Auch ich wurde deutsch=katholisch, aber wurde ich darum auch glück= licher? wurde ich weiser, und änderten sich meine Gesinnungen, änderten sich meine Leidenschaften deshalb auch nur um ein Jota? Ich zweifle, und weil ich beide Religionen nicht stark trieb, hätte ich eben so gut katholisch bleiben können!

Ein kleines Lied.

Zur Beruhigung meines Gemüths nach solchen Tugend-
stürmen und gleichsam als Uebergang in eine analoge Stimmung erlaube ich mir unsern jugendlichen Leserinnen ein kleines
Geschenk zu machen. Ich wählte dazu eines jener sechs Liedchen,
die durch Einfachheit und leichte Begleitung gleichsam den Typus
einer solchen Gesangesgattung bilden, einer Gattung, die ich von
jeher geliebt, und — sonderbarer Widerspruch — doch nicht so
oft in Anwendung gebracht habe, als ich es gewünscht. Auch gehört dieses Lied (wie im Theil I. bemerkt) zu dem Schicksalsheft,
das mir den damaligen Sturz meiner öconomischen Verhältnisse
bereitet hatte. Es sei deshalb hier an seiner geeigneten Stelle:

Schlummerlied.

1. Schlumm = re sanft in deinem weichen Zauber-
2. We = he sanft von ihr des Lebens schwarze
3. Daß im Trau = me ihr des Freundes Bild er-

bett = chen,   mild   um = gauck = le   dich   der
Sor = gen,   we = he   ab   der   Schmeichel =
schie = ne,   rein   und   wahr wie   das   Ge =

Ze = phi = ret = ten   Schaar,   rau = sche
re = de   Flitter = schaum;   gib   ihr
fühl zum Himmel   spricht;   Sag'   ihr

lei = ſer, Sil = ber = wel = le,
Schlummer, Glück und Frie = de
lei = ſe, was ich em = pfin = de,

hol = der Weſt umſpiel' ihr lockig ſeiden
und ihr Le = ben glei=che einem holden
Sag' ihr das doch ach! er = wecke ſie nur

Haar.   Schlumm' = re   sanft — — — —,
Traum.   Schlumm're &c. &c.
nicht.   Schlumm're &c. &c.

schlumm' = re   sanft. —

Die Cadenzen der zwei letzten Verse ad libid.

Sophie Löwe.

Ich glaube in meinem vollen Rechte zu sein, wenn ich
mit diesem Namen den Reigen der gefeierten Sängerinnen
beginne, mit denen ich die Ehre hatte in oft beneidenswerthe
Beziehungen zu kommen, und finde es nicht minder ange-
messen, eine Löwe als Repräsentantin dieser wohltönenden Schaar
einzuführen, so schmerzlich es auch für mich sein muß, theuere
Erinnerungen so kurz abzufertigen, und alles das zu verschweigen, worüber sich doch so manches reden ließe. Auch ge-
bieten Raum- und Zeitmangel diese Maaßregel, und glaube
ich von dem Kunstsinn meiner holden Colleginnen überzeugt
sein zu dürfen, daß sie eine solche königliche Einführung aner-
kennen werden. Es war die Erscheinung der Löwe nur von
kurzer Dauer, aber um so glanzvoller, da sie in der That die
Vorzüge in sich vereinigte, welche andere Gesangshelbinnen vielleicht in gleich hohem Grade, aber doch nur einzeln besaßen.
Hingerissen von dem zauberischen Taumel, der alle Zuhörer
erfaßte, wenn sie ihren polyhymnischen Flügelschlag begann,
überstrahlte sie selbst eine Sonntag, was gewiß viel sagen
will. Sie gab so recht das Beispiel wie sehr der dramatische
Spiritus in Verbindung mit der passenden Mischung der Ge-
würze über ausgetüftelten Schulgesang zu siegen vermag. Die
severe Kritik scheute sich vor dem Geist mit dem Flammen-
schwerte, und erkannte unbedingt den Satz an, daß das ächte
Genie auch in seinen Fehlern groß sei.

Ist es möglich, Alles in drei Worte zu fassen, so möchte
ich sagen: Sie besitzt nebst einer Schönheit, welche sie zur
Darstellerin einer Anna und Zerline fähig macht, Genie, Grazie
und sogar — ein Herz.

Etwas Näheres über diese interessante Familie zu erfahren, dürfte für Kunstfreunde noch immer wissenswerth erscheinen.

Ferdinand Löwe, im Fache erster Liebhaber und Helden von bedeutendem Verdienste, war vom Jahr 1828 bis 1831 bei der Frankfurter Bühne engagirt, von wo er nach Wien zum Burgtheater übersiedelte. Dort erkrankte er, und ohne aufgetreten zu sein, starb er im Mai 1832, erlebte also den Triumph seiner Tochter Sophie nicht mehr. Diese, zu ihrer theatralischen Ausbildung einer Tante übergeben, war aber durch ökonomische Verhältnisse bald gezwungen, ohne weitere Studien die Wiener Bühne zu betreten, wo ihre glänzenden Gaben sie aber in der kürzesten Zeit zum Liebling des Publikums machten. Ein Ruf nach Berlin 1836 vermehrte ihre Triumphe, worauf sie nach Italien ging und sich dann im Jahr 1848 mit dem Fürsten Friedrich von Liechtenstein, k. k. österr. General-Feldzeugmeister, vermählte.

Die jüngere Schwester Lilla begann in Mannheim ihre Laufbahn, gastirte dann auf den ersten Bühnen Deutschlands im Fach der ersten Liebhaberinnen mit großem Glücke, und verheirathete sich in Petersburg, wo sie noch weilt, mit dem russischen Geheimerath Baron Carl von Küster. Zwei Brüder dieser geistvollen Schwestern machten ihre Carriere in ganz verschiedenen Fächern. Der Erstere Feodor begann in Mannheim seine theatralische Laufbahn, setzte diese in Hamburg und Frankfurt a. M. fort, bis er bei der Stuttgarter Hofbühne zu den Aemtern gelangte, die ihm Talent und Glück gesichert haben. Der letztgenannte Bruder Julius, Doctor philosophiæ, hat sich nebst dem Frankfurter Bürgerrecht und einem in Ruf stehenden chemischen Laboratorium, die Achtung seiner zahlreichen Freunde erworben.

Während sich so das glückliche Schicksal der Genannten
vorbereitete, zog die Mutter mit einer jüngeren Tochter nach
dem reizenden Kurort Kronberg, allwo ihnen einen angenehmen
und gesunden Aufenthalt zu bereiten meine Frau und ich durch
Familienverbindungen bald Gelegenheit fanden, ihnen nützlich
zu sein. In Kronberg vermählte sich nun auch die Tochter
Doris Löwe mit Herrn Wilhelm Neubronner (Herzogl. Nass.
Amtsapotheker), einem durch die strenge Erfüllung seiner Be-
rufspflichten allgemein geachteten Manne. Es kann nicht fehlen,
daß durch die abwechselnden Besuche so hochgestellter Kinder
das Leben dieser Familie ein höchst zufriedenes sein mußte.
Aber wie das Urübel der Menschheit sein Recht verlangt, so
blieb es auch hier nicht aus. Im Jahr 1856 starb die wackere
Mutter, von Kindern und Enkeln tief betrauert.

Eine kleine, aber gewiß nicht unlehrreiche Episode

aus meinem empirischen Schatzkästlein

sei hier an ihrer Stelle.

Meine Beziehungen zu Ferdinand Löwe, als er noch beim
Frankfurter Theater engagirt war, gestatteten mir seinem ta-
lentvollen Töchterlein Sophie die Erstlinge des Gesanges beizubringen und schon damals erkannte ich die prophetischen
Blitze ihres Auges, und wie sie dieselben zu beherrschen, sich
vergebens abmühte. Mich hiervon gründlich zu überzeugen,
führte ich sie zu dem damals berühmten Baritonisten Hauser,
und erhielt, nachdem das junge Mädchen einiges gesungen, die
bündige Weisung: „Hier ist nichts zu machen, das Mädel soll
lieber nähen und kochen, als sich einer Kunst widmen, wozu
sie weder Organ, noch Talent hat." Puff! Und so gingen wir

kurz abgefertigt fürbaß, und große Mühe hatte ich die tief Gekränkte zu trösten. Hätte ich nicht von jeher die Schwachheit gehabt, mich leicht verblüffen zu lassen, ich würde ohne Zweifel dem berühmten Maestro di canto auch meine Meinung offen gesagt haben. Hoffen wir nur, daß derselbe in der Beurtheilung junger Sänger künftig glücklicher sein möge*).

Nicht wohl kann ich meine Kronberger Gebirgs-Chronik schließen, ohne meiner würdigen Freunde, der Herren Hofkammerrath Stahl und des ehrwürdigen Pfarrvicar Ludwig Hoffmann**) zu gedenken. Genoß ich in dem Tuskulum des Letzteren lehrreicher Eindrücke so manche, so nicht minder der heiteren Tage in dem gastlichen, kindergesegneten, stattlichen Recepturgebäude des Ersteren und dessen vortrefflichen Hausfrau. Was dieses Haus an Wohlgenüssen und der Geist an Humor zu spenden vermochte, ward hier in vollem Maße geboten. Später nach Wiesbaden und zuletzt nach Limburg übersiedelt, zog ich ihm oft nach und hoffe, obwohl er in noch höherem Alter wie ich selbst steht, ihm noch öfter nachziehen zu können. Nun konnte es nicht fehlen, daß eine überwältigende Sehnsucht nach Mutter Natur mich jeden Sommer an ihre Brüste warf, und ich in den Bergthälern des üppigen Taunus im vollen Sinne des Wortes schwelgte. Hier — so weit sich diese Gegend von Soden aus über den Feldberg hinüber nach dem nördlichen Abhange hin erstreckt — ist mir keine bedeutende

---

*) Hauser, Gesanglehrer am Münchener Musik-Conservatoir und gegenwärtig pensionirt.

**) Unter Hoffmann's pädagogischen Schriften zeichnet sich besonders das evangelische Choralbuch unter dem Titel „Festgesänge für die evangelisch christliche Kirche" aus. Erschienen in Weilburg bei E. Lang 1834. Hoffmann starb 1840.

Felswand, kein verstecktes Thal, ja fast keine Baumgruppe unbekannt geblieben. Namentlich war es, und ist noch die Feste
Königstein, die ich den Stapelplatz meiner Ausflüge nenne,
wenn ich mich nach des Winters Strenge abgeeis't habe. Hier
bietet mir die liebe Familie Pfaff*) ein Asyl, um welches
mich Götter beneiden würden, wenn Neid kein Laster wäre.
Ein Zimmer im zweiten Stock mit der Aussicht auf Ritter
Falkensteins graue Ruine, auf Berge, Wälder, Mühlen, Wiesen,
dazu die harzige fein durchsickerte Luft wohllüstig einsaugend,
das Ohr dem tausendfältigen Choral der gefiederten Welt geöffnet . . . . .

> „Hier wo des Himmels Blau auf Bergen ruht,
> Hier ist es schön, hier möcht' ich gerne weilen,
> Hier flösse leichter, fröhlicher mein Blut,
> Hier würden meiner Sehnsucht Wunden heilen.
> Hier . . ."

Aber stille, still! Jedes innere Glück fühlt sich weit besser,
als es Wort und Feder beschreiben!

Weshalb ich weder Kammer- noch größere Instrumental-
Musik, weshalb ich nicht Opern geschrieben habe? — daß
ich das nicht gethan, war eines meiner größten Meisterwerke,
war der glücklichste und gescheideste Gedanke in meinem
Leben. Ich kann mir mit Recht nachsagen, daß mich nicht unselige Unsterblichkeitssucht, aber ein eigener Ehrgeiz — und
wer hätte den nicht? angestachelt, auch die große Feder zu
ergreifen. Allein ich hatte von jeher einen zu gewaltigen Re-
spect vor dem Gelingen solcher Riesenarbeiten — nicht minder
hielt mich die Scheu vor „Metzgergängen" zurück — und

---

*) Hôtel de Lyon.

so zog ich vor, statt in unermeßlichen Dingen ein Liliput zu heißen, in kleineren das möglichst Beßere zu leisten.

Gedankenstriche.
Fortsetzung.

Kunst ist nichts anderes, als der schöne Sieg des Geistes über den Zwang der Regel, sie ist die schöne verklärte Freiheit der künstlerischen Bewegung innerhalb der Schranken des Schönheitsgesetzes und Schönheit ist Anfang, Mittelpunkt und Ende aller Kunst. Das widrig Gemeine — ohne alles Motiv — ist kein Gegenstand für schöne Kunst, und wer sich nicht mit Abscheu von dem Gemeinen abwendet, wer es in seinen Kunstleistungen nicht zu adeln versteht, der hat keinen Theil an der Kunst, sie erkennt ihn nicht für den ihrigen an.

Ein Musikus, namentlich im Orchesterdienst, gleicht dem niedern Soldatenstande. Er ist so wenig Eigenthümer seiner Person, daß er sein Leben, seine Zeit und selbst seine Gliedmaßen zur gänzlichen Verfügung eines Andern stellen muß. Gibt es z. B. eine minutiösere Abhängigkeit, als die eines Sängers oder Musikers gegenüber den tyrannischen Gesetzen der Noteneintheilung, der Tempi, des Takts und Rhythmus, welche zwei Dinge man doch ja nicht mit einander verwechseln möge. Keine Kunst, kein Fach und Geschäft gleicht diesem Dienst, wo die Versäumniß eines Pendelschlags die größte Verwirrung anrichten kann. Stockt von diesem kunstvollen Uhrwerk das scheinbar unbedeutendste Stiftchen, so ist das ganze Werk unnütz. Und doch ... wie oft geht Alles durcheinander in den Thurmuhren unserer neuromantischen Unsinns-Opern, die dennoch Enthusiasmus erregen? Welch schwer zu entziffernder krasser Widerspruch!

Ich möchte so zarte Sinne des Gehörs haben, um wie Pythagoras oder der Apostel Paulus die Harmonie der Sphären vernehmen zu können. Ob ich dann aber auch ihre Regel verstünde?

Es gibt gewisse Stimmen (Organe) und Gesichter, über welche keine Kunst (Schule) etwas vermag.

Vermöchte wohl die beste Linse des Verstandes-Mikroskops gewisse Hieroglyphen der Composition zu durchdringen?

Die Geister aller Neuerer werden nach 50 Jahren ausrufen wie jener englische Redner Sir James Makintosh: „das Werk unserer Tapferkeit ist dahin; das Blut (die Dinte) von Europa ist umsonst geflossen, der tarpejische Fels ist nahe dem Capitole!"

Die Glorie des Alterthums ist von dem Geist unserer Dichter gewichen. Ohngeachtet sie Schönes leisten, athmen sie doch nur selten eine große Seele.

Oft, sagt man, haben die Wände Ohren. Noch öfter aber haben die Ohren Wände.

Der Sänger muß, so lange er singt, den Componisten als den Schöpfer seines geistigen Daseins betrachten.

Ist es durchaus nöthig, daß Sänger und Virtuosen musikalisch gebildet seien, um gut und selbst mit Geschmack und

Gefühl vorzutragen? Leider ist es nicht nöthig. Die Erfahrung lehrt es täglich, und während Kritik und Publikum vor Entzücken außer sich gerathen, denken unsere Musikdirektoren und Correpetitor's ganz anders. Gibt es aber einen krasseren Widerspruch in der Schöpfung? Kann der feinste Verstand herausfühlen, in wie fern solche Effectstücke mit der Regel in Verbindung stehen? Stritt ich doch kürzlich mit einem Gelehrten über diesen Gegenstand. Es war im Mai, wo alle Stimmen erwachen, beim duftenden Kräutertrank, und ich glaubte, den Ungläubigen schon auf meiner Seite zu haben. Da, horch, wie verabredet, schlug plötzlich das brillante Rondo eines Kanarienvogels an unser Ohr, und entzückt lauschte der ganze Garten. Da haben wir ja die Antwort in optima forma, sagte der Literat. Wo braucht's da des gelehrten Firlefanzes, wo die Praxis so naturwüchsig auftritt, daß nichts zu wünschen übrig bleibt? Und so ist's auch mit dem Virtuosenthum. Wenn die Wirkung berauscht, wer fragt da nach der Ursache? Unsere gefeierte Prima Donna weiß vielleicht eben so wenig von der Bildung der Scala wie jener Vogel in freier Luft.

Arme Kunst! klagte ich. Reiches Talent! jubelte der Freund und stieß mit mir an!!

> Ein Künstler, der Klassiker trivialisirt.
> Ein Publikum, davon enchantirt —
> Wer hat am meisten sich blamirt?

„Noth bricht Eisen"; öfter aber auch bricht das Eisen jede Noth.

Jeder Monat ist vielen Poeten ein Brachmonat.

Vitruv sagt, daß, um die Baukunst recht zu üben, man nicht allein gut zeichnen, sondern auch etwas Musik verstehen müsse. Sollte es nicht auch umgekehrt der Fall sein? Sprechen die Gelehrten doch von einer versteinerten Musik, wenn sie ein architektonisch wohlgebautes Haus bezeichnen mögen. Um noch spitzfindiger zu sein, könnte man die Symphonie einen flüssigen Palast nennen.

„Sturm in einem Glase Wasser" scheint mir eine richtige Bezeichnung für die lächerliche Wuth eines Zwergen, oder als wenn ein Wurm sich nach den Sternen sehnt.

Was entfremdet uns wohl früher unsern Freunden, als eine Reihe von Mißgeschicken, wodurch wir ihnen unnütz und zur Last werden?

Jedes Bild ist schön, wozu Liebe die Farbe gibt.

Ich will eine Liebe, die glücklich macht, aber nicht die eines fieberhaften Paroxismus. Und so sollte es auch mit der Musik sein.

Ein Beschützer der Musen muß selbst ein Mann von Einsicht und Wissenschaft sein.

Es giebt zu allen Zeiten Leute, die nur in ihren Schriften tugendhaft sind, eben so als wie es Leute gibt, die nur Alles von einer Seite betrachten, und darnach urtheilen.

Einer der sieben Weisen behauptet, Tugend sei nichts Anderes, als die reinste Liebe zu allem Schönen und Guten. Nur hat der Mann vergessen, daß man diese Liebe auch in

Anwendung bringen müsse. Ohne diese kann der größte Tugendheld ein großer Faullenzer sein.

Man kann Alles was man will, wenn man nichts will, was man nicht kann.

Der Tanz, das Ballet gleicht einem lebendig gewordenen Blumenkranze.

Mag auch das Geschlecht der Troubadours ausgestorben sein, wenn nur der Gesang bleibt.

Viele sind der Meinung mit der Chlamys, Toga und Tunica *) käme auch der antike Gesang und das Spiel.

Einen Clavierauszug könnte mau mit dem Kupferstich eines Gemäldes vergleichen.

Sail! sail! and never strike! **) sollte auch der Ruf zum Fortschritt sein.

Stürmischer Beifall gleicht dem Gewitterregen, der überschwemmt, aber nicht durchdringt.

Atrium mortis. (Vorhalle des Todes.) Vielmehr der Todesengel vieler Opern, z. B. Spontini, Marschner, Maria

---

*) Der griechische Mantel, auch weites Ober- oder Kriegskleid, Tunica, altrömischer Leibrock, von den Männern unter der Toga auf dem bloßen Leibe getragen. Die Tunica der Frauen war länger. T. (Tunique) wird auch das Unterkleid der katholischen Geistlichkeit genannt.

**) „Segelt! Segelt! und streichet nimmer!" Der Schlachtruf Nelson's in der Schlacht von Trafalgar.

v. Weber, Fesca, Meyerbeer u. s. w. vor Allem aber Richard Wagner.

Ein theatralischer Gast ist allemal ein Hannibal ante portas.

Es giebt keine Lage, so niedrig sie auch sei, in welcher der Mensch nicht seine Würde behaupten könnte.

Der Meßkünstler und Rechenkünstler der Tonkunst steht dem Phantasten gegenüber.

Dem Volke (Publikum) gilt der Schein immer für das Wesentliche.

Die ächte Wissenschaft ist immer gerecht und geneigt, mehr Nachsicht gegen andere zu üben, als gegen sich selbst.

Manche Musik gleicht dem Krachen und Knistern von Dornbüschen im Feuer, aber — die Dornen verbrennen nicht, und behalten ihre Spitzen.

Im Jahr 1848 schrieb ich in einem Fieberanfall folgende Grabschrift auf den Stein der mir auf dem Herzen liegt:

> „Hier schläft ein Thor in Todesbanden
> Ein Weiser ist daraus erstanden!"

Ein stetes Ringen nach Besserem und Höherem bestätigt ein neues Motto:

> „Noch einmal will ich ringen, will ich's wagen;
> O, könnte ein Gedanke doch das ganze Leben tragen!"

Karl Spindler.

Hier muß ich mich zusammennehmen, um mich zu con-
centriren, obgleich von meinen Lesern zu erwarten steht, daß
ein jedes von dem berühmten Autor mitgetheilte Wort Aufmerksamkeit verdient.

Von unserer früheren Straßburger Periode habe ich schon
im ersten Theile Andeutungen gegeben. Diesmal aber kommen
wir 1825 in Frankfurt als Familienväter zusammen. In
Hanau wohnend, wo Spindler's Frau (eine geborene Schmieder
unter Eisenhut's Direktion) Schauspielerin war, hatte er bei
mir Interims-Quartier *). Dort begann er seinen Juden. Einst
mußte ich ihn in eine israelitische Familie mittleren Standes
einführen, wozu ich vollauf Gelegenheit hatte. Im gewöhnlichen Leben sich lieber unterhalten lassend, als selbst unter-
haltend, wußte er indessen in dieser Familie auf so anmuthige
Weise zu erzählen, daß Alles von ihm entzückt war. Er schien
auf nichts besonderes seine Aufmerksamkeit zu richten, und doch
übersah sein Scharfblick in einem Augenblick alle Gegenstände.
Im Heraustreten sprach er: „Karl, ich habe mir Alles ge-
merkt bis auf das kleinste Schnitzwerk. O, dies Häuschen ist
ein köstlicher Fund für mich.".... Und ob er ihn benutzt in
seinem vortrefflichen Werke?!

Bevor er nun zu seinem bedeutenden Vermögen kam, hatte
er, grade in den zwanziger Jahren, und trotz seiner früheren
unter dem Namen Spinalba herausgegebenen Werke, hatte er,
wie auch ich, mit wirklicher und eingebildeter Noth zu kämpfen,

---

*) Bei J. B. Baldenecker, Sellerstraße in einer Mansarde.

die uns aber keine Sorgen machte. Wie Ebbe und Fluth
wechselt, so auch unsere Lebensweise; und die daraus resultirenden öconomischen Verhältnisse. Wir hatten lange gemein-
schaftliche Kasse, was der Eine, besaß auch der Andere, und
deßhalb mußte unsere Brüderlichkeit nur um so enger werden.
Erst später, als sein Name durch die Erscheinung seines Juden
einen fast fabelhaften Ruf erhalten hatte, und er sich der Anträge von Seiten der Herren Verleger und namentlich der
Herren Almanachisten nicht erwehren konnte, fing sein Waizen
an zu blühen. Jeder wollte Novellen von ihm haben. „Weshalb," sagte er zu mir, „soll ich meine Phantasie zersplittern
an so leichter Waare?" und refusirte alle Anträge. Die
Herren verdoppelten, verdreifachten die Sätze, aber Spindler
blieb standhaft, und als man eben dadurch angestachelt, nur
um so hitziger in ihn drang, sagte er endlich: „Nun, so werde
ich so unverschämte Forderungen machen, daß mich die Kaibe*)
gewiß in Ruhe lassen werden." Aber die Kaibe gewährten
was er verlangte. „Nun gut", lachte er, „so sollen sie erst
etwas recht schlechtes haben! weil sie mich so quälen, will ich
mich rächen." Und so schob er seine größeren Anfänge bei
Seite und schrieb mit wahrer Berserkerwuth, wie er es
nannte, fast täglich seine Novelle um den Preis von 25 bis
30 Louisd'or, welche Summen ich ihm gewöhnlich einkassirte
und sie ihm in großen Säcken nach Hanau schleppte. Er schrieb
von Morgens 6 bis Abends 6 Uhr, fast ohne etwas zu genießen, als sein einfaches Mittagsbrod, am Stehpult, strich
mit wenig Ausnahmen nie ein Wort aus, und wenn er sich
je unterbrach, so stopfte er sich gemüthlich seine Pfeife, bei

---

*) Ein Straßburger Provinzialismn, soviel als: Vagabund.

welcher Arbeit ihm, wie er meinte, stets neue Gedanken kämen. „Wie bringst Du das fertig in einem Tage?" frug ich ihn erstaunt „wie ist das möglich?" „„Ich weiß es selbst nicht,"" erwiederte er „„ich wollte den zudringlichen Herrn etwas Schlechtes geben, aber ich kann nicht so schlecht sein. Ich fühle halt, daß ich zum Schriftsteller geboren bin."" „Nun," antwortete ich lächelnd „um solche Preise hat man gut R a c h e üben!" Glück muß der Mensch haben! Spindler erhielt allein f ü r d i e E r f ü l l u n g d e r B i t t e: seinen Namen auf den Titel des bänbereichen belletristischen Auslandes zu setzen (Stuttgart bei Franckh 1843) obgleich er noch kaum einen Blick in den Inhalt dieser Bücher geworfen, erhielt dafür allein eine sehr bedeutende Summe! Wie ich selbst nun dazu kam ein Recensent zu werden, dürfte einer der pikantesten Punkte in diesen Blättern sein:

Als im März der Buchhändler Wenner dem so schnell berühmt gewordenen Zöglinge Fortunens die Redaktion der Iris übertragen mochte, konnte sich Spindler noch nicht dazu entschließen und verreiste auf kurze Zeit nach Köln. Nach seiner Rückkehr nahm er endlich den Antrag an. Aber, regelmäßig in's Theater gehen und Recensionen schreiben, mußte für Karl's Charakter ein Gräuel sein. Und so war es auch, und nachdem er einigen Schauspielern und Sängern die Hölle heiß gemacht, übertrug er mir dies ehrenhafte Amt. „Ich muß, wie Du weißt, oft nach Hanau hinüber," sprach er, „Dein Ehrgeiz hat Spaß an solchen Dingen, zu dem kannst Du die Logen-billette nach Belieben benützen, und da unsere Handschriften sich überhaupt gleichen, so wird es Dir ein Leichtes sein, die weisen Herren zu unserer aller Vortheil zu täuschen. Denk' nur immer hübsch an das »fiat justitia«, dabei drückte er mir die Hand, und davon war er. Mir aber schwoll di Brust hoch auf, daß ich das Secirmesser der heiligen Hermandad erfassen durfte. Also flossen eine geraume Zeit lang Spindler's Kritiken aus meiner Feder. So ist der Mensch ein Geschöpf des Vorurtheils. Man hätte auch gewöhnliche Hülsenfrucht für Ananas verspeißt, da der Kochherr einen solchen Namen trug. Als Spindler mit ironischer Freude sich selbst lesen mochte, so tadelte er mich, obgleich nur ob meiner allzu großen Nachsicht. Er meinte, man müsse dem Volke mehr die Zähne weisen, damit es nicht so übermüthig würde. Das konnte ich nun nicht. Ich dachte mehr durch Güte als durch Bissigkeit auszurichten, weshalb ich nicht selten Panegyriker gescholten wurde. Indessen, wo es Noth that, konnte ich auch Strenge üben. Um nicht langweilig zu werden, that ich etwas Pfeffer dazu, und das war was vielleicht am meisten ansprach. Mit einem Wort, ich suchte zu bessern, und nach meiner Ueberzeugung ließ sich das nur auf dem Wege gemäßigter Strenge. Ob mir das jemals gelang? Wer mag das wissen? Aber ich denke, wenn ich nur einen Einzigen auf schlechtem Wege zur Umkehr oder durch Warnung wenigstens zum Nachdenken gebracht .... so hätte ich meine Mission schon erfüllt.

Ein Faktum, dessen sich vielleicht Niemand mehr erinnert, ist, daß, nachdem Jhlée schwer erkrankt war, Spindler im Juni 1827 wegen Uebernahme des Theaters mit Leerse und Wilmans in Unterhandlung stand. Auch Hofrath Berly war interessirt bei der Sache. Zu meinem Erstaunen schien er nicht abgeneigt, den Antrag anzunehmen. Als er sich aber die Schaubühne und deren artistische Verhältnisse näher beschaute, schrieb er am 3. August ab. Als ich mich nicht zufrieden geben wollte, schalt er: „Willst Du meinen Tod? ich sollte diese Augias-

Arbeit übernehmen und auf meine literarischen Arbeiten ver=
zichten? Es thut mir leid um Dich. Ich hätte Dich wenig=
stens zu meinem Staatssekretär gemacht. Aber glaube mir, es
ist so besser. Ich hätte es in der Bude nicht acht Tage aus=
gehalten. Und so war's alle mit meiner Staatssekretärschaft.

Am 11. Juli desselben Jahres starb Ihlée, von Jeder=
mann betrauert.

Nachdem Spindler sich für längere Zeit in Hanau nieder=
gelassen, machte er verschiedene Reisen, und hätte — nament=
lich in Stuttgart, wo er mit Herrn von Chezy die Damen=
zeitung redigirte — noch zu höheren Würden gelangen können
(den Doktor ließ er sich gefallen, den Hofrathstitel aber ver=
bat er sich), wenn er sich der schrecklichen Etiquette nur einiger=
maßen hätte fügen wollen. Aber er konnte seines Vademekums,
seiner Tabakspfeife, nicht entbehren.

Ich unterdessen hatte mich immer tiefer in das Recensir=
wesen hinein versenkt, welches „so weit die deutsche Zunge
reicht" unsere Kunstblätter bestätigen können. Von der Re=
daktion der Damenzeitung z. B. erhielt ich im März 1830
die Nachricht, daß Spindler dieselbe in Saphir's Hände ge=
geben. Das folgende wörtlich aus meinem Tagebuch: „Er
(Spindler) selbst schreibt ein paar unleserliche Buchstaben da=
runter, daß er mir bald das Nähere darüber mittheilen werde.
Das Postzeichen war von München, das Datum von Stutt=
gart. Ferner stellt man mir frei, ob ich meine Manuskripte
zurück haben, oder sie dem Herrn Saphir übergeben wolle.
Ich schrieb sogleich, daß mir ein Rapport mit Saphir unter
den früheren Bedingungen genehm sei.

Ferner „ich erhielt ein Schreiben aus München von der
(berühmten!) Wilhelmine von Chezy, daß sie selbst einstweilen

die Redaktion der Damenzeitung übernommen bis Spindler wieder zurückgekehrt sei, und ersucht mich mit meinen Sendungen fortzufahren" u. s. w.

Daß diese galante Zeitung nur eine kurze Lebensdauer hatte, ist bekannt.

Ohnstreitig das liebenswürdig Hervorragendste in meinem Leben waren meine Reisen und Abstecher nach Baden-Baden, Aschaffen-, Frei- und Homburg, nach dem Odenwald, nach Köln u. s. w., welche ich ganz kurz wiedergeben will.

Es war im Mai 1827 als wir uns für 14 Tage mit Geld versorgten, die Ränzel auf dem Rücken und gleich gekleidet nach Mainz wanderten. Abwechselnd schrieben wir unser Tagebuch mit gewissenhafter Genauigkeit.

Ein Pröbchen hiervon machte Karl und es ist nur traurig, daß nebst dem Stilus nicht auch die Klaue gehandhabt werden kann:

Abfahrt nach Mainz am 12. Mai.

„Punkt 10 Uhr die Decken gelichtet. Bunte Gesellschaft auf dem Marktschiff, aber der Schmuck derselben, die Mädchen mangeln. Anfang der Reise langweilig wie der blaue Himmel über uns. Auf der Puppe des Schiffs der Vater Afiano Otto von Frankfurt, uns in Mainz Gott Lob wieder verlassend. Postdiner zu Höchst. Karl gewinnt Kraft, einen naseweisen Schwengel aufzuziehen, der über Religion und Kirche dummes Zeug schwatzt und mitunter Zoten reißt u. s. w."...

„Ankunft zu Mainz. Man fällt über unser Gepäck her wie Raubgesindel. 1. kh. *) Reisegeist" u. s. w.

---

*) Kurhessischer?

In Mainz besuchen wir die Opernprobe (Sängerinnen auf dem Lande). Mein alter Würzburger Lehrer N. ist dort, mit Spindler's Worten „ein Geck von Direktor" und fällt seinem Discipulo um den Hals. Einen anderen Ausdruck gebraucht unser Tagebuch als uns die Herren Mimen umstehen: „Die Theatralisten sehen uns an wie die blauen Hunde."

Man muß gestehen, daß in solchen Fällen der Humor keine Gränzen mehr hat.

Etwas schwungvoller behandelte ich unser Tagebuch nach diversen Rhein-Kreuzfahrten hin und her: „Auf einer Tells-Anhöhe ohnweit Boppart und vis à vis der zwei Brüder (nahe beisammen liegende Burgen auf dem rechten Rheinufer) verzehren wir um Mittag unter Glockengeläute nahe liegender Dörfer unter Gottes freiem Himmel unser frugales Diner aus Wurst, Brod und einem Fläschlein Bordeaux bestehend. Nicht zu vergessen, daß gerade am Loreley-Felsen das Dampf-schiff in kühnen Wendungen vor unsern Blicken hinabschoß, und sich bald wie ein Riese im Thal verlor. Unter Boppart schneiden wir links ab über den Jakobsberg, auf dessen hohem Gipfel eine Meierei stolzt" u. s. w. Diese Kölner Reise sei mit der Erinnerung an den Sitz auf jener Tellsanhöhe ge-schlossen:

„Sag' an, mein Junge" sprach ich, so wie wir jetzt da-sitzen mit olympischem Behagen, die Taschen wohlgefüllt, strah-lend von Gesundheit und auch des Geistes wohl nicht ent-behrend, noch viele Tage freie Muße und bei der Rückkehr eines liebenden Empfanges gewärtig von Weib und Kind, sag' an — sind wir denn jetzt auch ganz glücklich?"

Da antwortete der Freund, indem sich sein dunkles Auge ahnungsvoll umwölkte: „In so fern es ein Glück giebt, mag es drum sein. In diesem Moment sind wir's noch leiblich und zufällig — aber weshalb muthwillig böse Geister heraufbeschwören? Komm', laß uns weiter gehen." Hastig packte er zusammen, und lange wanderten wir stillschweigend neben einander dem Thale zu, bis heitere Gegenstände uns wieder heiter stimmten.

Eine Partie mit Offenbacher Freunden, Pirazzi, dem biederen Scholl u. A. im Mai 1828 nach dem Odenwalde war nicht minder interessant, obgleich geräuschvoller. Ich lasse hier wieder mein Tagebuch sprechen:

„Dienstag am 23. Mai, besahen wir in Michelstadt und Erbach die Rüstkammern. Hier beginnt der eigentliche Odenwald. Wilde, majestätische Gegenden, schauerliche Gründe wechseln mit jedem Schritt. Flott und rüstig aber gings darüber her, unsere Cicerone nebst dem getreuen Packesel stets vor uns. So fort und fort an Schloß Reichelsheim vorbei mit seinen drei lieblichen Seen bis zur Ruine Rodenstein, dem Stapelplatz unserer Unternehmungen. Da hier nur Speck und Eier unsere Nahrung, so dichteten, componirten und sangen wir ein dreistimmiges Eierlied, das aber gleich nach der Aufführung in lichterlohen Flammen aufgehen mußte, denn ein solcher Moment darf nur geboren werden, damit er gerichtet wird. Er steht über jeder Censur. Aber noch zweierlei datirt sich von dieser Reise her: Spindler's bekannte Novelle „das Rittergespenst von Rodenstein," woraus ich später meinen von F. Löbmann componirten Operntext gleichen Namens hernahm. Somit dürfte dieses Plätzchen schon einiger Erinnerung werth sein.

Meine Anhänglichkeit an Spindler war aufrichtig, aber zu unbedingt, um nicht hier und da in Collision mit mir selbst zu kommen, und war die Aeußerung, daß ich sein Leporello sei, auch im Scherz gesagt, so fühlte ich doch ihren Stachel. Oft lief ich in neun Viertelstunden hinüber nach Hanau und in eben so viel Zeit zurück, wo wir dann einen Sommertag lang mit einander herumstreiften. Auch wenn ich ihn in Frankfurt erwartete und er sich verspätet, ließ ich, ungeduldig wie ich einmal bin, eine Kutsche anspannen (denn Droschken gab es damals noch nicht), um den Freund abzuholen, der mir dann ganz gemüthlich entgegen kam, und mich auslachte. Zu jener Zeit noch jovial und zur Lachlust geneigt, sobald er sie nicht selbst erregen mußte, wurde seine üble Laune doch nach und nach sehr störend. Von Jahr zu Jahr unzugänglicher, faßte er für mich doch eine besondere Vorliebe, ein eigenes Vertrauen. Obgleich in glücklichen Momenten der liebenswürdigste Gesellschafter und der geistvollste Redner — sobald er es absichtlich darauf anlegte — war er im Ganzen doch der Tyrann seiner Umgebung, wurde sarkastisch, oft das Heiligste verspottend. Wahrscheinlich gährte damals schon die Boa constrictor in seinem Blute.

Später kaufte er sich in Baden und Freiburg an, und nichts glich der Herzlichkeit, womit er mich bei sich empfing. Desgleichen besuchte er mich auf seinen Reisen, ohne daß ich mein Urtheil über ihn und meine alte Neigung zu ihm änderte. Zweier besonderer Umstände seien hier wegen ihrer Eigenheit und — Vergänglichkeit erwähnt. So oft mich auch die Sehnsucht antrieb, die Tochter Spindler's, Fanny, an mein Herz zu schließen, und so sehr sie selbst den Wunsch gehabt haben mochte, den Freund ihres Vaters kennen zu lernen, so oft sich auch die beiden Väter besuchten, immer war Fanny auf ihren Maler=Touren in München, Düsseldorf oder anderswo beschäftigt, und so verstrich die Zeit bis zu jener Periode die ich bereits früher angedeutet. Ge-

5*

schätzt aber — getrennt und ungesehen sollte sie von mir
scheiden.

Copie aus meinem Tagebuch: „Einstens an der table d'hôte
(in den vierziger Jahren) in Gegenwart des Blind brach Spindler plötzlich in die Worte aus : „„Höre Karl, wenn Du einmal stirbst, so vermachst Du mir Deine Familie. Ich scherze
nicht, Blind ist mein Zeuge!"" — Er sah mir ernst in's
Auge, und wir drei stießen die Gläser hart an einander. Den
Schicksalstragödien zufolge, hätte Karl's Glas eigentlich springen
müssen!

Und nun zu den Briefen unseres Freundes, von denen
einzelne Copien wohl an Ort und Stelle sein dürften. Ich
besitze deren, außer manchen verloren gegangenen, verschenkten
oder weniger beachteten, wohlgezählt ein Häuflein von einigen
70 Stück. Die meisten dieser Briefe handeln von Danksagungen
für Dienstleistungen, von neuen Aufträgen, Geschäften mit Buch-
händlern, Klagen über Zeit, Menschen und Gesundheitszu-
stände und von Einladungen, denen ich auch meistens folgte,
weshalb die Abschriften extemporisirter und naturwüchsiger Aus-
brücke um so mehr Theilnahme finden dürfte. Habe ich endlich mehr dieser Briefe aufgenommen, als zur Beweisführung des
Spindler'schen Styls nöthig, so geschieht es in der Absicht unser beider Selbstschau zu ergänzen. Auch versteht es sich von
selbst, daß ich in diesen Abschriften keinen Gebrauch von seiner
Stenographie machte, deren wir uns nach Studiosenbrauch
stets bedienten. Im Ganzen glaube ich am besten zu verfahren, wenn ich (nebst Hanau) von jeder größeren Stadt
einen solchen Brief excerptirt gebe.

Hanau den 13. October 26 . . . Mein lieber O.!

Meine gegenwärtig durch manche Versäumniß angehäuften

Beschäftigungen erlauben mir nicht, vor nächstem Mittwoch Deinem Wunsche zu willfahren. Ich denke indessen — wenn die Sache wirklich pressant ist — so kannst Du mich schriftlich mit ihr bekannt machen, oder in den Weinlese-Ferien einen Tag deshalb bei mir zubringen. Da gegenwärtig das Morgenblatt und der Jude mir wie Zentnersteine auf dem Nacken liegen, ist mir ein halber Tag Versäumniß sehr schwer einzubringen u. s. w.... Dein aufrichtiger Carl.

Hanau den 19. Febr. 1826 ... L. G.

..... Ich habe an Wenner eine charmante Erzählung geschickt und ihn um schleunige Antwort ersucht, aber noch keine erhalten. Ist er so saumselig? Hast Du mit Schnyder*) noch nicht gesprochen? Es läge mir unbeschreiblich viel daran, den Eremiten erstens so vortheilhaft als möglich, und zweitens so schnell als möglich unterzubringen. Du kannst Dir leicht denken, daß, im Begriff, eine weite Reise zu machen, ich jeden Gulden zusammenhalten muß.

Von Spindler's Frau:

Hanau den 16. März 1826. Glück und Heil dem verehrten Schriftsteller zu seinem 30. Geburtstag. Wäre Ihr schöner Aufsatz schon eingerückt, so hätte ich jetzt das Vergnügen, eines Ihrer Geisterkinder Ihnen in der Maiblüthe übersenden

---

*) Xaver Schnyder von Wartensee. Gänzlich unbekannt dürfte es bis jetzt wohl geblieben sein, daß durch Schnyders Vermittelung unser Spindler nicht allein mit Wenner (Verleger der Iris), sondern auch mit dem Buchhändler Engel in Heidelberg in Verbindung getreten ist, wodurch eigentlich des noch jugendlichen Schriftstellers Laufbahn gegründet wurde.

zu können. Da aber Kittſteiner ſo lange zögert ·u. ſ. w. Mein kleines Mädel*) macht ihr Compliment. Fanny Sp.

Von derſelben

Hanau den 27. Mai 26 ... Werther Herr Freund.

Carl iſt nicht in Köln, ſondern in Trier. Sein nächſter Brief wird entſcheiden, ob ich von hier abreiſe, oder Carl wieder zurückkehrt. Dieſes hängt Alles von der geneigten Antwort des Hrn. Wenner ab, die wohl bereits erfolgt ſein muß, der, als er mir die Blätter der Iris ſchickte, das Verſprechen gab, ſeine Willensmeinung in den nächſten Tagen Carln mitzutheilen u. ſ. w. Ihre Sie hochſchätzende Freundin Fanny Spindler.

Hanau den 9. Febr. 1827 .... Liebſter Freund, Gevatter und Zweihundertguldenmann ...... Vielleicht iſt es Dir nicht unintereſſant, zu vernehmen, daß Sauerländer von Frankfurt vorigen Samſtag (expreß um mich zu ſprechen) hierher gekommen iſt, und mir den Antrag gemacht hat, einen Almanach unter meiner Redaction herauszugeben u. ſ. w.

Hanau den 2. Mai 1827 ..... Mein guter Hofrath Schütze in Weimar geht nächſter Tage nach Carlsbad. Wollten wir nicht auch dahin einen kleinen Abſtecher machen? u. ſ. w.

Hanau den 2. Juli 1827. L. C. für Deine Bemühungen danke ich Dir herzlich. Nur weiß ich nicht, warum Dein Brief mich ſo ſentimental anzugreifen gedenkt. Biſt Du mir jemals weniger geworden, als vorher? Das, mein Guter, iſt

---

*) Mithin habe ich Spindlers Töchterlein in ihrer erſten Kinderzeit wohl auf meinen Armen getragen, dann aber auch niemals mehr wiedergeſehen.

ein bischen barock. Da aber selbst diese Bizarrerie aus gutem
Herzen kommt, so magst Du meine Versicherung hinnehmen,
daß Du nie aufgehört hast, mein bester Freund zu sein u. s. w.

Hanau den 12. Mai 1828 ... Meine Frau ist davon
gelaufen, ich bin Strohwittwer. Tröste mich. Ich käme einmal hinüber, aber ich habe zu viel zu thun, ich bin nur Je-
suit u. s. w.

Stuttgart den 8. März 1829 ... Meine Verhältnisse
sind, wie ich hier im Augenblick nur wünschen darf: bescheiden,
anspruchslos aber genügend. Dieses „Genügen" ist mehr als
Reichthum, denn ersparen kann ich bei so großer Familie doch
nichts. Du bist mit Lindpaintner in Verkehr. Kann ich Dir
bei ihm in etwas nützlich sein? Wir stehen gut; ..... A
propos ... hast Du nicht ein Paar alte Charaden oder dergleichen, ich kann jetzt solches Zeug in der Damenzeitung
brauchen. Oder willst Du Frankfurter Correspondent in derselben werden? u. s. w. In Bezug auf Lindpaintner, mit dem
ich mich wegen eines Operntextes nicht einigen konnte, schreibt
er mir nur unzuverlässiges Zeug.

Stuttgart den 10. Mai 1829 .... Gehst Du übri-
gens nicht auch zu flüchtig von einem Sujet zum andern über?
Du scheinst viele Zeit auf das riskirte Geschäft zu verwenden.
Indessen, wenn Du's recht findest! u. s. w.

Von der Solitude den 14. Juli 1829. Ich komme
soeben von einer kleinen Fahrt ins Wildbad zurück, und fand
für meinen Kummer ein Labsal in Deinem Briefe. Für meinem Kummer sagte ich: Die Erynnien haben das erste Opfer
von mir gefordert. Meine Mutter ist gestorben. Wir sind alle
in die tiefste Trauer versetzt und Freundeswort ist mir jetzt

nöthiger als je. Erwarte vor der Hand keine Details . . . . . Mit aller Theilnahme auf ewig Dein Spindler. N. S. Deiner Frau, den Offenbachern und dem Dr. Clemens meine herzlichen Grüße.

München den 18. Januar 1830. Alles erhalten, mein Guter, Alles gedruckt. Soll berechnet werden, wenn es ein Bogen oder dergleichen ist . . . Schicke Deine Opuscula unter der Adresse: Redaction der Damenzeitung. Weinstraße No. 122. Besser aber: An die G. F. Franck'sche Zeitungsexpedition u. s. w.

Baden den 1. Mai 1833. Dein Brief, obgleich sehr wunderlich, hat mich gefreut, namentlich in seiner Schlußstrophe. Also, nach langen Stürmen, Glück auf! u. s. w.

Die Briefe aus Mainz und Wiesbaden lasse ich unbeachtet, da sie meistens nur Reminiscenzen geben.

Von Donaueschingen schreibt er mir am 18. Juni 1843, daß er die ganze Schweiz bereise.

Baden den 3. Febr. 1843 . . . Deine Silhouetten habe ich mit viel Antheil, auch mit mancher Zwergfellerschütterung gelesen, und bin bereit, Dir für Deine neuen Producte einen Verleger zu verschaffen, so gut als ich einen finden kann. Vielleicht, wenn mir ein Project einschlägt, könnte ich sie selber Dir abkaufen u. s. w. Du solltest übrigens Dein unverkennbares Talent nicht so in Journalen zersplittern, sondern einmal etwas Zusammenhängendes, ein Ganzes, so einen musikalischen Wilhelm Meister schreiben, und darinnen namentlich die Virtuosenmanie unserer Zeit gebührend behandeln. Wir könnten dann vielleicht ein Geschäftchen machen, das eigentliche quid und quando sage ich Dir mündlich. Bis Mai wird, denke ich die Bombe platzen u. s. w.

Baden 30. 1. 44.... Schreib' mir etwas über das
L.....*) Heigels „Osterfest zu Paderborn", und was an
der Musik ist.

Baden 23. 4. 46.... Unser P...!!! ja wohl! ja
wohl! ich hätte ihn sehen mögen auf den Bänken des Leipziger Concils, den ehrwürdigen Kirchenvater und Mitstifter.
Ohne Zweifel wird er künftig helfen, daß die Teutschkatho-
lischen vis-à-vis von Rom andere Saiten aufziehen. Auch ich
habe neulich einmal hier in Baden, zufällig ohne gesehen zu
werden, einem Winkel-Concil beigewohnt, dessen Lehrväter Burschen von 20—25 Jahren waren, Juden und Christen, Laden-
jungen und Garderobegesellen, die auf die ernsthafteste Weise
über die Ohrenbeichte und die Sakramente verhandelt. Das
war schön! Dergleichen gehört aber in unsere hohle, elendige
Zeit u. s. w.

In einem Schreiben aus Freiburg den 19. December
1847 interessirt sich Spindler sehr für meinen Roman „der
Unsterbliche" und verspricht in Verbindung mit Chezy Verbreitung des Werks, obgleich er mit dem letzten Drittel des
Buchs nicht wohl einverstanden ist. Von meiner Geschichte der
Musik spricht er als von einem fait accompli, obgleich ich
selbst noch gar nichts davon weiß u. s. w.

Freiburg den 1. April 1849.... In Folge unserer
lüderlichen Zustände ging ich, nachdem ich die Quasi-Republik
einige Wochen ausgehalten auf und davon**). Mein Lustspiel:
„Der Roman eines Abends" beurtheilt er im Ganzen günstig,

---

*) Eben kein schmeichelhaftes Epithet.
**) Nach früheren Andeutungen wahrscheinlich nach Italien.

doch kann er sich seiner eigenen Novelle gleichen Namens nicht mehr entsinnen.

Freiburg den 12. Mai 1849.... Was ich schon lange lange geahnt, aber mit Fleiß mir immer aus dem Kopf geschlagen, scheint zur schaubervollen Gewißheit zu werden. Gott besser's! und geb' es gnädiger, als zu hoffen ...

Freiburg den 25. Mai 1850. Ich könnte mit 2000 Rubeln Silber in Petersburg litteraticé angestellt werden...! ist das nicht eine schöne Gegend? und ich Undankbarer hab's ausgeschlagen und brauche doch so nothwendig Geld!... O, des Menschen Herz ist ein trotzig und verzagt Ding ...

Freiburg den 30. Mai 1851. Dein Brief hat mir Freude gemacht, obschon er vielleicht wieder das Aufblitzen einer Wallung gewesen, denn Du schweigst, und bindest wieder an, alles ad libitum. Item ich bin Dir dankbar für die Erinnerung u. s. w. Von meinen Sanitätszuständen rede ich nicht gern, geschweige, daß ich davon mehr schreiben möchte. Meine Aerzte wollen mich nach Homburg jagen u. s. w.

Spindler lebte einige Monate in Homburg in angenehmen Hin- und Herbesuchen.

Homburg den 3. Juli 1851. Ohne anständiges Briefpapier diesen Wisch in Antwort auf Dein Heutiges. Wenn noch am Leben seiend, ich am Samstag zur bestimmten Zeit dort .... Deine Frau soll nur die Bratspieße ruhen lassen. Ich bin auf Hungerkost gesetzt u. s. w.

(Nachdem Spindler's Gesundheitsbulletin günstiger lautet, schreibt er:)

Freiburg den 17. Juli 1851.... Den Anzeiger habe

immer noch nicht. K. S. wird ohne Zweifel die Sache sehr à piacère betreiben, und selber nachfragen mag ich nicht.

Freiburg den 9. April 1852. (Von fremder Hand.) Es gibt Leute, die von Natur dermaßen wetterlaunisch sind, daß sie nicht selten den guten besten Freund über ein Jahr ohne Brief und Antwort lassen u. s. w. Dem Anzeiger-Krebs kannst Du meine Empfehlung sagen, ihm jedoch bemerken, daß ich vor der Hand außer Stand bin, ihm eine Novelle zu liefern. Bin noch lange nicht mit meinem „Teufel" fertig, und ärztlich ist mir verboten, nicht nur das Selbstschreiben, sondern sogar das häufige Diktiren, damit der Blutandrang nach dem Kopfe nicht überhand nehme. Im Uebrigen gefällt mir der Anzeiger gar nicht übel, und der Artikel über Theater*) und Musik interessiren mich sogar. Dein „Kolporteur" (von Onslow komponirt) soll gut aufgenommen worden sein u. s. w.

Baden den 17. August 1852.... Wenn, wie ich nicht zweifle, die Hochzeit der Brautschau Deines Sohnes Adolph bald nachfolgt, so wäre es schön von Dir, wenn Du das junge Paar ein Bischen nach Baden spazieren führtest; sollte das nicht angehen, so komme selbst u. s. w. Folgen Einladungen.

(Nun fahren die Badenser Briefe in wieder aufgenommener Selbstschrift noch lange fort, ohne aber ein besonderes Interesse hervorzurufen, weshalb ich dieselben überschlagen kann. Folgende Skizzen möchte ich jedoch nicht fehlen lassen:)

Der abermals diktirte Brief vom 7. Januar 1858 ist vielleicht der gemüth- und herzlichste der ganzen Sammlung, und erpreßt mir fast die Abbitte, wenn ich den Freund als

*) Ob Spindler mir damit ein Compliment hat machen wollen, weiß ich nicht, aber er mußte doch wissen, daß ich damals die Kritik über Theater und Musik im Anzeiger lebhaft handhabte.

hart und launenhaft geschildert. Spindler, nachdem er seinen Lebensüberdruß geschildert, verlangt wiederholt die See- und Landbriefe, die mein Sohn Wilhelm mir von Australien aus schrieb. Auch unseres stets heiteren Freundes Herrmann, Hauptpächter der Homburger Kurhausrestauration, dessen wahrhaft üppige Gastereien mit Zuziehung einiger jovialen Ebenbürtler uns wahrhaft bezauberten, gedachte dieser Quartalbrief, dessen Schlußform dann gewöhnlich lautete: Dein unaufhörlicher Freund C. Sp.

Baden 1854. (Hier das Datum ausgelassen.) Ich bin nämlich in Folge der traurigen Zeitverhältnisse und der fortschreitenden Spitzbüberei in diesem Jammerthal in eine Reihe von Prozessen gerathen, die drei Viertheile meines bischen Habe in Frage stellen, und mich nebenbei noch das wenige Geld kosten, das ich noch besitze. Ich müßte immer auf dem Platz sein, um zu klagen und zu drängen, um zu pfänden, und all' die tausend Schlechtigkeiten durchzumachen, die meine Schufte von Schuldner vor allen Gerichten und Hofgerichten durchtreiben, um Zeit zu gewinnen, ihr Vermögen wie Diebe zu retten, und mir als Rest so und so viel schlechte Häuser und abgewerthete Grundstücke zu hinterlassen — wenn die Sache noch gut steht!!!

In Beziehung auf mancherlei Klagen über älter werden u. s. w., äußert sich Spindler:

Baden den 8. April 1854. In dieser Richtung sind meine Gedanken ohngefähr folgende: „Gefällt uns das Leben nicht, so ist's ein Glück, nahe am Ausgang desselben zu stehen. Kommt es uns aber schön vor, welch ein Glück, so viele Jahre bereits genossen zu haben, während so manche Wettdrüber so frühe daraus scheiden gemußt.!! Und darum: Vivat senectus in æternum!" u. s. w.

Der letzte Brief dieser Sammlung — bis auf einen, der sein Leben zerriß — nachdem er den herrlichen Frühling preiset und (welch ein Kontrast) von Krebs die Gerichtszeitung emsig requirirt, ist vom 13. April 1854 datirt und sagt unter Anderem: „Von Deiner Lohengrinwuth*) wirst Du doch jetzt wieder zu Dir selbst gekommen sein? Mich machte Wagner auch so besoffen, daß ich nichts mehr von ihm mag. Aber so sind in puncto Musik die Alten: sie hängen nur an der guten alten Zeit, haben für die Musik der Zukunft keinen Sinn u. s. w. Dein semper idem Spindler."

Wenn nun seit 11 Monaten unser Briefwechsel stockte, so sah ich darin nichts besonderes, da Spindler häufig auf Reisen war, und zudem seine Fanny ihrer baldigen Vermählung zueilte. Endlich erhielt ich ein Schreiben vom 1. März — jenes Lebenzerreißende — dem auch (welch ein Donnerschlag für mein Herz) vier Monate später die Nachricht von dem plötzlichen Tode meines unvergeßlichen Freundes folgte. Daß es meiner blutenden Seele an Worten des Trostes fehlte für die arme Tochter ist begreiflich, und . . . . . allein ich glaube am besten zu verfahren, wenn ich hier einen Abdruck aus der Didaskalia vom 26. Juli 1855 wiedergebe, der die Leidensgeschichte des Dahingeschiedenen in kurzen aber bezeichnenden Worten schildert:

In dem in No. 169 d. Bl. enthaltenen Nekrolog über den am 12. d. M. in Freiersbach in Baden verstorbenen Novellisten C. Spindler wurde angedeutet, daß derselbe schon

---

*) Ich weiß von keiner Lohengrinwuth, und unser Freund mag diese nur subsonirt oder fingirt haben.

seit mehreren Jahren körperlich leidend und dadurch nicht selten verstimmt gewesen. Auch hat er sich schon seit längerer
Zeit und besonders neuerlich den ihn erfüllenden Ahnungen
seines herannahenden Todes hingegeben. So schrieb er am 1.
März d. J. an einen seiner ältesten und vertrautesten Freunde
aus der glücklichen Jugendzeit, an C. Gollmick in Frankfurt
a. M., u. A. Folgendes: „Mich freut's aus Deinem Schreiben zu entnehmen, daß Du wohlauf und, wenngleich gelang-
weilt hie und da, dennoch zufrieden bist. Ich kann von mir
ein Gleiches nicht sagen. Schon seit vorigen Sommer quält
mich ein schmerzhaftes Unterleibsleiden, sammt Kummer und
Verdruß mannigfaltigster Art. Es geht eben zu Ende, mein
Lieber, und je früher das geschähe, je besser wär's. Details
einmal später. Ich bin am baldigen Ziel des Lebens, verbleibe
aber Dein alter Freund und Bruder." — In Folge der auch
nach Frankfurt gelangten Trauerkunde von dem Ableben Spindler's, fühlte sich C. Gollmick gedrungen, ein herzliches Schreiben an die Tochter seines Jugendfreundes zu richten, in welchem
er sie mit warmen Freundesworten zu trösten und zu ermu-
thigen versuchte. Dieses Schreiben wurde bald erwidert, und
ist uns von Hrn. Gollmick auf unser Ersuchen zur Veröffent-
lichung überlassen worden. Dasselbe ist von dem eben ver-
mählten Gatten der einzigen Tochter Spindler's, dem Maler
August Risler aus Elsaß in französischer Sprache geschrieben
und lautet in wortgetreuer Uebertragung also:

Cernay, Departement Oberrhein, 20. Juli.

„Meine Frau, die Tochter des verstorbenen Spindler,
trägt mir auf, Ihnen zu melden, daß sie Ihren lieben Brief
erhalten hat, und zwar durch Vermittelung meines Bruders
Jeremias Risler in Freiburg. Sie bittet mich, Ihnen vor

Allem herzlich zu danken für die warmen Trostesworte, welche ihr zu spenden Sie so theilnehmend waren, bei Veranlassung eines schweren Verlustes, der sie eben so unerwartet, als unter Umständen, wo man auf solche Schicksalsschläge nicht gefaßt ist, getroffen hat. Die Trauerkunde ereilte sie am Tage nach ihrer Vermählung mit mir, die am 12. d. M. inmitten meiner Familie in Cernay stattfand. Am 9. d. M. hatte meine liebe Fanny Baden-Baden verlassen, um mich in Straßburg abzuholen und von da mit mir nach Cernay sich zu begeben. Schon seit einiger Zeit befand sich ihr Freund Spindler in dem Badeorte Freiersbach. Von Appenweyer aus wollte er Fanny hierher begleiten, fühlte sich aber leider zu schwach, um sein Vorhaben ausführen zu können. Schon ein Paar Tage früher war er so angegriffen, daß er, wie wir später erfuhren, Herrn Börsik, den Eigenthümer des Badehauses, zu sich kommen ließ, und zu ihm sagte: „Ich fühle, daß ich nnr noch wenige Momente zu leben habe. Ich bitte Sie daher, über dasjenige zu wachen, was mir hier angehört und solches an meine Tochter Fanny in Baden gelangen zu lassen. Melden Sie ihr alsbald meinen Tod und tragen Sie dafür Sorge, daß mir auf dem Kirchhof ein passender Platz (une place convenable) zu Theil wird. Herr Börsik suchte ihn zu trösten, aber wir wissen jetzt nur zu gut, wie begründet das Vorgefühl seines nahen Todes gewesen. Als er nach Appenweyer gekommen war, um von seiner lieben Tochter Abschied zu nehmen, war er tief bewegt, und gab ihr seinen väterlichen Segen. Fanny aber dachte nicht daran, daß der Tod ihres Vaters so bald erfolgen werde. Schon in der Frühe des Tages nach ihrer Verheirathung erfuhr sie das Hinscheiden ihres geliebten Vaters und zwar durch unsern Freund, Hrn. Schaller,

der, selbst nach Cernay kam, um uns die Trauerkunde mitzutheilen. Sogleich begaben wir, Herr Schaller und ich, uns nach
Freiersbach, um für das Begräbniß die erforderlichen Anord-
nungen zu treffen. Indessen hatten Herr Börsit und seine
Freunde, Hr. Advokat Schmitt aus Freiburg, Hr. Professor
und Pfarrer Stumpf, Hr. Trottor, Hr. Schell u. A. schon
Alles besorgt. Der Beerdigung am 13. d. M. wohnten außer
den Freunden des Verstorbenen noch sehr zahlreiche Leidtragende
aus allen Ständen bei. In der Kirche wurden ihm zwei Messen
gelesen und sein Leichenzug war von einer ergreifenden Trauer-
musik begleitet. Ich habe ihn, als er schon im Sarge lag,
noch einmal gesehen und der ruhige und friedliche Ausdruck
seines Gesichts bewies, daß er schnell und ohne Schmerzen
gestorben ist. Am 11. ds. Mts. machte er noch mit seinen
Freunden HH. Stumpf und Schmitt in den Abendstunden
bis gegen 8 Uhr einen Spaziergang und unterhielt sich mit
Ihnen sehr lebhaft, indem er von seinen literarischen Pro-
jecten, die er noch in Aussicht habe, sprach. Gegen Mitternacht wurde die Schelle seines Zimmers mit Heftigkeit gezogen. Man erwachte und eilte dorthin. Die Thüren des einen
wie des folgenden Zimmers waren von innen verschlossen und
mußten gewaltsam aufgebrochen werden. Man fand ihn bereits
sterbend und nicht mehr zu sprechen vermögend. Der schnell
herbeigeholte ärztliche Beistand konnte keine Hülfe mehr bringen.
Nochmals, geehrter Herr, den herzlichsten Dank von meiner
lieben Frau und mir für ihre treue Freundestheilnahme. Wenn
Sie wieder nach Baden kommen, so werden Sie uns gewiß besuchen
und in demselben Hause finden, welches der Verstorbene bewohnt hat. Mit besten Grüßen Ihr achtungsvoll ergebener

August Risler, Maler."

„Ma femme est morte", war des Malers Risler unbarmherzige Antwort auf meine Bitte, Fanny möge mir für
meine Selbstschau neue Daten von ihrem seligen Vater verschaffen. Und der trauernde Wittwer hatte den freundlichen
Muth, mir noch ferner mitzutheilen, daß nach kaum abge-
tragener Schüssel sogleich wieder eine neue aufdampfte, und
auch schon ein junges Küchelchen darin nicht fehlte. Aber still
davon, damit mein Schmerz nicht ungerecht werde.

Ich beschließe diese Periode mit der tragischen Gewißheit,
daß für mich die Familie Spindler gänzlich erloschen, deshalb
aber um so feierlicher auszurufen ist: „Divæ memoriæ!"

Vergangenes und Gegenwärtiges in größeren und kleineren Zwischenräumen.

Und nun zu meinen zahlreichen Freunden, zu welchen mir
ein kurzes zwangloses und geniales Durcheinander (wie in
Jean Paul's bekanntem Gedankenschnitzels-Korb) die Form
geben mag. Damit aber dieses edle Schnitzwerk auch einen
würdigen Sockel habe, so erwählte ich mir dazu einen unserer
ehrenfestesten und ältesten Bannerträger als Obmann.

Xaver Schnyder von Wartensee *)

... nebst Erinnerungen an die Schweiz, Besuchen bei Franz
Abt, Richard Wagner u. A.

Für Manche mag es nicht von Belang sein zu erfahren,
durch wen irgend eine interessante Bekanntschaft angeknüpft

---

*) Zu vergleichen mit dem Artikel Spohr, I. Theil, pag. 101.

wurde, wenn eine solche nur stattgefunden. Ich aber glaube,
daß sich eine solche erste Einführung wie ein Quell verhält,
woraus nach und nach ein Bächlein, ein Sprudel oder gar
ein Fluß entsteht. So traf ich zum erstenmale im Hause der
gelehrten Frau Müller (siehe 1. Theil pag. 95) mit Schny=
der zusammen und der Eindruck, den dieser Mann auf mich
gemacht, glich dem eines Gymnasiasten, einem Magister ar-
tium gegenüber. Ich glaubte jeden Augenblick examinirt zu
werden, obgleich Herr Schnyder mit stets unbefangener Freund=
lichkeit zu mir sprach, wie er überhaupt seine Ueberlegenheiten
Niemanden fühlen läßt. Er spricht kein Wort ohne tiefere Be=
deutung, und Niemand geht unbelehrt von ihm. So auch vor
Kurzem ich selbst, als mir der nunmehr 80jährige, aber noch
rüstige Mann die Ursache unseres ersten Zusammentreffens
mittheilte.

Die erste Phase in diesem Abschnitt hätte eine Zukunft
haben können, wenn alle Theile dabei so ehrlich und eifrig zu
Werke gegangen wären. Es handelte sich nämlich um nichts
Geringeres, als um eine Gesangs=Bildungsanstalt in unserer
Vaterstadt.

Nothwendig etwas weiter ausholend, existirte am Schluß
der 20er und am Anfang der 30er Jahre die zu jener Zeit
vom Publikum so sehr begünstigte musikalische Lehranstalt des
Herrn J. B. Baldenecker.*) Dieselbe hatte den Zweck, nach
dem Logier-Stöpel'schen und von Baldenecker und seinen Leh=
rern erweiterten System eine größere Anzahl von Schü=
lern gleichzeitig im Klavierspiel zu unterrichten.
War unser ehrenwerther Anton Suppus der eigentliche Nerv

---

*) Friedbergerstraße, bei Herrn Itzel im gelben Hirsch.

dieser Anstalt, so schlossen sich demselben noch mehrere Lehrer an, worunter sich auch meine Wenigkeit befand. Obgleich die Sache von Manchen für ein höherer Schwindel erklärt wurde, so hatte sie doch ihre interessanten, selbst bildenden Seiten, und jedenfalls gewährte das Ganze einen verführerischen Reiz.

Man denke sich in einem großen Saal ungefähr 20—24 gleichgestimmte Flügel, daran eine Anzahl kleiner Wesen, die ersten Etuden (oft nur im Umfang einer Quinte) spielend, um dieselben herum erwachsene Damen, ältere Meister und rüstige Gesellen, solche ersten Anfänge brillant variirend, die Kinder umspinnend und gleichsam harmonisch untertauchend, dazu noch die Lehrer an vier Ecken metronomisch mitdirigirend aufgestellt, Baldenecker selbst als leitendes Agens auf erhöhtem Podium das Haupt-Plectrum schwingend; man denke sich die Menge solcher Spieler von Ehrgeiz und Eitelkeit gestachelt, denke sich das verschwenderische Lob der Presse*); endlich die entzückten Väter und Mütter und das bis über das Treppengeländer heraushängende Publikum . . . . wer sollte da nicht vor Wonne aus der Haut fahren? Baldenecker kannte dieses Publikum und kannte seinen Vortheil. In allen Stücken ohne Maaß exaltirt, fiel es ihm einst ein, mit besagten Elementen das Finale aus Don Juan aufzuführen, und daß dieses nicht sogar in Kostüm geschah, war Alles. Die ersten Sänger unserer Oper, Dilettanten, Cello's und selbst Contrabässe zur Unterstützung mußten heran, und Guhr selbst verschmähte es nicht, neben einer hübschen Elevin sitzend, einen Part mitzuspielen. Und was geschah dem zerstreuten Meister? Gleich zu

---

*) Wobei ich leider auch mitsündigte.

Anfang des Finales schlug er ben A-dur-Akkord im britten Viertel anstatt zu pausiren, also anstatt

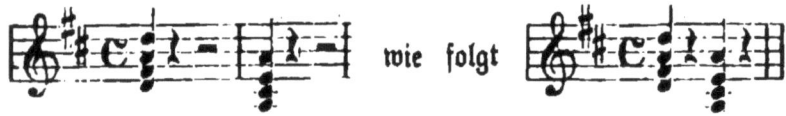

wie folgt

woburch natürlich ein augenblickliches Imbroglio entstand, und noch einmal angefangen werden mußte. Ein sonderbares, aber wahres Faktum; daß durch einen solchen Mißbrauch der Mittel sich diese Anstalt nicht halten konnte, liegt auf der Hand, und so zerfiel dieselbe nach einigen ohnmächtigen Zuckungen kurze Zeit darauf.

Zu Anfang dieser Zeit nun, im August 1827, trat oben genannte Anstalt für Gesangesbildung und zwar unter der Leitung des Herrn Schnyder von Wartensee in dem Lokal des Piano-Instituts auch wirklich in's Leben.

Durch welche vortreffliche Grundprinzipien sich diese Gesanges-Bildungs-Anstalt auszeichnete, zeigt uns ein Plan aus Schnyder's Feder, welcher in Nr. 12 der Offenbacher allgemeinen Musikzeitung vom Jahr 1827, und später noch in mehreren Blättern abgedruckt steht.

Traurig genug, daß wir die Todten ruhen lassen müssen, da, wo die Lebenden das Recht hatten, eine Kunstanstalt auf dauernde Zeiten zu gründen.

In blühenden Reihen saßen allerdings bereits unsere Schüler auf den Bänken der Hörsäle, aber weshalb die Lehrer selbst so bald zu dociren aufhörten, ob aus Mangel an größerer Theilnahme, ob an zweckmäßiger Thätigkeit aller Betheiligten, wer mag das nach fast vierzig Jahren noch richtig herausfinden? Doch sei es mir vergönnt, aus besagtem Blatt ein kleines Pro memoria wieder zu geben. Vielleicht bleibt doch noch etwas daran hängen. In der Schnyder'schen Einleitung heißt es unter Anderem .... „Es ist nicht blos Sache der Mode, es ist inneres Herzensbedürfniß, daß jetzt das Musiktreiben so allgemein geworden ist, und die Pädagogik hat die wichtige Aufgabe, diese himmlische Kunst, besonders die Bokalmusik, immer mehr zur Sache des Volkes zu machen, um dieses durch ihren Einfluß zu veredeln. Das Ziel aller musikalischen Entwicklung in technischer Beziehung ist möglichste Selbstständigkeit. Das Streben eines Lehrers sei, sich seinen Schülern entbehrlich zu machen, und je mehr ihm das bei Einzelnen gelingt, um so unentbehrlicher wird er dem Publikum u. s. w." Gewiß ein goldenes Wort für alle Zeiten gültig.

Eine spätere Phase während unseres absichtlichen oder zufälligen Zusammenwirkens, je nachdem sich unsere Wege berührten, fand bei meiner Schweizer Reise in Zürich statt, wo es gewiß mein Erstes sein mußte, mit Schnyder und durch ihn mit Richard Wagner zusammen zu treffen.

Im Frankfurter Anzeiger vom 11. August 1852, No. 187 habe ich meine Schweizer Memoiren unter dem Titel: „Rückblicke nach Freiburg im Breisgau, dem Schwarzwald und einigen Punkten der deutschen Schweiz" niedergelegt. Was eine Schweizerreise ist, weiß jeder, der dies Wunderland besucht hat, und somit verweise ich auf diesen Aufsatz oder besser auf die Erfahrungen der Reisenden, welche diesen oder jenen einzelnen Punkt bereits unter tausenden von neuen Gestaltungen betrachtet und beschrieben haben. So ging es auch mir, da ich so anmaßend war, mir einzubilden, die Schweiz würde durch meine Beschreibung vielleicht noch interessanter werden. Aber doch hatte diese Reise so mancherlei ungewöhnliche Be=

rührungspunkte für meine Selbstschau, daß ich dieselbe nicht ohne weiteres ignoriren darf.

Zuerst gab Franz Abt den ersten Impuls dazu, da er während seines kurzen Aufenthalts in Frankfurt mich einlud, ihn in Zürich, wo er ansässig war, zu besuchen. Wie gerne folgte ich diesem Rufe, und lernte dadurch einen Mann kennen, dessen Erinnerung für mich stets von Bedeutung bleiben wird.

Die Hauptberührungspunkte auf dieser Reise waren:

Mein Zusammentreffen mit Spindler in Freiburg, die malerischen Eindrücke des Schwarzwalds und Schaffhausens, wo ich die Bekanntschaft des musikalischen Veteranen Karl Keller *) und des grünschillernden Wasserfalls machte, der Züricher See mit dem Hinblick des Albis, Ütli und der Voralpen, mein loyaler Empfang bei Abt, Professor Frey und dessen liebenswürdiger Gattin (einer Tochter unseres A. Clemens in Frankfurt) und bei Schnyder mein Zusammentreffen mit Elise Anschütz=Capitain und mit den Dioskuren Pilatus und Regius Mons **) in Luzern, meine Seefahrt nach Wheggis und der Tellskapelle mit dem Anblick der ewig verschleierten Jungfrau, wo man zum ersten Male die Schweiz zu fühlen scheint, endlich auf dem Rückweg das Sängerfest zu Thalweil unter den ersten Einflüssen des ehrwürdigen Pfarrer Sprüngli, bei welcher Gelegenheit ein ächt schweizerischer Gewittersturm das ganze Fest zertrümmerte, und ich selbst mit meiner mir anvertrauten Dame Abt mich kaum zu retten wußte.

Ich hatte noch die Absicht, den Abendberg mit seiner Taub-

*) Dem Sänger des „Kennst Du der Liebe Sehnen“, und anderer Volksgesänge am Schluß des vorigen Jahrhunderts.
**) Rhigi.

stummenanstalt zu besuchen, als ich die Botschaft von dem plötzlichen Erkranken meines Vaters erhielt. Ueber das langweilige Basel in Frankfurt angelangt, kam ich noch früh genug, um dem alten Mann die Augen zuzudrücken.

Nun einen unvermeidlichen Seiten- oder Rücksprung nach Zürich machend, erkannte mich Schnyder schon am Anklopfen, und sein „Herein!" war dann ein um so herzlicheres. Eigentlich Bürger in Luzern *), wohnte er aber dazumal (1852) in Zürich, bei welcher Gelegenheit ich die Bemerkung ausspreche, daß er, als Astronom sich stets die höchste Wohnung aussucht.

Zwischen ihm, Franz Abt und Professor Frey theilte ich größtentheils meine Zeit ein, und habe diesen Familien den eigentlichen Genuß von Zürich und dessen paradiesischer Umgegend zu verdanken. Wer sich aber in Rom aufhält und hat den Papst nicht gesehen, macht sicher einen großen Verstoß gegen alle historische Bildung, weshalb ich Freund Schnyder bat, mich bei Richard Wagner einzuführen, welcher, obgleich in der Stadt Zürich selbst wohnend, sich, wahrscheinlich um ungestört arbeiten zu können, eine Privat-Wohnung auf dem Zürichberg, „Zeltweg" genannt, miethete.

Obgleich es die Sitte mit sich bringt, daß eine jüngere Berühmtheit die ältere zuerst aufsucht **), so zog Schnyder von

---

*) Sein Haus in Luzern, am See gelegen, wird „die Seeburg auf dem Hügel" genannt und gewährt eine Rundschau von 9 Cantonen. Leider verhinderte mich trübes Wetter (am Himmelfahrtstage) des Freundes Stammsitz — den ich von meinem Hôtel in Luzern aus erblicken konnte — zu besuchen.

**) Wie auch Meyerbeer noch kurz vor seinem Tode es nicht verschmähte, den Veteranen Schnyder von Wartensee in seiner Wohnung in Frankfurt a. M. aufzusuchen.

dieser Sitte doch keinen Vortheil, und glaubte vielmehr meine
Anwesenheit zu einer Einführung bei Wagner vermittelnd benützen zu dürfen. Da bekannt war, daß Richard Wagner vor
Tisch sein Bad nimmt, folglich zu Hause sein mußte, so bestiegen wir den Adlershorst so schnell gereifter Größe, und
ließen uns anmelden. Doch gegen Erwarten wurde uns von der
alten Zofe die bestimmte Versicherung gegeben, der Herr sei nicht
daheim; wir übergaben daher unsere Karten, mit dem Versprechen,
morgen wieder zu kommen. Da aber anderen Tags dasselbe Ma-
növer stattfand, und selbst sogar ein dritter Besuch mit Abt —
denn ein Abt hat doch leichter Zutritt beim Papste — fehlschlug,
so konnte man ohne besondere Divinationsgabe errathen, woran
man war.

Ein anderes interessantes Faktum, das sich unmittelbar
hieran knüpft, ist, daß später bei einem Jahres-Festessen einer
musikalischen Gesellschaft in Zürich sich Schnyder und Wagner
trafen, und dieser jenem entgegen eilte, ihn sogleich erkennend,
ohne doch zuvor mit ihm zusammen gekommen zu sein!! Er
begrüßte ihn nichts desto weniger zuvorkommend, erwähnte aber
unseres Besuches nicht, was indeß bei der Masse von Personen, die beide Herren umgaben, leicht zu entschuldigen ist.
Um so mehr fiel es unserem Schnyder auf, von Richard
Wagner aus dem Kanton Tessin (auf seiner italienischen Reise)
ein Schreiben zu erhalten, worin er sich wegen jener fehlge-
schlagenen Besuche zu entschuldigen sucht. Er versprach zwar
das Versäumte nachzuholen, hat aber bis jetzt noch nicht Wort
gehalten. Anderen Mittheilungen zufolge soll sich Hr. Wagner
geäußert haben, daß seine Verleugnung absichtlich gewesen sei,
indem er wegen abweichender Ansichten in Kunstsachen sich zu
unterhalten, stets große Abneigung habe. Vielleicht war es

aber auch nicht blos dieser eine Grund, indem mir bekannt geworden ist, Richard Wagner habe den Argwohn, ich wäre sein kritischer Feind. Das war ich niemals, obgleich unsere musikalischen Tendenzen selten zusammen stimmten. Aber wie das manchmal so geht — man beschwört unwillkürlich einen Antipoden herauf, und was früher blos Argwohn war, wird zur That. So erschien denn wirklich (im Mai 1853) ein längerer Artikel in der Neuen Berliner Musikzeitung: „Reflexionen über die Oper der Tannhäuser von Richard Wagner", woraus später Bruchstücke für die Didaskalia (7. Juni desselben Jahres) benutzt wurden.

Wenn ich auch hieraus ein kleines Bruchstück wiedergebe, so sei es als Beweis, daß ich mich nicht fürchte das auszusprechen, was ich für Wahrheit halte, und vielleicht habe ich auch nebenbei die Revanche mich für die Verläugnung auf dem Zürchberg ein wenig zu rächen.

.... „Richard Wagner will also die alten Tempel umstürzen, und gleichsam auf dem Schutte des musikalischen Heidenthums die wahre Religion der Tonkunst einführen. Er will die bestehende Form umschmelzen, will selbst das goldene Recitativ zum Sklaven des metronomischen Pendels machen. Was will er aber nicht Alles? und dennoch erblicken wir in dieser Oper keine positiv neuen Erscheinungen. Die Idee des Stoffes ist es nicht, denn den Grundgedanken: „Aus Freuden sehnt er sich nach Leiden" haben schon früher unsere Dichter ausgesprochen, und wenn Frau Venus bei dem Ausrufe des übersatten Ritters „Marie!" in die Erde sinkt, so ist dies ein Respekt des Diabolismus vor dem Christenthum und dessen Heiligen, der gerade in neuerer Zeit zum Lieblingsthema unserer Librettisten geworden ist u. s. w. .... Das Publi-

tum selbst, mehr oder weniger von der Vorbereitungsliteratur
zu Herrn Wagners Werken und von den Protektionsschriften
berühmter und unberühmter Epigonen angeregt, strömt in
Masse, nicht in das gewöhnliche Schauspielhaus, sondern in
ein plötzlich geheiligtes Pantheon und wartet mit bereits auf-
gehobenen Händen der Dinge die da kommen sollen. Selbst
das, was sonst mit dem damnatur belegt wird: Unsangbar-
keit, Mangel an Melodie u. s. w. erscheint hier als noth-
wendiges Mittel zum Zweck. Ist es da ein Wunder, wenn
eine Oper Enthusiasmus erregt, auch wenn ihr minder geist-
reiche Elemente zu Grunde lägen? Ziehen wir aber die Glorie,
die über Wagner's schneller Berühmtheit schwebt, das ungewöhnliche der ganzen Erscheinung, die verführerischen Bilder,
den Pomp der Ausstattung, die Sorgfalt des Einstudirens,
das Vorurtheil der Menge — ziehen wir diese Dinge ab,
so entsteht die Frage, ob die Musik des Tannhäusers (resp.
seiner späteren Opern) als bloßes Tonwerk betrachtet, in
gleichem Grade eine solche Sensation erregen würde? . . .
Es gibt der deutschen Tonwerke noch manche, welche verdienen
hervorgesucht, mit Achtung genannt, und mit derselben Sorgfalt einstudirt zu werden. Aber wo sind sie? Im Pult, auf
den Speichern liegen sie, eine Speise der Motten. Weshalb?
weil sie nicht protegirt werden, weil sie sich nicht zum Ereigniß zu creiren wußten, weil ihnen der Nimbus fehlt; und
über ihrem Wiegengrabe seufzt der an sich selbst verzweifelnde
Componist, zu jedem neuen Versuch entmuthigt*). . . Richard

---

*) Habe ich doch, als bereits der Abdruck dieser Blätter bestimmt
war, die neue traurige Erfahrung bestätigt gefunden, daß ein renom-
mirter Musiker, der in Rußland Carrière gemacht, in Deutschland

Wagner hat mit der alten Oper gebrochen, und dennoch ver=
schmäht er nicht die scenischen Reizmittel eines Scribe oder
St. Georges zur Unterlage zu wählen. Oder mag er fühlen,
daß er die Sinne so lange fesseln muß, bis seine Musik Zeit
gewonnen hat, Wurzel zu fassen? Voltaire bemerkt irgendwo:
gute Verse seien die, welche man leicht behält. Ist das wahr
und auf Musik anzuwenden, so würfe dieser einzige Satz Herrn
Wagner's ganze Theorie über den Haufen!" u. s. w.

Was ich von Sachverständigen über dieses Mannes Aufent=
halt in Zürich ferner in Erfahrung gebracht, dürfte des Wieder=
erzählens nicht unwerth sein: Richard Wagner war bei dem
Züricher Kunstleben weder officiel betheiligt, noch hatte er eine

.

---

sein Pfund vergraben muß. Statt der erfüllten Hoffnung, das Eine
oder Andere seiner zahlreichen Werke in seinem Vaterlande nun zur
Aufführung zu bringen (denn die Aufführungen in Petersburg und
Moskau betrachtete er nur als Generalproben), ward ihm überall ab=
schlägige Antwort. So auch in unserem Frankfurt, wo M. H. so
lange gelebt und gewirkt. Nach 19 vollen Jahren kommt er zurück,
voll Hoffnung seine gemachten Fortschritte zu realisiren. Vergebens.
Nicht einmal gestattete man ihm in einem unserer musikalischen In=
stitute eine Talentprobe, nicht einmal den Vorzug, ein Orchester für
Bezahlung zu miethen, um seine Fortschritte zu dokumentiren. H.
schlug gleichsam ein examen rigorosum vor, daß, fiel die Probe durch,
er sein Bündel wieder schnüren wolle.

Vergebens! auch diese Probe wurde dem Künstler versagt, und
überall abgewiesen, schnürte er wirklich auch sein Bündel, und wird
wahrscheinlich wieder in das sogenannte Land der Barbarei zurück=
kehren müssen. Der sogenannten sage ich, denn es ist bekannt, wie
vorurtheilsfrei in Rußland die Tonkunst geschätzt und gehandhabt
wird. Wer da den Verstand nicht verliert, muß keinen zu verlieren
haben. So geschehen am 18. Oktober 1865.

Anstellung daselbst. Im Gegentheil lebte er in strenger Zu-
rückgezogenheit und übte blos einen indirecten und momen-
tanen Einfluß auf das dortige musikalische Treiben aus. Wenn
er in Concerten einige größere Compositionen, namentlich
Beethoven'sche Symphonieen und die Ouverture zu seinem
Tannhäuser zur öffentlichen Aufführung gebracht hat, so bekümmerte er sich doch nicht im mindesten um den Glanz des
Züricher Concertwesens. Er war ein musikalischer Cincinnatus,
der, nachdem er regiert, wieder zu seinem Pflug zurückkehrte
und seinen Kohl baute, d. h. wenn Kohl hier mit Lohengrin
und anderem lichterloh brennenden Material als synonym betrachtet werden kann. Mit der wirklichen Aufführung seines
fliegenden Holländers auf dem Züricher Theater (ich glaube
zu Ende April 1852) scheint sein eigentlicher Ruf in der
Schweiz sich gegründet zu haben, wie er — der Demagoge —
überhaupt bei der eidgenössischen Aristokratie in hoher Achtung
stand. Im Bund, ein Berner Blatt, welches der Richtung
Wagner's huldigt, lasen wir, daß zu den glücklichen Erfolgen
dieser Oper vorerst die ausgezeichnete Darstellung viel beige-
tragen habe. Unter Wagner's Leitung (sagt der Bund) wird
das Orchester zu einem einzigen Instrumente, aus dem der
Meister mit feinstem Gefühl und freiester Willführ die reiche
Welt seiner Töne herausholt, und auch jede andere seiner
Opern mit solcher Anstrengung und Sorgfalt einübt, wobei
eine doppelte Wirkung nicht ausbleiben konnte u. s. w.

Ich meinerseits freue mich aufrichtig mit einem Lobe einverstanden sein zu können, das, sei auch die Tuba stark darin
vertreten, doch der geistreichen Akkorde eine Menge hat, und
daß, wenn ich auch nicht zu seinen Aposteln gehöre, ich sein
Genie vielleicht besser zu schätzen weiß, als seine unbedingten

Anbeter. In Bezug auf vertraute Mittheilungen des Herrn Abt wäre es indiskret hier meiner Theilnahme zu weit zu folgen, ich vermuthe aber, daß er gewissen Conflicten mit dem Renovator nicht entgehen konnte, deshalb vorzog, seine Stellung zu ändern, und wohl auch zu verbessern. Längere Zeit war Abt in Zweifel, ob er sich in Frankfurt a. M. oder in Braun=schweig niederlassen würde, bis endlich die Verhältnisse ihn zum Herzogthum bestimmten, welches aber dem Herzen des neuen Freundes in der freien Reichsstadt wehe that.

Um nun mit dem Artikel „Schnyder von Wartensee" ana=log zu schließen, sei seiner dreiaktigen Operette „Heimweh und Heimkehr" gedacht, die am 9. Mai genannten Jahres in dem Stadttheater zu Luzern aufgeführt wurde. Alle Urtheile in ver=schiedenen Zeitungen, Volksmann, Dorfzeitung, Tag=blatt vereinigten sich darin, daß die schöne Dichtung von Pfyffer den würdigen Meister gefunden habe, daß die Compo=sition originell, die Form klassisch abgerundet, und die Instru=mentation glänzend sei. Es muß jedem Ehrenmann eine herz=liche Freude gewähren, wenn er bei seinen Landsleuten eine solche Anerkennung genießt, und das um so mehr, da man es in unserem lieben Deutschland so selten der Mühe werth findet, das wahre Gute (denn das Gute ist immer auch schön) hervorzusuchen, woher denn das Sprichwort entstanden sein mag: „Deutschland, unzärtliche Mutter, nur dem Auslande hold!"

Abermals einen Salto mortale zurück riskirend, beginne ich gerne mit einem heitern Scherz, weil im vorigen Kapitel des Ernstes genug vorhanden war, und man nicht wissen kann, was nachfolgt. Die Darsteller jener Posse waren der geniale, leider zu früh verschollene Jakob Schmitt (Bruder des Aloys), die Freunde Gambs, Dardenne (ein junger Dichter) und — ich. Kaum waren die letzten Töne der ersten Darstellung des Freischütz verklungen (irre ich nicht im Jahr 1819) als unser Quartett sich in Proletarier-Gewänder hüllte, nach kurzer Probe mit Geige, Flöte, Cello uud Guitarre bewaffnet hinaus in düstre Herbstnebel eilte und dort unsere diabolischen Concerte improvisirte. Selbst nicht verschmähten wir vor den Fenstern unserer Freunde und Schülerinnen zu erscheinen, wobei namentlich Jakob Schmitt durch sein Violinspiel die Zuhörer zu Dutzenden herbeilockte. Da gabs nun freilich Eifersuchts-scenen unter den Musikbanden, und wir hatten hohe Zeit uns aus dem Staub zu machen, wollten wir nicht mit der löblichen Polizei in Conflikt gerathen. Reichlich dafür aber entschädigte uns daheim unter homerischem Gelächter eine Bowle Glühweins, durch die Sporteln unserer Zuhörer gesammelt, und durch die Erinnerung an diesen köstlichen Abend.

Daß ich zu derselben Zeit in reichlichem Verkehr mit dem ehrenfesten Aloys Schmitt stand, dem damals der Doktorhut noch nicht verliehen war, ich mit demselben während so langen Beisammenlebens auch in geschäftliche Berührungen kommen mußte, brachten die Verhältnisse mit sich. Was mich — von seinen werthvollen Compositionen ganz abstrahirt — auch literarisch, also gleichsam verwandtschaftlich an ihn fesselte, war sein pikanter Briefstyl, und mehr schreib- als redselig, weiß er demselben noch immer eine eigenthümliche Bedeutung zu

geben. Was Sympathieen betrifft, so laſſen ſich dieſelben nicht
erobern, und ſo gemüthlichen Umgang wir auch noch vor einiger
Zeit gepflogen, und obgleich wir ſchwerlich aufhören werden uns
zu achten, eine vertrautere Mittheilung wollte ſich zwiſchen uns
nicht mehr einſtellen.

Um jene Zeit befiel mich die Autographenſammlerwuth.
Dieſe mußte ich aber hart büßen. In einem Käſtchen lagen
dieſe attaliſchen Schätze ſorgſam aufbewahrt, darunter Selbſt-
ſchriften von Beethoven, von Mozart und deſſen Schweſter
Nannerl, Erſteres ein Weihnachtsgeſchenk von Ferd. Ries,
Letzteres von der Wittwe Mozarts, nebſt werthvollem Brief
für die Ueberſendung meiner Zaide. Ich zeigte meinen Schatz
nur ſelten, aber was half mir dieſe Vorſicht? An einem ſchönen
Sonntag war das Käſtchen verſchwunden, und ſeit dieſem Ver-
luſt entſagte ich dieſer edlen Intention.

Mit Ferdinand Ries in engere Berührung gekommen zu
ſein, kann nicht befremden, da ich ſeine Kinder unterrichtete
und mir die Ehre erwieſen wurde, in hochſtehenden Kreiſen
der Mitdirigent ſeiner Geſangeskränzchen zu ſein.

Wie er ſich eine Zeit lang von Notenſchreiben ernähren
mußte, wie er in London durch Talent und Glücksfälle zum
reichen Manne geworden, vertraute er mir und noch mehreres
unverholen. Meine Tagebücher ſagen, daß während einer großen
Geſellſchaft beim Banquier R. — er mich John Cramer (dem
zu Ehren jene Geſellſchaft) als ſeinen intimſten Freund vor-
ſtellte. Noch geehrter fühlte ich mich, als er, eingeladen, das
Aachener Muſikfeſt 1833 zu dirigiren, mich erſuchte, ſeine Familie,
die nachfolgen ſollte, hin zu geleiten, beim Feſte ſelbſt die
Charge eines Chorrepetitor's zu übernehmen, und mit meinem

ſicheren Organ die Baßſtimme des Chors zu unterſtützen.
Das Feſt ließ ich mir um ſo eher gefallen, da der ruſſiſche
Staatsrath von Bechtieff, mein Schüler und mächtiger Pro-
tector, die Reiſe mitmachte. Auch traf ich in Aachen (wo ich
ebenfalls manche Jugenderinnerung feierte) mit Freund Pappel
zuſammen, dazumal mit mir ein Comilitone Spindler's und
ſpäter ein ſehr wohlhabender Kaufmann, bei welcher Gelegenheit ich in den theuerſten Weinen ſchwelgte. Das ließ ich mir,
wie geſagt, alles gefallen, wenn ich nur nicht mitzuſingen hätte,
wodurch ſo viel ſchöne Zeit für mich verloren gehen mußte.
Aber Hygiea lenkte es anders, denn nach dem erſten Bade
wurde ich ſo heißer, daß an kein Singen weiter zu denken war
und ich daher frei wurde und zu allen Freuden aufgelegt, die
mir ein ſolches Feſt nur bieten konnte. Freund Bechtieff, als
ruſſiſcher Ariſtokrat und Muſikfreund, ſpielte hierbei keine kleine
Rolle. Meine erſte Bekanntſchaft mit ihm datirt ſich von ruf-
ſiſchen Volksquartetten die früher zur Meßzeit in Frankfurt von
ruſſiſchen Sängern in der Originalſprache geſungen wurden.
Tieſe Quartette nun als Solo-Lieder mit Piano-Begleitung
und deutſchem und franzöſiſchem Texte der — ich ſpreche es
ungenirt aus — Frau Großherzogin von Weimar zu widmen, welche bekanntlich eine ruſſiſche Prinzeſſin iſt, wandte
ich mich an den Staatsrath, der meinen Plan nur durch Küſſe
erwiederte. Von da an wurde er mein unzertrennlicher Freund.
Nie floß eine leichtere Arbeit je aus meiner Feder, nie wurde
eine ſolche durch Mittelfeſte (denn jeder Takt mußte durch Guhr
und andere Gelehrte ſorgfältig geprüft werden) gefeiert, und
meine ſämmtlichen Werke trugen mir nicht ſo viel ein, als
dieſe acht einfachen Liedchen, denn ſie wurden mit ruſſiſchem
Golde honorirt. Nicht zu vergeſſen, daß die deutſche Ueber-

setzung dieser acht Lieder von mir, die französische von einem
Herrn Professor Durand stammt. Dem Drucke übergeben *)
und mit etlichen kostbaren Einbänden versehen, reiste mein
edler Freund in Person nach Weimar, legte, — wie er ver=
sicherte — der entzückten Prinzessin mein chef d'oeuvre vor,
und erhielt richtig die Erlaubniß der Widmung. Von der
Aachener Reise nun auch heimgekehrt, lag ein von Frau und
Kindern umschmunzeltes elegantes Etui auf meinem Schreibe=
pult, woraus, geöffnet, mir ein kostbarer Brillantring entgegen
blißte. **). Noch an demselben Abend wurde ich von Herrn
von Bechtieff eingeladen, mich im englischen Hof einzufinden,
wo dem so geehrten Künstler bald ein solennes »Hip. hip, hip,
hurrah!« entgegen scholl. ***)

Peſſimiſten ſagen: „Die Welt gliche einem verſtimmten Or=
cheſter!"... Mag das manchmal ſo ſein, doch iſt gewiß, daß
es darin auch reine und hochbegeiſternde Akforde giebt!

Nomenclatur in weiterer Form.

Ich hoffe durch dieſelbe mit Hinzufügung einiger Bemerkungen
der ausgeſprochenen Tendenz im 2. Theile wohl genügend
nachzukommen.

---

*) Bei André in Offenbach.
**) Der freilich für gewiſſe Familienzwecke bald andere Formen
erhielt
***) Der Titel dieſer Lieder „Album d'airs nationeaux russes
pour le chant, dedié à son Altesse imperiale et royale Madame
la Grande Duchesse Marie de Saxe-Weimar-Eisenach par Charles
Gollmick. Op. 43.

Eduard Duller, der Verfasser der Geschichte des deutschen Volks und Herausgeber des „Phönix", mit Spindler in so naher und doch so oft mißverstandener Berührung, unterlag bekanntlich zu Anfang der 50er Jahre der Anstrengung und Exaltation seiner Arbeiten. G. Jonghaus, Hofbuchhändler in Darmstadt, durch Duller mein mir treu gebliebener ehrlicher Verleger der meisten meiner Schriften, mit beiden Freunden schöner Reise-Erinnerungen pflegend. J. B. Schott — wer kennte nicht diesen Weltverlag? — trotz aller weitläufigen Geschäfte mit ihm und sonst vergnüglichem Vernehmen zu ihm, war er gegen mich doch ein allzu genauer Rechner *). Als ich auf meiner Münchener Reise im September 1837 mit Franz Lachner im sogenannten Häusel bei Süß (einem ungenirten Bierkneipchen) zusammentraf, saß in bescheidener Entfernung ein junger, von mir fast nicht beachteter Mensch. Das war, wie ich erst nach Jahren erfuhr, Heinrich Esser aus Mannheim, der bei Lachner studirte, dann unter Schott's Aegide nach Mainz übersiedelte, darauf k. k. Hofkapellmeister in Wien wurde, und unter allen Verhältnissen mein treuer

---

*) Welche Summe hat ihm nur die Uebersetzung nebst Textunterlegung meiner Regimentstochter eingetragen — und trägt der Verlagshandlung noch ein — und was erhielt ich dafür? (Die Wahrheit gehört hier zur Geschichte meines Werks) ein Honorar von 30 fl. rh. Eben so viel, oder vielmehr so wenig, schämten sich nicht Guhr und Malz mir für meinen „Colporteur" von Onslow (die ich dazu noch par ordre du Muffti binnen 14 Tagen liefern mußte) zu übermachen. Von meinen so oft neu aufgelegten „plaudernden Lüftchen" und vielen anderen Liedern erhielt ich gar nichts. Mit Beispielen ähnlicher Honorare, resp. Scandalare will ich das Publikum verschonen.

Anhänger geblieben ist, wie unsere zahlreiche Correspondenz bestätigen kann. Als Anekdote diene: Eine musikalische Dame
fragte mich einstens: wer höher stände, Messer oder Esser?
Meine schnelle Antwort war „Ein Esser bedient sich des Messer's."
Die Dame antwortete gedehnt „so, so?" und schien vollkommen befriedigt. Des jungen Heinrichs Vater, Hofgerichts-
rath Esser, wohnte fortwährend in Mannheim, wo ich das
Vergnügen hatte, seiner Familie durch gegenseitige Besuche und
Geschäftsbeziehungen näher zu stehen.

Jene Münchener Reise hatte keinen geringeren Zweck, als
die alte Frankfurter Haut abzuwerfen und eine neue Bayeri-
sche anzulegen. Mein Plan, nach der Schelble'schen Methode
eine Gesangschule in München zu gründen, sollte durch die
mir höchst befreundete Familie Dahn und durch Franz Lachner befördert werden. Ich hatte guten Grund zu diesem Vertrauen, namentlich da ich von Letzterem folgende, meinem Tagebuch entnommenen Zeilen erhielt: „Mein sehr werther Freund!
Gönnen Sie mir einen Namen, den ich Ihnen schon früher
gab, den ich jetzt mit dem aufrichtigsten Gefühle von Ihnen
erbitte, nachdem ich Sie kennen und ihren vortrefflichen Charakter schätzen gelernt habe u. s. w. September 1837*)."

Der Neid verschiedener Gegenfüßler verleidete mir aber
den Plan und ich gab ihn auf, zumal mir auch das Klima
nicht zusagen wollte. Dafür hatte ich aber die Ehre, dem
König Ludwig vorgestellt zu werden, als er, wie gewöhnlich,
mit zwei Adjudanten die Runde im königlichen Concertsaale
machte. Ob einige meiner Lieder aus den Poemen des fürst-

---

*) Ich stand zu jener Zeit in Relation mit Lachner wegen eines
Oratoriums, die Sache verschlug sich aber bald darauf.

7*

lichen Dichters Gnade vor seiner Majestät gefunden, oder ob andere günstige Sterne mir geleuchtet — ich vermag es nicht mehr zu beurtheilen. So viel aber bleibt gewiß, daß ein innerer Instinkt mich vor der Gefahr warnte, so vielen Leuten vor den Kopf zu stoßen. Daß ich nun durch die liebevollen Aufmerksamkeiten, welche mir die Familie Dahn in München erwiesen, für jenen Scheinverlust völlig entschädigt wurde und diese Münchener Erinnerungen zu meinen höchsten Genüssen gehören, ist begreiflich.

Bald darauf wurde mir von Seiten hochstehender Personen der dänischen Gesandschaft durch Freund Aloys Schmitt die Stelle eines Capellmeisters in Kopenhagen mit 3000 Thalern Gehalt, Equipage u. s. w. angetragen. Noch begreife ich die Möglichkeit eines solchen Glücks nicht, wegen dessen ein Kühnerer als ich wenigstens die Iniative ergriffen hätte. Aber mir fehlte ein für allemal jener glückliche Muth, der — die Braut gewinnt. Auch ließ mich ein noch tieferer Instinkt an der Wahrheit der Sache zweifeln.

Das durch seine künstlerische Bedeutung wie durch seinen äußeren Glanz so berühmt gewordene 25jährige Dienstjubiläum des Kapellmeisters Vincenz Lachner (Mannheim am 25. Juni 1861) hatte ich die große Freude mitzufeiern, und zu des Meisters gastlicher Tafel gezogen zu werden. Herz und Sinn erlabende Genüsse krönten dieses Mahl, und davon abgesehen, so mag ein Künstler noch selten höher geehrt worden sein. Auch boten unsere gegenseitigen Begegnungen mir jedesmal ein sehr großes Interesse dar, und kam man gar in der Humor sprudelnden Räuber=(Reiber)Höhle zusammen oder in einem harmloseren Frankfurter Asyl unter der unfehlbaren

Aegide seines Bruders Ignatz *), so will denn des freundlichen Geplauders kein Ende nehmen.

———

Zu Franz Messer übergehend, so war sein Ruf in Frankfurt, obgleich mit etwas Ueberschätzung, anerkannt. Sympathie hatten wir nie für einander, weshalb der Weise sein »tace« nie vergesse.

Bis in den 30er Jahren blühte das musikalische Kränzchen im M.'schen Hause. Im Januar 1826 reißte Spohr hier durch und nahm unsere Einladung zu einem déjeuner à la Faust an. (Wir producirten das Finale daraus, Nummern aus Zemire und Azor und andere Sachen, Alles von Spohr.) Noch andere Notabilitäten wohnten dem kleinen Gesangfest bei, darunter Schnyder und der damals schon berühmte Historien-Maler Oppenheim. Mein Tagebuch vom 8. Januar sagt unter Anderem: „Spohr bezaubert durch seine Liebenswürdigkeit, äußert seine Zufriedenheit und scheint sichtbar überrascht von dem Vortrag unserer Prima Donna und unserem Chor." Kurze Zeit darauf sendet er der Kapelle zum Dank zwei Exemplare seines neuesten Oratoriums „Die letzten Dinge". Noch öfter kommt Spohr nach Frankfurt. wo ich nie verfehlte ihn zu treffen. Einige Skizzen seiner Briefe an mich folgen anbei:

Kassel am 8. September 1828.

Geehrter Herr. Die Ouverture zum Berggeist ist in Stimmen gestochen; können Sie sie dort nicht geliehen bekommen, so will ich Ihnen gerne ein Exemplar übersenden . . . —

———

*) Das weitere im dritten Theil.

doch habe ich die Saiteninstrumente nur zweifach. Sie verlangt übrigens eine starke Besetzung und von Blechinstrumenten vier Hörner und drei Posaunen. Die Partitur, die hier nur einmal existirt, kann ich nicht entbehren, doch läßt die Ouverture sich sehr gut aus dem Clavierauszuge dirigiren. Diesen werden Sie, wenn ich nach Frankfurt komme, von Speyer erhalten können. Noch immer kann ich nicht daran denken, mich wieder an eine Oper zu machen; es hat daher Zeit bis ich nach Frankfurt komme, um über ein Sujet zu reden. Mit vorzüglicher Hochachtung stets Ihr ergebener L. Spohr. Eilig.

Die Briefe vom 29. Juni, vom 30. Januar und 33. August enthalten Aufträge, Danksagungen, Unterhandlungen in Bezug auf Opernstoffe u. s. w. In dem letzteren Schreiben empfiehlt er mir den musikalischen Schriftsteller Mosenthal mit dem ich in literarische Verbindung treten möge u. s. w.

Carl Evers, nach Wien übersiedelt, einer meiner geistreichsten Collegen, gab mir ebenfalls Lieder ohne Worte, denen ich Gedichte eigener Erfindung unterlegte. Ich fürchte und hoffe, sein Compositions-Talent wird erst später die rechte Anerkennung finden.

Auch mit dem englischen Componisten und Pianisten Aguilar stand ich in einem ähnlichen Verkehr. Ein Schüler Schnyder's, erfreuten sich seine in Frankfurt aufgeführten Symphonieen großer Achtung. Mit Carl Gutzkow der für Duller einige Zeit den „Phönix" redigirte, wurde ich aus diesem Grunde näher bekannt. Auf meine Anfrage, ob er geneigt sei, mir Adressen für meine Novellen und Silhouetten zu geben, theilte er mir mehrere mit, und schließt den Brief mit folgenden Worten:

. . . . „Diese Handlungen möchten vielleicht ein Interesse an Ihrer Unternehmung haben; fügen Sie in Ihrem Avis noch hinzu, daß Sie durch freundschaftliche Berührungen auf meine, Beuermann's und Duller's, Kritik zählen können. Glück= lichen Erfolg wünschend und mit bester Empfehlung Ihr er= gebenster Gutzkow. Fft. 2/9/37.

Madame Birch=Pfeiffer schreibt folgendes in Bezug einer Gesangs=Schülerin, die sie mir zuwies, in ihrem gewöhnlich aufgeregten Styl: In einem Troubel von Geschäften grüße ich Sie und die Ihren von ganzer Seele . . . . Ihr gründ= licher tiefer Brief über J . . . .s künstlerische Charakteristik hat mich entzückt, denn er ist bis in's Detail richtig, und ich unterschreibe jedes Wort u. s. w. Grüßen Sie Ihre liebe un= vergeßliche Frau, nehmen Sie nochmals meinen innigsten Dank für Alles was sie für J . . . .n thaten, und seien Sie der aufrichtigsten Freundschaft versichert Ihrer unwandelbar ergebenen Ch. Birch=Pfeifer. Zürch 16/10/42.

In mehr als gewöhnlichem Rapport stand ich zu dem edlen evangelischen Bischoff Dr. Ehlert in Berlin, dessen Sohn, der einige Zeit als Hausgenosse zur Miethe bei uns wohnte, ich das Glück hatte, seinen excentrischen Geist vor manchem Fehltritt zu bewahren. Das war eben keine leichte Arbeit, und ich er= hielt zum Dank dafür von dem ehrwürdigen Vater ein län= geres Schreiben. Hier ein kleines Excerpt aus demselben: „Ew. Wohlgeboren danke ich mit wehmüthiger Rührung für die Güte und Theilnahme, welche Sie meinem Sohn erwiesen und bethätiget haben. Möchte derselbe nun endlich einmal leben= dig erkennen, daß nicht Talente, sondern praktisch befolgte gute Grundsätze weise und glücklich machen . . . . Ich habe die Ehre mit der vorzüglichsten Hochachtung zu sein Ew. Wohl= geboren aufrichtig ergebenster Bischoff Dr. Ehlert. Potsdam den 13. April 1841.

Etwas weiter auszuholen erlaube ich mir bei Meyerbeer und Felix Mendelssohn.

Ueber des Ersteren Rapporte mit mir reicht mein Tagebuch vollständig aus, ein Factum das wenigstens nicht trügen kann :\

Am 13. September 1837.

„Meyerbeer war zweimal bei mir mit Speyer, trifft mich nicht und hinterläßt seine Karte. Natürlich suche ich ihn nun auf, und treffe ihn kurz vor seiner Abreise. Er dankt mir für meinen freundlichen Aufsatz über seine Hugenotten *). Dann bittet er mich, mich einiger Stellen in dieser Oper anzunehmen, die Castelli ungenügend übersetzt habe **). Speyer würde mir die Stellen bezeichnen. Auch Guhr würde mit mir darüber sprechen ***). Dann schließen wir den Vertrag ab, daß ich seine nächste Oper übersetzen solle. Er reicht mir feierlich seine Hand und sagt: „Sehen Sie, werther Freund, diesen Handschlag als eine contraktliche Verbindung an. Aber da ich viel auf Reisen und stets so tourmentirt bin, bitte ich Sie mich an diesen Vertrag zu erinnern" †). Unsere Hände kamen während dieser Unterredung gar nicht aus einander. Der Componist des Robert scheint mir ein tüchtiger Weltmann.

---

*) Wenn ich es wage, hiermit dem Publikum drei Recensionen zu citiren über die Hugenotten, Bernhard Romberg und die Milanollo's (alle drei im Conversations-Blatt erschienen), so halfen mir wohl die dankbaren Texte über die gefährlichsten Klippen hinaus.

**) Z. B.: „Ich ging spazieren einst" und ähnliche, namentlich rhytmische Schnitzer.

***) Das ist auch Alles redlich geschehen, und in wenigen Tagen geht jene Verbesserung in dem Castelli'schen Text der Hugenotten an Wilhelm Speyer ab.

†) Das war freilich ein übereilter Handschlag!

Auf ein Schreiben an Meyerbeer, das ich Freund Seydelmann mit nach Berlin gab, erhielt ich, in Bezug auf unsere
Projecte, unter Anderem folgende vom 28. April 1838 da-
tirte werthvolle Zeilen: „Unsere Bekanntschaft ist kurz, doch
mit Freuden sehe ich, daß ich Ihnen eben so viel Sympathieen und Vertrauen eingeflößt habe, als Sie mir, mein
werther Herr u. s. w. Mit vollkommener Hochachtung und
Freundschaft Ihr ergebenster Meyerbeer."

Der Auszug eines anderen Schreibens von Berlin vom
5. December 40 sagt: . . . . „Entschuldigen Sie, daß ich Ihren
freundlichen Brief jetzt erst beantworte, allein mir ist viel Trüb-
sal seit dessen Empfang begegnet. Meine Frau ist lebensge-
fährlich erkrankt, und ich selbst von der Angst und durch das
Wachen von zwölf Nächten am Krankenbette gänzlich erschöpft,
bin auch unwohl geworden und habe mehrere Tage das Bett
hüten müssen . . . . . Ihre Uebersetzung scheint mir ganz vorzüglich gelungen; sowohl in poetischer als musikalischer Hin-
sicht befriedigte sie mich. Nur in dem Mailied bin ich mit
der deutschen Scansion nicht ganz einverstanden. Doch dies ist
eine Kleinigkeit und schmälert nichts an dem verdienten Lobe.
. . . . Ihren Cid habe ich mit vielem Interesse gelesen. Das
ist ein edler, großartiger Stoff, den Sie edel und großartig
durchgeführt haben. Die musikalischen Berücksichtigungen haben
Sie meisterhaft wahrgenommen, auch die Versificirung scheint
mir ganz vorzüglich, obgleich ich in einigen Stellen an den
Mechanismus des musikalischen Versbaues noch andere An-
forderungen stelle. Es ist jedem gebildeten dramatischen Ton-
setzer dieses Libretto von so edler Art wahrlich sehr zu em-
pfehlen, und ich denke es wird Ihnen sicher ein solcher nicht
fehlen.

Schade, daß der Stoff schon so vielfach, namentlich in Italien durch Sachini benutzt worden. Mit der vollkommensten Hochachtung habe ich die Ehre zu verbleiben Ihr u. s. w. Wenn das nun keine verzuckerten Pillen sind, so giebts keine mehr, und Herr Meyerbeer versteht es sie delikat zuzubereiten und mit Anstand schmackhaft zu machen. Bevor ich nun zum Schlusse dieser mir unvermeidlichen Briefe gehe und mich Herrn Felix Mendelssohn=Bartholdy zuwende, geziemt sich noch ein kleines Vorspiel:

„Ja so!" und mit diesem „Ja so!" bezeichnete Mendelssohn mir gegenüber fürwahr eine ganze Charakteristik unseres gegenseitigen Rapports.

Es konnten bezüglich unserer Verhältnisse und Stellungen gegenseitig nähere Berührungen wohl nicht fehlen. So bezogen sich auch unsere Unterhaltungen größtentheils auf musikalisch dramatische Stoffe, und so fügte es sich auch, daß bei irgend einem Concert Mendelssohn im Saale des Weidenbusches zu dirigiren hatte, er während der Probe einen Umgang bei den Orchester=Mitgliedern hielt, dieses oder jenes mit ihnen besprechend. Nachdem er die Trompeten absolvirt, kam er auch zum Pauker heran, ohne just sich seiner speciell zu erinnern. Da, mich erkennend, stutzte er, und brummte jenes für mich so schmeichelhafte „Ja so!" gleichsam als müsse er jetzt in einem andern Tone mit mir reden.

Der Erste dieser auf unsere Gespräche bezüglichen Briefe ist zwar wieder ohne Datum, scheint aber im Jahr 1839 geschrieben zu sein: Geehrter Herr. Morgen früh habe ich eine musikalische Gesellschaft und darauf eine Verabredung auf's Land, die mir's leider unmöglich machen, eine Stunde für unser Gespräch zu bestimmen. Uebermorgen bin ich jedoch den ganzen Tag frei, und würde zu jeder Zeit mich freuen, wenn wir die Sache mit einander durchsprechen könnten, und wenn Sie mir das Bewußte vorlesen wollten. Hochachtungsvoll und ergebenst aber in großer Eil. Felix Mendelssohn-Bartholdy. Jenes durch obigen Brief bezeichnete Gespräch hat am Ende das Resultat, daß Mendelssohn einen Oratorienstoff wünscht, der die drei höchsten Principien des moralischen Daseins „Erde, Himmel und Hölle" verlangt. Nachdem ich diesen Stoff der Extreme vorerst prosaisch behandelt und in Scenen eingetheilt, übergab ich, um möglichst sicher zu gehen das Manuscript meinem Freunde Gambs, der dann alle diese Theile nach biblischen Texten so poetisch regelte, daß ich die Sache als complet betrachten durfte. Dennoch, nach langem Hin und Her, und obgleich in den ersten Momenten entzückt .... Doch ich will der Sache nicht vorgreifen und Ordnung einhalten.

Am 4. Juli 1837, nach vielen Operntextdebatten, näherten wir uns endlich der Idee des — Gustav Wasa, und vernehmen wir jetzt, was Mendelssohn darüber schreibt: „Dies scheint mir vielversprechend, und sobald ich zur Ruhe komme, will ich mich ernstlich mit dem Gedanken daran beschäftigen — ich hoffe daß Sie es auch zuweilen thun werden — und sobald ich kann, schreibe ich Ihnen darüber ein Mehreres und Ausführlicheres. Entschuldigen Sie die Eile u. s. w.

Unter anderm sandte ich auch meinen Cid zur Durchsicht, und erhalte — sonderbare Reminiscenz — fast dasselbe Schreiben wie von Meyerbeer: „Ihren Brief und den Text des Cid empfing ich am Vorabend einer größeren Reise u. s. w. Sie haben einen höchst interessanten Stoff gewählt und durchgeführt, und ich bin mit Ihnen der Meinung, daß die Oper auf der Scene eine große Wirkung thun muß, wenn sie würdig

und mit Geist in Musik gesetzt wird. Ob ich das im Stande
wäre, lasse ich dahin gestellt sein, aber ich bin im Augenblicke
mit einer größeren Instrumental-Arbeit, die mich bis zum
nächsten Jahre in Anspruch nehmen dürfte, so beschäftigt, daß
ich den Text leider nicht für mich behalten kann, so gerne
ich es thäte." u. s. w. u. s. w. Dann das Folgende, wenn
es sich auch in Dankbarkeit und Lob ergießt, ist und bleibt
immer ein Text den er mir anbietet und der heißt: „Ich
refusire die Oper." Die Hoffnung die er mir am Schlusse dieses
Briefes macht, lautet: „Vielleicht komme ich gar um die *) .
. . des Sommers würdig zu beschließen im August auf einige
Tage nach Frankfurt, und wäre das der Fall, so würde ich
mich schon jetzt darauf freuen, mit Ihnen mündlich besser zu
correspondiren, als ich's schriftlich kann. Also hoffentlich auf
Wiedersehen und stets Ihr ergebener F. Mendelssohn-Bartholdy. Für meinen deutschen Sängersaal, den ich ihm 1842
gewidmet, erhielt ich von Berlin aus ein Dankesschreiben, das
sowohl seiner Herzlichkeit als seines Styls wegen verdient in
die Oeffentlichkeit zu treten:

Berlin den 9. Dec. 1842.

Verehrter Herr!

Sie haben mir eine sehr große herzliche Freude bereitet,
für die ich Ihnen aufrichtig dankbar bin und immer bleiben
werde, Sie wissen selbst wohl, wie interessant eine Sammlung
wie die Ihrige für jeden Musiker sein muß, wissen also, welche
Ehre die Zueignung derselben für mich ist; aber noch mehr
als dies erfreut mich der Beweis Ihres freundlichen Andenkens,

---

*) Dieses Wort kann ich, und können andere Personen nicht
herausbringen.

Ihrer fortdauernden freundschaftlichen Gesinnung. Darauf lege ich
den allerhöchsten Werth, weil es mir die liebste Anerkennung
ist, weil mir keine andere halb so viel gilt, als das Wohl-
wollen und die Zueignung meiner Kunstgenossen und dafür
danke ich Ihnen so recht aus vollem Herzen. Erhalten Sie
mir nur dies gute Andenken und wenn wir uns wiedersehen
(was hoffentlich bald einmal geschieht) so sage ich Ihnen noch
mündlich und besser welch' ein Vergnügen Sie mir bereitet
haben, und wie ich mich auf die fleißige Benutzung Ihres
Werkes freue, als ich es heut schriftlich thun kann. Leben Sie
wohl und gedenken Sie zuweilen Ihres dankbar ergebenen

Felix Mendelssohn-Bartholdy.

Des edlen Mendelssohn's leider allzufrüher Tod hat auch
mich der Hoffnung beraubt, mit ihm in praktische Verbindung
zu treten, denn ohne Anmaßung dürfte ich doch gestehen, daß
die Conjunkturen für beide Theile günstig lagen. Noch in Decennien mit einander gelebt, wer weiß, ob ich, — wie Börne
wieder sehr spitz bemerkt — die Mücke im Bernstein nicht
unsterblich geworden wäre?

Das Facit von diesem Allem nun ist, daß mir — obgleich ich
nicht über Mangel an Zutrauen zu klagen habe — der eigentliche
Stern für meine Richtung noch nicht aufgegangen ist. Es
wollte mir nicht gelingen den rechten Ton für das rechte
Wort, den rechten Mann für meine Leistung zu finden. Die
Angst der heutigen Componisten, womit jede Sylbe des Autors
abgewogen wird, läßt es zu keiner selbstständig freien Bewegung kommen. Die Herren fürchten sich vor ihrer eigenen
Tapferkeit. Die Zeit ist eben vorbei, wo das glühende Genie
vom Drang des Schaffens erfüllt, allenfalls einen Küchen-
zettel componirt und zur poetischen Geltung gebracht hätte.

Daß ein jeder Operntext — mit Müllner zu reden — „ein Rührei von Gefühl und Unsinn sei", ist ein Axiom das nicht umzustoßen, und ich glaube in einer meiner Novellen*) dargethan zu haben, daß selbst die gepriesenen Bücher eines Fidelio, Armand, einer Schweizerfamilie, somit die besten moralischen Wahlen mehr oder weniger an solchen Gebrechen leiden. Trösten wir uns also mit dem allgemeinen Schicksal, daß auf diesem bucklichen Planeten nichts vollkommen ist, und uns noch der einzige Rettungsanker, die Geduld, übrig bleibt. Und nun wieder zu meinen Freunden.

In angenehmen Beziehungen stehe ich noch immer zur Darmstädter Bühne, da Direktor Tescher die Güte hatte, einige meiner Lustspiele auf dortiger Bühne zu geben. Manche der alten Freunde sind dahin, weshalb ich mich der Uebrigbleibenden um so mehr erfreuen darf. Vor allem gehört Ernst Pasque zu den aufgeweckten, stets fertigen, und doch nie fertig werdenden Naturen. Für ihn giebt's kein Fehlschlagen, denn immer liegt ein anderes Unternehmen auf seinem Amboß. Namentlich in dramatisch=historischen Stoffen zu Haus, wovon unter Anderm seine „Geschichte der Musik und des Theaters am Hofe zu Darmstadt (1853) Zeugniß giebt, habe ich seine gesunde Thätigkeit hochschätzen gelernt, und obgleich er die Nachsicht hatte, mich seinen belletristischen Mentor zu nennen, so habe ich doch seinen Kenntnissen und Erfahrungen vieles zu danken. Wahrscheinlich machten ihm die holländischen Mühlen zu viel Wind, weshalb er wieder nach Darmstadt zurückgekehrt, nunmehr die ehrenfeste Stelle eines Großherzog=

---

*) „Ueber die Mit-Autorschaft des Publikums." Rosen und Dornen, bei G. Jonghaus. 1852.

lichen Oekonomie-Inspektors bekleidet. Oekonomie-Inspektor und Dramaturg, da kann es nicht fehlen, ich aber preise jedenfalls mein Geschick, wieder in die Nähe meines geistreichen Freundes gekommen zu sein.

Andere Freunde aus Darmstadt blühen mir in dem Maschinenmeister Carl Brand, die rechte Hand der Ballet-Oper, der aus nichts neue Welten schaffende Zauberer, der Erbauer stolzer Theater. Durch manche Familienbande stehen wir uns nahe, und möge nur der aufstrebende Renovator auch sein Glück benützen! Ludwig Cramolini, wer kennte diesen Adonis des Mimen und der Minne nicht? Schüler Ciccimara's, Triumphe feiernd, wohin ihn sein Fuß trug, Librettist*), Liedercomponist und Präsident der Liedertafel erfreut er sich noch der Rüstigkeit seiner Talente. Für den Dichter Dräxler Manfred und einstigen Herausgeber der „Muse" lieferte ich manche leichtere Artikel, und auch mit Pirscher, dem unerschöpflichen Redner und Unterhalter, mit den Gebrüdern Wilhelm und Carl Mangold und August Müller, den nur vierseitigen und doch so vielseitig gebildeten, deren Verdienste um die Musik längst anerkannt, stehe ich in freundlichen Verbindungen.

Werthe Bekanntschaften unterhalte ich auch in Hanau, unter welchen die erste Stelle Musikdirektor Wilhelm Weins einnimmt. Intelligent und ein Gradaus wie alle Hanauer, dirigirt Weins einen vollstimmigen Männergesangverein, dessen Zöglinge mich alle Vater nennen. So bleibt das Verhältniß edel und freundlich. Auch meines wackeren Appun sei hier-

---

*) „Das Köhlermädchen", (componirt von Carl Mangold. „'s erste Busserl" u. A.

mit gedacht, dessen musikalische Kenntnisse nur auch verdienten
sich in ausgedehnteren Sphären zu bewegen. Auf allen In-
strumenten praktisch zu Hause, versteht er eine Orgel zu bauen
wie er sie spielt und ist eben beschäftigt eine Regel für gleich-
mäßige Temperatur der Stimmung festzustellen. Möge sein
unstäter Geist diese schwierige Aufgabe besiegen! Auf mich
hält er besonders viel, und wenn er mich überschätzt, so ist
das eine Sünde, die ich ihm gern verzeihe. Meine Verhältnisse zu Offenbach habe ich berührt, und um nun mit Frankfurt zu schließen, sei besonders meines biederen Freundes, des
Professor Gutermann gedacht, dessen Familie mit der meinigen
gleichsam aufgewachsen ist. „Semiramis“ und „über den
Begriff und die Charaktere des Schönen“ sind
werthvolle Werke *) und als er mir an einem meiner Geburtstage den Lessing in einem Bande mit der Ueberschrift „φιλος
φιλω **) verehrte, so erhält mein Herz und mein Kopf wohl
der Nahrung noch zur Genüge.

Mit Wilhelm Wagner stand ich in langjährigem freund-
schaftlichem Verkehr. Als er im Mai 1831 die Redaktion der
Didaskalia übernommen, erinnere ich mich noch recht wohl
der freudigen Aufregung, womit er dies Ereigniß pries, und
auch meine Mitautorschaft sich erbat. Daß ich dieser Mahnung
gerne folgte, versteht sich von selbst. Eine Reihe von Jahren
gab ich seiner jüngeren Tochter Anna Musikunterricht, und
während vieler Festivitäten, die wir mit einander gefeiert, konnte
die Brüderschaft nicht ausbleiben. Als das Licht seiner Augen
trübe geworden, war ich meist sein Begleiter, und daß ich

---

*) Erschienen dahier bei Schmerber.
**) Der Freund dem Freunde.

diese Pflicht getreulich erfüllt, sagt mir mein Gewissen. Gemüthlich heiterer, belehrender und stets vermittelnd war da
selten ein Gesellschafter, und selbst tüchtige Witzfunken ließ sein
Humor bei solchen Gelegenheiten gleich Raketen in die Luft
steigen.

Eine Hauptepisode solcher „humoristischen Studien" wird
immer das Rhein=Pfälzisch Dürkheimer Musikfest am 1. Juli
1841 bleiben, zu welchem ein wohllöbl. Comité uns beide
eingeladen, Wagner als Redakteur und mich als Dichter einer
von Aloys Schmitt componirten Festcantate „Huldigung der
Tonkunst", welche mit Eklat aufgeführt und am 2. Tage wiederholt werden mußte. Einen Orchester=Urlaub zu erhalten, hält
immer schwer, aber Wagner wußte sich zu helfen. „Leihen Sie
mir doch den Gollmick auf 3 Tage, lieber Guhr," sprach er
ungenirt. „Sie sollen ihn wohlbehalten wieder haben, und soll
auch das vice versa nicht ausbleiben." Wer konnte da widerstehen? wie es überhaupt gefährlich bleibt, einem Redakteur
etwas abzuschlagen. So segelten wir denn bis Worms, wo
uns dann die Extrapost in Empfang nahm, und uns in Forst
bei einem wohlhabenden Gutsbesitzer Herrn Riese absetzte. Wie
uns dieser Mann bewirthete, wie er uns die geheimsten Schlupfwinkel seines Weinkellers zeigte, wie uns auch sein Schwager
Herr Laroche empfing, der in Dürkheim einen wahren Pallast
bewohnt, das Alles kann man nur empfinden. Die Episode
aber, als am 3. Tage, bei Gelegenheit des Volksfestes auf
der Bergruine, unser Freund mit Gewalt auf einen Hügel geschleppt wurde, und sich dort nolens volens als politischer
Schwärmer auszeichnen mußte, war gewiß eines der pikantesten unserer Abenteuer. Dagegen fehlte es auch nicht
an gemüthlichen Momenten, als wir nach nächtlichem Gelage

in die Morgendämmerung hinausschauten und dem Gezwitscher der Waldbewohner lauschten. Wer war da heiterer und schwärmerischer als gerade Freund Wagner? . . . .

Die Präsidentschaft an unserem freitägigen Seitentischchen in der Bohemia*) ihm übergeben, wer vermochte dieselbe gemüthvoller und wieder vermittelnder zu leiten? . . . Jetzt ist diese Präsidentschaft an mich übergegangen, aber die jetzigen Theilnehmer, die Herren van Essen, Liebel, Wackendorf, Richter u. A. ehren nichts destoweniger des früheren Präsidenten Andenken.

Wagner starb wie ein Philosoph. Kurz vor seinem Tode, am 20. December 1861, ließ er mich vor sein Bett kommen, reichte mir seine abgezehrte Hand und sprach mit leiser, aber fester Stimme die mir unvergeßlichen Worte: „Lebe wohl, mein Freund, Du hast mich oft geleitet und erheitert. Ich danke Dir dafür. Ich werde sterben, Du wirst mir folgen, ob früher, ob später — die Ewigkeit ist ja nur ein Moment. Bleibe meiner Familie, was Du mir stets warst, ein getreuer Freund und . . . ich kann nicht weiter, lebe wohl! Dabei drehte er sich gegen die Wand und schien mit sich selbst zu kämpfen.

So weit in nuce was sich von Wagner auf mich bezieht, obgleich ich noch vieles zu sagen hätte. Alles Uebrige findet sich in seinem Nekrolog, der kurz nach seinem Tode (eine Broschüre bei Heller und Rohm) erschien, und auch die Grabrede des Herrn Pfarrer Kalb enthält.

Meine langjährige Freundschaft mit dem Ingenieur Eduard

---

*) Weinwirth B. Böhm (jetzt dessen Wittwe) auf dem kleinen Kornmarkt.

Seifert datirt sich von dem Würzburger Sängerfest 1845, dem bald ein unvergeßlicher Ausflug nach Aschaffenburg folgte. Ein Kreis jugendlicher Juristen aus dem Baierlande, welche den trockenen Aktenstaub abzuschütteln sich hier durch Gesang und Poesie entschädigen wollten; ein nach griechischem Styl durch unseren freundlichen Wirth Dr. jur. Muck eingerichteter Salon; dann am folgenden Tage die himmlische Mainatur im grünen Busch und die Besichtigung des Pompejanum, so gehören solche Tage wohl auch zu denen von Aranjuez. Die eigentliche Tendenz dieser Musenfeier war die gesangliche Aufführung einiger der vorzüglichsten Nummern aus Jac. Muck's und meiner Oper „die letzten Tage von Pompeji", wobei mir die ehrenvolle Einladung wurde, die Pausen durch Vorlesungen aus dem Leben Mozarts auszufüllen. Die Stelle des Arbaces „Jone für Dich glüht meine Seele", durch Seifert's geistvollen Vortrag und Muck's Clavierspiel zur vollen Geltung gebracht, gab den Impuls zu der erwähnten Dekoration. Der ästhetische Sinn dieser Herren *) ließ dieses Fest, dem noch andere werthvolle Tonstücke beigefügt wurden, bis Tagesanbruch dauern, und brachte bei mir vollends den oft wiederholt ausgesprochenen Satz zur Reise: „Es giebt keinen Dilettantismus in der Kunst, will man aber über Stümperei

---

*) Wobei auch mehrere meiner intimeren und älteren Freunde anwesend und musikalisch thätig waren, unter diesen Appellationsgerichtsrath Marx (Bruder meines Lehrers M. Marx und früher in Würzburg), Rechtspraktikant Carl Marx (des Letzteren Sohn und ausgezeichneter Geiger), Buchhändler Krebs, Forstmeister Röttger, Dr. Bürchl, ein Sohn des früheren langjährigen Theaterdirectors Bürchl in Würzburg u. A.

klagen, so gebrauche man das Wort Laie." Auf dieses Kapitel stützen sich mehrere theils im Manuskript, theils im Druck
erschienene Abhandlungen, welche hier allerdings nicht Raum
finden können. Die Familie Stilgebauer, Wittwe und Söhne
(Ersterer dem Geistlichen-, Letzterer dem Kaufmannstande angehörend), die theueren Reste der Familien Tomschitz, Wagner,
und Olff, uns durch viele trübe Erinnerungen gleichsam Schick-
salsverwandt, können niemals aufhören uns zu lieben.

Zum Schlusse ein Wort noch über Franz Liszt, weil ich
sein Genie und viel treffliches Gelingen bei mancher bizarren
Richtung an ihm hochschätze, und er mir jedesmal die Ehre
seines Besuchs gönnt, sobald er nach Frankfurt kommt. Es
ergötzte mich dann vorzüglich, wenn er, gleichwie mit Münch-
hausens zerschnittener Zunge mehrere Sprachen zugleich redete,
während ich mich allerdings mit dem Vorzug brüste, sie —
alle Sprachen — ein für allemal in's Deutsche zu übersetzen.

Eine umgekehrte Transcription also, die mir vielleicht
in seinen Augen eine gewisse Schätzung erworben haben dürfte.
Sein gastronomisch-parlamentarischer Salon ist dann auch mir
geöffnet, und es war dann nicht das erste Mal, daß ich mit
Gräfinnen und Fürstinnen die feinsten . . . . . Manilla's ge-
schmaucht hätte. Wie bei manchem Anderen, vergönnte auch
mir das Geschick ein sehr interessantes Zusammentreffen mit
ihm und Pischeck, das ich seiner Eigenthümlichkeit wegen:
„Matinée musicale aus dem Stegreife bei Wilhelm Speyer"
nenne, und hinterher auch drucken ließ *). Es war gerade am
Tage des heiligen Franziskus, als der berühmte Franz auf

---

*) Feldzüge und Streifereien im Gebiete der Tonkunst. Darm-
stadt bei Jonghaus. 1841.

seiner Reise nach München (es mag in den 40ger Jahren gewesen sein) mit mir bei Speyer zusammentraf. Auch hier muß
ich, um das Ganze nicht zu copiren, wieder auf mein Buch
verweisen, und will nur im Ganzen damit andeuten, daß
diese Matinée ein Decameron von Scherz und Laune, ein
improvisirter Austausch unserer Talente *) war, wie ihn der
Moment nur gebären konnte. Unter Andern legte Pischeck
auch Esser's „des Sängers Fluch" auf, den Liszt noch nicht
kannte. Ich freute mich schon heimlich, daß er nun in Verlegenheit kommen würde. Denn die Begleitung ist enorm
schwierig, und schon der poetischen Auffassung wegen möchte
ich Niemanden rathen, sich so mir nichts, Dir nichts hinzu-
setzen, als ob er ein: »sul margine d'un rio« vor sich hätte.
Aber nun fehlen mir die Worte. Ich hielt es bis jetzt nicht
für möglich, daß man gänzlich unvorbereitet bei enorm technischer Schwierigkeit so vollendet auffassen und produciren
könne. Ich kannte die Ballade bei ihrer Entstehung und vom
Museum her, aber so collossal ist sie mir noch nicht erschienen.
Wie ein Feuerstrom wälzte Liszt die Massen seiner Töne über
die Tasten hin. Technik, Tempi und Modulationen gleichzeitig
gebärend, den Sänger begeisternd und von ihm begeistert. Das
war die Wechselwirkung eines ächt poetischen Fluidums. Vor
einem tausendköpfigen Auditorium hätten beide Künstler nicht
ehrgeiziger singen und spielen können. Eine Steigerung er-
zeugte die Andere, und bei den Worten des Fluches „Weh
euch!" ergoß sich ein Schauer durch unsere Glieder. Wäre
doch Esser und der ehrwürdige Vater dabei gewesen. Als der

---

*) Auch das Meinige? Warum nicht? Ich trug meine Mono-
bie vor.

Gesang zu Ende war, blieb Alles eine Zeit lang stille, denn es giebt Eindrücke, die sich nicht anders kund geben können. Pischeck's Wangen brannten, und gedankenvoll ließ er das Blatt sinken. Liszt blätterte noch etwas nach, einzelne Schönheiten citirend, dann mengte er Chocolade mit Caffee, ließ es kalt werden und meinte, das sei gut gegen Echauffement u. s. w.

Ich aber glaube am besten mit diesem Passus zu schließen.

Nachdem ich mich nun breiter ausgelassen, will ich pflicht= schuldig auch solcher Personen gedenken, mit welchen ich durch flüchtigere oder vielmehr seltenere Anregungen durch Briefe, Reisen, selbst durch kleinere und größere im Leben so oft un= vermeidliche Conflicte in jedenfalls interessante Berührungen gekommen bin.

Nomenclatur in engerer Form

nebst einer kurzen Analyse der Familien S t e i n , S t r e i c h e r und A n d r é.

J. A. Hammeran und Osterrieth, Herausgeber und Chef des Frankfurter Journals und der Ober=Postamts=Zeitung.

Dabei attachirt W. Kellner, Karl Wagner*), Engel, Dr. Vogel, Eduard Sattler (†) (der gütige Protektor vieler meiner Schriften), Dr. Thomas, früher Mitarbeiter an der letzteren Zeitung. Weitere Redaktoren verschiedener hie= siger Zeitschriften: Stolze (Latern), Dr. Peiser (Frankfurter

---

*) Sohn von Wilh. Wagner.

Börsenblatt), Krebs-Schmitt (Anzeiger), Habermann (Volksfreund) *).

War es nicht sehr schwer mit Dr. Zirndorfer (Intelligenz-
blatt) in Zerwürfnisse zu gerathen, so war ein »pater pec-
cavi« von seiner Seite bei mir doch stets von versöhnlicher
Natur.

Die Verlagshandlungen Brönner und Sauerländer.

Schriftsteller und Gelehrte!

Ebner (†) (Vater) langjähriger Freund W. Wagner's und
Gründer des Frankfurter Beobachters, Gustav Oehler, literarische Leihanstalt und früherer Herausgeber mehrerer Zeitschriften. Wilhelm Meck, Buch= und Verlagshandel in
Constanz.

Frau Birch=Pfeiffer, Frau Margaretha Pilgram=Diehl (die
Herausgeberin schätzbarer Gedichte). Die Professoren Dehn und

---

*) Volksfreund, aber nicht der Meinige. Mit meinem Hand-
lexikon der Tonkunst ging er und die Süddeutsche Musikzeitung (Schott)
ganz unbarmherzig um. Ich weiß wohl, daß mein Werk — und nicht
ohne Beziehung auf spätere eigenmächtige Correcturen und Kürzungen
des Hrn. Joh. André — daß mein Werk Fehler hat und auf
diese Art haben mußte, allein es liegt doch schwerlich in der Natur
der Sache, daß einem größeren Werke auch nicht ein Vorzug gelassen
werde. Mit Berücksichtigung auf die in der Vorrede meines Buchs
ausgesprochene Tendenz, hätte mir eine loyale Kritik schon einige
Concessionen einräumen dürfen, und auch dürfte etwas Lob den Ta-
del schärfen. Das wäre klüger und mir schädlicher gewesen. Auch weiß
ich wohl, daß mir diese Notiz bei dem Volksfreund, der sonst ein un-
erschrockener Vertreter seiner Willensmeinung ist, keine Rosen bringen
wird, aber das soll mich nicht hindern, mich hierüber frei auszusprechen.

W. H. Riehl *). Dr. Weißmann, Schlemmer, Dr. Drescher
(Verfasser werthvoller musikalischer Abhandlungen), Th. Creize-
nach, Dr. jur. Hermann Ebner (Sohn des Obgenannten),
Dr. philos. Tempel, Heribert Rau, Dr. med. Schwenk.
Graf Rossi (durch manchen interessanten Briefwechsel). Der
Schauspieler Seydelmann (†) (durch sympathetische Züge mit
mir verbrüdert) und die Sänger Dettmer und Tichatscheck.

Privatgelehrte: August Fresenius, Sauerländer (Neffe des
Obgenannten) und Hermann Juncker.

Mir sehr befreundete Personen aus verschiedenen Ständen
bezeichne ich wohl am besten durch die Herren Senator: Supf
(vide Theil I, pag. 108), Georg Hoppe, bei der königl. hannover'schen Gesandtschaft. J. B. Camozzi (Architekt), langjähriger Freund meiner Familie. Dondorf, berühmte litho-
graphische Anstalt. Die Herren Buzzi (als Mitgründer des
neuen Saalbaus) und Renninger, alten Musikern aus der
Periode Bernard in Offenbach noch wohl erinnerlich und mit
Hochachtung zu gedenken. Karl Lattmann, Privatmann und
gebildeter Musiker, meiner eigenen Bildung durch nützliche
Gespräche stets förderlich. So, mit ihm in der herrlichen Natur des Taunus erhebende Momente.

Und endlich die Tonkünstler: Fr. Schneider (†) aus Dessau,
Cantor Rink (†) aus Darmstadt. H. W. Stolze, Organist aus
Zelle **). J. C. Lobe (Theoretiker und Componist). C. F.

---

*) Ersterer Archivar der letzten Könige von Preußen, Letzterer
durch seine musikalischen Schriften, namentlich seine Charakterköpfe,
seine Vorlesungen über geschichtliche Literatur u. s. w. bekannt.

**) Ich bin im Besitze eines Catalogs vieler gediegenen, meist
oratorischen Werken aus Stolze's Feder.

Becker und Franz Brendel in Leipzig *). Ernst Methfessel aus Winterthur. J. F. Kittl (Direktor des Prager Conservatoirs und Componist mehrerer Opern). Lindpaintner (†). Marschner (früher im Briefwechsel mit ihm gestanden). Jean Bott und J. Bischoff (die ersten Stipendiaten der Mozartstiftung). Aloys Schmitt, Hofkapellmeister in Schwerin, des berühmten Vaters würdiger Sohn. Mein Verhältniß zu ihm stets freundlich durch Gegenbesuche. Besonders interessant ein Zusammentreffen mit ihm und Spohr in seines Vaters Haus, wo tüchtig musicirt wurde. Auch hier zeigte sich Spohr's Loyalität, wenn es galt, j u n g e T a l e n t e aufzumuntern, (mit alten war er bekanntlich nicht immer so rücksichtsvoll). Der Meister, dem Jünger die Hand reichend, sprach zu ihm die denkwürdigen Worte: „Ihr Spiel hat mir große Freude gemacht, denn Sie bewahren mit einem geistvollen Vortrag die gesunde Form, und das will in unserer kränkelnden Zeit viel sagen!"

Die Milanollo (Therese und Maria (†)**). Thalberg, Moritz Haupt (nach Moskau übergesiedelt). Hektor Berlioz (hierüber folgen spätere Nachrichten). Henry Vieuxtemps, Siebentopf und Bockmühl, beide anerkannnt geschickte Cellisten, Letzterer Dilletant. Fräulein Sophie Seibt, meines alten Freundes, eines städtischen Beamten, talentvolle Tochter und Direktrice eines gemischten hiesigen Gesangvereins, feierte im vergangenen

---

*) Mit dessen neuer Zeitschrift ich nicht mehr in der alten Verbindung stehe!

**) Mit deren Familie ich in genaue Verbindung gekommen, indem ich das jüngste Knäblein aus der Taufe hob, und mein Sohn Adolph als Pianist mit der Familie auf Kunstreisen ging. Herrliche Talente diese kleinen Euterpen, aber in der Familie ein verschwenderisch wüstes Treiben.

Oktober ein 25 jähriges Künstlerjubiläum. Eine eigenthümliche und doch achtbare Erscheinung hier den Dirigirstab selbstständig schwingen zu sehen. In Bezug auf Composition (sie studirte bei guten Meistern) giebt Fräulein Seibt ihrer Gesellschaft bedeutenden Aufschwung, und berechtigt im oratorischen Satz zu weiteren Hoffnungen.

Die älteren und neueren Musikverlagshandlungen Th. Henkel und Schott (Filiale des Mainzer Hauses) und Leopold Lichtenstein, neues, in großem Schwunge stehendes Piano-Forte-Lager. Endlich Professor Schindler, ami de Beethoven (†). Aber »de mortuis nil nisi bene«.

Anhang.

Kurze Analyse der Familien S t e i n , S t r e i c h e r und A n d r é.

Da diese Familien in so verzweigter Verwandtschaftsverbindung mit einander stehen, gebührte wohl ein erläuterndes Wort darüber, und will ich mich diese neue Mühe nicht verdrießen lassen.

S t e i n , Joh. Andr., ein würdiger Schüler Silbermanns und seiner Zeit berühmter Orgel- und Instrumentenmacher zu Augsburg, geb. 1728 zu Hildesheim (Pfalz), starb daselbst 1792. Von seiner Erfindung ist die Melodica, die Saitenharmonika, das Clavecin, der Doppelflügel und — von noch größerer Wichtigkeit — die H a m m e r a u s l ö s u n g. Seine Erfindungen erhielten durch seine Tochter Nanette und seinen Sohn Andreas, die nach Wien übersiedelten (1794) und dieselben vervollkommneten den Namen „Wiener Mechanismus“. Stein's Flügel, weil sie Mozart's Lieblingsinstru-

mente waren, wurden „Mozarts=Flügel“ genannt. Nanette
Stein (zu Augsburg 1769 geboren) war dabei ausgezeichnete
Pianistin und Sängerin. Sie erlebte die Freude, ihren Sohn
(J. B. Streicher) mit der Tochter von A. André vermählt
zu sehen (starb 1833).

S t r e i c h e r, Andreas, geb. 1761, war ein Zögling der
Karlsschule und begleitete Schiller auf dessen Flucht. Nachdem
er sich in Frankfurt und München von Unterrichtgeben kärg=
lich ernährt, heirathete er in Augsburg Nanette Stein und
etablirte in Wien die berühmte Clavier=Fabrik, Firma: Na=
nette Streicher, geb. Stein. Sich nur mit dem Gedeihen seiner
Kunst beschäftigend, gründete er „Die Gesellschaft der Musik=
freunde des österreichischen Kaiserstaates“, wodurch das Con=
servatorium entstand, und trug durch Errichtung von Gesang=
schulen vieles zur Vereblung des Kirchengesanges bei. Nach
dem Tode seiner Gattin übergab Streicher seinem Sohn Jo=
hann Baptist das große Geschäft. Er starb 1833. J. B.
Streicher, Hofclaviermacher in Wien, brachte, wie allgemein
bekannt, das Etablissement zur höchsten Blüthe *). Der erste
Preis auf der Wiener Gewerbausstellung 1835 und ver=
schiedene Verdienstmedaillen ehrten ihn; mehr jedoch die Ach=
tung, die seine Instrumente in der ganzen Welt genießen. Seine
Gattin, A. André's Tochter, verlor er leider schon in der
Blüthe ihrer Jahre.

A n d r é, Johann, geb. am 28. März 1741 zu Offen=

---

*) Ueber dies Etablissement habe ich Ausführliches berichtet, wie
auch in den vierziger Jahren einen Aufsatz über die neue Gattung
von Patent=Flügeln von Nanette Streicher und über die neuen Mo=
zart=Flügel von A. André. (Berliner Musik=Zeitung im Sept. 1854.)

bach. Nebst seiner Bestimmung als Kaufmann enthusiastischer Musiker. Mit Göthe in freundlicher Beziehung. Durch die Composition von dessen Operette „Erwin und Elmire" gewann er den Ruf als Musikdirektor des deutschen Theaters in Berlin. Schrieb an 30 Opern, eine Menge Sonaten und Lieder, unter letzteren die Musik zu dem von M. Claudius gedichteten Rheinweinlied: „Bekränzt mit Laub u. s. w." Historisch bemerkenswerth: Bretzner schrieb den Text zu „Belmonte und Constanze" für ihn (1780). Gegeben wurde die Oper zu Berlin am 25. März 1781 und siebenmal mit Beifall wiederholt. Mozart's Oper gleichen Namens erschien am 12. Juli 1782 zu Wien, mit Textzusätzen von Stephani. Auch war André Gründer des bekannten Musikalien-Verlags zu Offenbach; starb am 18. Juni 1799.

·André, Johann, Anton, des vorigen Sohn; geboren am 6. Oktober 1775. Großh. Hessischer Kapellmeister und Fürstl. Isenburgischer Hofrath. Schon als Knabe große Geschicklichkeit im Generalbaß, später wackerer Violinist, Pianist und Sänger. In Mannheim als Dilettant Mitglied des Theater-Orchesters. Sein Lehrer auf der Violine: Fränzl. 1790 Rückkehr nach Offenbach, woselbst Orchesterdirektor einer Schauspielergesellschaft. 1792 erneuerte Generalbaßstudien unter Vollweiler in Mannheim. 1796 hörte er Vorlesungen über Aesthetik in Jena. 1799 kaufte er einen großen Theil des Nachlasses ·der Mozart'schen Manuskripte von dessen Wittwe (siehe dessen thematischen Katalog, Offenbach 1841). Nach großen Reisen heimathliche Niederlassung, wo sein Haus ein wahres Pantheon der Tonkunst. Besitzer werthvoller Gemälde und Bildnisse der ersten Tonkünstler. Als Verleger großes Verdienst in der Herausgabe klassischer Werke und Vervollkommnung der Steindruckerei. An Gerber's Tonkünstler-Lexikon Mitarbeiter, und für die Aechtheit des Mozart'schen Requiem endlicher Schiedsrichter. Von seinen zahlreichen Compositionen sind hervorstechend: Opus 32 „Sprüchwörter für 4 Singstimmen", seine Lieder und Gesänge, 3 Hefte (Muster deklamatorischen Gesangs), Op. 10. Flötenconcert, ein Doppel-Conzert für Violinen und Cello, und mehrere Violin=Quartette. Werthvoll seine Sinfonieen, namentlich aus es-dur. Sein Lehrbuch der Tonsetzkunst, 3 Bände (Offenbach 1832) verdient allgemeine Verbreitung. Seine Opern: „Die Weiber von Weinsberg". „Rinaldo und Alcina" sind, wie andere treffliche Werke, ad acta gelegt. Starb am 6. April 1842.

André, Karl, ist Besitzer der bekannten Musikalienhandlung und Piano=Fabrik in Frankfurt a. M. und zeichnet sich aus durch eine enthusiastische Verehrung Mozart's, weshalb er sein Etablissement „Haus Mozart" und seine Flügel „Mozartflügel" nennt. Die vielseitigen Beziehungen, in welchen die Familie André zu Mozart und dessen Werken von jeher gestanden hat und noch steht, dürfte solches rechtfertigen.

André, Julius, studirte bei seinem Vater die Composition, und legte seine gewonnenen Kenntnisse in verschiedenen Werken für die Orgel, den Gesang und das Clavier nieder. Auch sind von ihm viele Arrangements der besten Werke guter Meister, zu vier Händen bearbeitet, erschienen. Gesundheitsrücksichten bestimmten ihn, sich nicht ganz der Tonkunst zu widmen, welcher er jedoch den größten Theil seiner Mußestunden opfert.

André, August (Firma: Johann André), Besitzer des seit circa 77 Jahren bestehenden Musikalien=Verlags in Offenbach, und Herausgeber des Werkchens, woraus diese Notizen entnommen.

André, J. B., der Jüngste der Brüder, wurde geboren am 7. März 1823, studirte unter Aloys Schmitt Clavier, bei Keßler Theorie und bildete sich bei Taubert und Dehn in Berlin aus. Von seinen vielen Clavier- und Gesangcompositionen zeichnen sich seine religiösen Lieder aus, wovon er ein Heft (bei Bote und Bock erschienen) der Königin von Preußen gewidmet hat. Auch schrieb er einige Opern für Privattheater, die er jetzt für die große Bühne umarbeitet.

Noch eine gewichtige Serie von Freunden die in Verbindung mit mir standen und noch stehen (die Componisten meiner Libretti), finden sich am Schlusse des 3. Theils in dem Verzeichniß meiner Werke aufgezeichnet.

Ich wiederhole, daß das schöne Geschlecht in den Bereich meiner Forschungen zu ziehen ein allzu gewagtes Unternehmen sein würde, indem man in die Gefahr gerathen könnte, — mehr wie es bei Männern der Fall ist — zu viel oder zu wenig zu beschauen und wieder zu erzählen. Jedenfalls dürften meine harmlosen drei Theile zu einer Chronik anschwellen, wofür ich meine Leserinnen bewahren will.

Auto-Biographie

von

Carl Gollmick.

Dritter Theil.

Einleitung zum dritten Theil.

Eine neue Theater-Perſonal-Statiſtik mag für mein nächſtes Capitel Albert Lortzing paſſend ſein, da ſich ſeit Guhr's Erſcheinen in Frankfurt weſentliche Veränderungen zugetragen haben müſſen. Die lange Pauſe möge ſich der u n g e d u l d i g e Leſer ein wenig gefallen laſſen, denn von dem g e d u l d i g e n habe ich ſie nicht zu befürchten. Ferner darf ich die maſſenhaften Ereigniſſe der achtundvierziger Jahre, darf ich unſere ſtürmiſche Direktions-Wechſel- und Interims-Zeit, ſowie die freundlichen Strömungen unſerer Muſik- und □ Feſte u. ſ. w. u. ſ. w. kaum andeuten, will ich die Tendenz meines Werks berückſichtigen. Wie nun bei ſolchen Ereigniß-Concerten meine Perſon immer mehr oder minder betheiligt bleibt, ſo ſpielte ich doch nur ſelten eine erſte Geige dabei, und darf getroſt auf die mit allen dieſen Dingen vertraute Preſſe verweiſen, die ſich ja mit der richtigen Kunſt beſchäftigt, das zu berichten — was ſie für das Beſte hält.

Phase aus dem Leben des Frankfurter Theaters in der Mitte der 40ger Jahre.

(Alphabetisch geordnet.)

Das Personal unter dem Triumvirat Guhr, Malß und Meck war folgendes:

Sängerinnen. Die Fräulein: Elise Capitain, Daun, Bertha von Knoll, Kratky, Reuther, N. Hoffmann und Rudersdorf.

Schauspielerinnen. Die Damen: Albini, Baison, Clef (Mutter und Tochter), Frühauf, Lindner, Meck, Weidner, Zeis.

Sänger. Die Herren: Beer, Caspari, Chrudimsky, Hassel, Nork, Pischeck, Wiegand.

Schauspieler. Die Herren: Baison, Diehl, Grahn, Hallenstein, Hassel, Heyl, Linker, Lußberger, Meck, Carl und Heinrich Schneider, Weidner, Welb.

Orchester. Guhr (Capellmeister). Musikdirektoren: Hoffmann und N. Baldenecker.

Mitglieder. Außer den älteren längst bekannten und oft genannten Freunden Brand, Keßler, Hom u. s. w. sind demnach nur die in den 40ger Jahren neu hinzugetretenen Mitglieder (die nun auch alte Freunde geworden sind), zu bemerken, und zwar ohne alphabetische Ordnung.

Geiger. Die Herren: Rudersdorf, H. Wolf, Eduard Eliason, Wallerstein, Arnold, Kaiser, Geißler, Schecker und Becker jun. Flöte: Traub. Hoboist: Heeser. Clarinette: Mehner und Röhrig. Horn: die Gebrüder Grimm. Trompete: Meggenhofen, Triebel. Contrabaß: Sachar und Vorrmann.

Von neu hinzugetretenen Mitgliedern anderer Instrumente schweigt mein Material.

Die Regie des Schauspiels und der Oper führten Meck und Linker. Inspicient des Schauspiels: Hallenstein.

Censor der Theaterstücke: Dr. Thomas. Aerzte waren Dr. Mappes und Müller. Polizei=Commissär (auch in Theatersachen) Herr von Langen. Buchführer und Cassirer Herr Obert.

Präsident der Pensions=Anstalt war Herr Alexander Bernus. Zum Vorstand desselben gehörten: R. Baldenecker, Lußberger, Wiegand und Karl Goßmick.

Albert Lortzing.

„Abermals ein Stück meines Herzens dahin! Heute Morgen am 16. Mai 1844 reiste Philipp mit seiner Familie nach Frankfurt."

Also schrieb Albert Lortzing von Leipzig aus an einen Freund. Ein Brief aber aus Frankfurt a. M. an Düringer*) vom 29. Juni d. J. lautet ganz anders.

---

*) Der Verfasser der Broschüre: „Albert Lortzing, sein Leben und Wirken. Leipzig bei Otto Wigand 1851", auf welches Werkchen ich dringend aufmerksam mache.

„Meine Hand zittert ein bischen. Woher mag das kommen? Dein Arrangement paßt ganz in meinen Kram, indem hier augenblicklich keine Oper von mir gegeben werden kann. Erst wenn ich wiederkomme, soll es geschehen u. s. w."

Albert Lortzing, Philipp Reger und Philipp Düringer hieß man in ganz Leipzig nur „das unzertrennliche Kleeblatt*)". Dieses als Vorrede zum Faden dieses Artikels des noch so jugendlichen Meisters Ehrentage. Anfangs Juli in Mannheim und sein Abstecher nach Heidelberg und Baden-Baden sind von dem Autor dieser Broschüre mit lebendiger Treue beschrieben worden. Dieses Vergnügen noch zu erhöhen diene die Mittheilung folgender Episode.

Auf einem Belvedere saßen Beide, Lortzing und Düringer beim edlen Mocca und der duftenden Cigarre; um sie herum die malerischen Gruppen der üppigen Polka-Literatur der Badensischen Kurkapelle lauschend. Die Musiker mußten Lortzing erkannt haben, denn sie spielten nun eine Piece nach der anderen aus seinen Opern auf. Wenn nun der Autor dieses Schriftchens sagt: „Er freute sich sehr über die Aufmerksamkeit des Orchesters und machte den Musikern sein Compliment über ihre Leistungen" u. s. w., so scheint mir dieser Ausdruck viel zu kühl. Ein so aufgeregter Genius wie Lortzing mußte in Entzücken gerathen sein, wenn er sich auch zurückhielt, um die Musiker nicht gerade zu umarmen. Ich weiß es aus Reger's Munde, wie Lortzing einst sagte: „Ach, wer es doch auch so weit gebracht hätte, wer zu einer solchen Popularität gelangen könnte?! Das wären dann nur noch wenige Schritte bis zur Unsterblichkeit."

---

*) Wie dieser Titel einst einem anderen Trifolium gegeben wurde. (Im 1. Theile.)

Der Wendepunkt und der Gipfel seines Glücks steht offenbar in Verbindung mit seiner Reise hierher im Juli d. J., da er von Guhr eingeladen war, seinen Wildschütz selbst zu dirigiren. Aber unbegreiflicher Weise steht von diesem Faktum auch keine Sylbe in Düringer's Werk, um so mehr ich es mir zur Pflicht mache, diese Lücke auszufüllen. Bevor ich aber kund thue, auf welche Weise ich so intim mit Lortzing in Berührung gekommen bin, muß ich zurückgehen. Schon um ein Jahr früher correspondirte ich mit Lortzing in operntextischen Sachen, und um hier nicht weit auszuholen, verweise ich auf zwei Antworten Lortzing's vom 30. November 1843 und vom 21. März 1844, die in Düringer's Büchlein abgedruckt stehen. Meinen Text „Donna Diana" refusirt er mit wahrhaft logischer Spitzfindigkeit. Er erkennt als Basis aller seiner Texte seinen Czaar und Zimmermann, und er mag recht haben, da diese Oper — die Vortrefflichkeit seines Wildschützen, Hans Sachs, Undine u. s. w. unbestritten — am meisten durchgegriffen. Dieser zweite Brief schließt auf folgende Weise sehr interessant: „Meiner langen Rede kurzer Sinn ist demnach, daß wir in Deutschland schon Conversationsopern geben können, daß nur nicht jede Gattung für uns paßt; unter diesen verstehe ich Opern wie Figaro's Hochzeit, die dem Publikum nur durch die Musik gefällt, und Sujets — wie Ihre Donna Diana, denn einen Cäsar, einen Perin, wie wir ihn uns beide denken, die zugleich im Gesang effectuiren, wüßte ich nicht zu finden, und thät' ich auch hundert Laternen anzünden u. s. w."

Ein dritter Brief — ohne Datum (bei einem Genius nichts Neues) ist mir unklar geblieben. Jedenfalls ist er vor 44 und wahrscheinlich noch vor der Aufführung des Wildschützen in Frankfurt geschrieben. Der Anfang dieser Epistel ist so eigen,

aber auch so schmeichelhaft für mich, daß ich mich nicht ent=
halten kann, ihn zu citiren: „Lieber Freund Gollmick. Also
wollen Sie den Doppelgänger spielen? — Der Gollmick, der
bereits in meinem Herzen sitzt, machte ein kurioses Gesicht,
als er in Frankfurt a. M. noch Einen: Herein! rufen hörte;
bitte, ärgern Sie mir den Menschen nicht, sonst zieht er am
Ende wieder aus u. s. w. *). Mit Reger schon vor vielen
Jahren bekannt geworden, ließ ich mir diesmal nicht ausreden,
ein Jugendfreund des kleinen Albert zu sein. Meine Tagebücher sagen zwar nichts darüber, und dennoch war dies eine
Lieblingsidee von mir.

„Nun, wenn das ist," meinte Reger, „so könnten wir ja
sogleich an's Werk gehen. Lortzing muß hierher nach Frankfurt, aber er ist nicht dazu zu bringen. Er fürchtet sich vor
Guhr und seinem Orchester."

„Nun, haben Sie es ihm denn nicht plausibel gemacht?"
entgegnete ich.

„Ich versuchte es", sagte Reger, „aber Sie wissen selbst,
je näher man sich einander steht, desto weniger Einfluß hat
man auf einander. Deßhalb — das wäre etwas für Sie."

„Für mich, wie so?" fragte ich gezogen, das Rechte schon
ahnend.

„Ich meine, bei Ihrem Ruf und ihren kritischen Ein=
flüssen und — da Sie auch ein Jugendfreund von Lortzing

---

*) Ich weiß in der That nicht, was er damit sagen wollte.
Wahrscheinlich bezieht sich dieses „Herein!" auf seine Reise nach Berlin, wo er meinen Bruder Fritz besuchte, und es nun mit zwei Gollmick's — als Doppelgänger zu thun hatte.

sind *) .... so wären Sie gerade der geeignete Mann dazu. Hier, hier ist Dinte und Feder, schmieden wir das Eisen, so lange es noch warm ist!"

Ein Enthusiast ist gleich bei der Hand, und somit ging meine bringende Depesche ab, die alle Gründe darlegte, den allzu bescheiden Zögernden zur schnellen Abreise nach Frankfurt zu bewegen. Mein Brief verfehlte seine Wirkung nicht. Lortzing saß bei Reger am Schreibepult, und als ich eintrat, kam mir freundlich die personificirte Sympathie entgegen. So habe ich mir den Lortzing gedacht, er mußte so und nicht anders aussehen, mit seinem gemüthvollen, genialen und den reinsten Humor wiederstrahlenden Antlitz. Ein Antlitz, das man beim ersten Blick gleich lieben muß. Ob ich einen ähnlichen Eindruck auf ihn machte, kann ich nicht bestimmen, aber mein Herz sagte mir, daß es so war. Daß wir nun täglich beisammen waren und die Zeit vor der Aufführung des Wildschützen weiblich nützten, ist begreiflich. Die Einladungen aber in vornehme Häuser waren ihm stets unbequem, und doch mußte er „Heusamen-Kraut" — wie er es nannte — schlürfen, und gleich Papageno, Feigen und Zuckerbrod verspeisen, mußte stets von sich und vom Theater schwatzen, was ihm nun vollends zuwider war. Wie wohl es ihm daher werden mußte, wenn er allen Zwangs erledigt sich wieder „losgeeiset", kann nur der stets am kaukasischen Felsen der Pflicht angeschmiedete Tonkünstler empfinden. Aber dann auch, wenn wir hinaus in's Freie kamen, Lortzing die Weste und Halsbinde lüftete, wenn wir in ein wohlbekanntes Gäßchen schlüpften, der harrenden

---

*) Ich bedanke mich für das Compliment, aber seine scoptische Ader verläugnete mein guter seliger Reger auch hier nicht.

Freunde längst gewärtig, wenn wir uns dann breit machten zwischen Papa Valentin's besten Flaschen, und Lortzing dann, froh wie ein junger Bachante ausrief: „So, nun kann's los- geh'n!!" wer könnte dann wohl eine gediegenere Charakteri- stik aus dem Leben eines genialen Tonkünstlers geben?

Die erste Aufführung des Wildschütz an unserer Bühne fand Sonntag am 28. April 1844 mit folgender Besetzung statt:

Graf . . . . . Wiegand.
Gräfin . . . . Frl. R. Hoffmann.
Baron . . . . Caspari.
Baronin . . . . Frl. Capitain.
Nanette . . . . Frl. Daun.
Baculus . . . . Conradi.
Gretchen . . . . Frl. Kratky.
Pancratius . . Diehl.

Am 20. Juli d. J. dirigirte Lortzing diese Oper, und . . . . doch lassen wir ihn selbst reden, und copiren diesen Passus, den er Tags darauf nach Leipzig schrieb: „Gestern fand die Aufführung meiner Oper statt; und zwar mit glor- reichem Erfolg. Ich wurde zweimal gerufen, und hielt zuletzt wieder eine Rede — ohne stecken zu bleiben; mir geht es auch wie Guhr, ich sterbe auch bald *), indem ich anfange, Rednertalent zu zeigen. Guhr war übrigens die Liebenswür- digkeit selbst. Heute Abend 10 Uhr fahre ich endlich ab. Die Sehnsucht nach den Meinen ist sehr groß u. s. w." Auf keinen Fall war unser Abschied bei Valentin geräuschvoll, um

---

*) Welch' eine traurige Prädestination in diesen paar scherz- haften Worten!

so bewegter aber war er, und als wir uns am Postwagen
die Hände drückten, sprach er gerührt zu mir: Lieber Gollmick, wir thaten großes Unrecht, daß wir nicht Brüderschaft
mit einander tranken, aber .... ich hatte zu viel Respekt —
und hier ist leider nicht der Ort.

„Nun, was nicht ist, kann ja noch werden, hier oder
dort," antwortete ich, und nach einem herzlichen Kuß trennte
uns der unbarmherzige Schwager.

„Mit dem 1. August d. J. begann Lortzing sein so heiß
ersehntes Engagement als Capellmeister am Leipziger Theater,"
schreibt Düringer in seinem Text weiter. Ach! daß doch die
meisten Menschen das am liebsten wählen und treiben, wozu
sie am wenigsten geboren sind. Man kann nicht wohl zweien
Herren zugleich dienen, und hätte unser armer Freund dieser
Manie entsagt, sein Ende wäre vielleicht kein so tragisches
gewesen, wenn er nicht selbst noch lebte, im Vollgenuß seiner
kräftigen Thätigkeit. Lassen wir jedoch diese Wenn und Aber,
woraus der Mensch nun einmal zusammengesetzt ist, und
wende ich mich lieber zum eigentlichen Nerv dieses Artikels.
Dieser nun besteht aus zwei Briefen, und überhebt mich deßhalb aller ferneren Erläuterungen. Der erste ist vom 30. Oktober datirt und lautet:

Freund Lortzing!

Wenn ich die Feder jetzt ergreife
Und in die Poesie hinüber schweife,
So drücke man ein Auge zu,
Der Reim bedingt das traute Du,
Und weil ich gerne Du den nenne,
Für den in Liebe ich entbrenne,
So lasse man jetzt Neune grad sein,

Und denke halt' ich wär der Langbein,
Der es mit Bürgern eben so machte,
Als er den Schmollis dar ihm brachte.
Vor allen Dingen keine Feindschaft,
Daß ich so lange nicht geschrieben,
Doch war es Mangel nicht an Freundschaft,
Sonst wär's ja gänzlich unterblieben.
Es war halt, was den Künstler abhält
Dem Herzen und dem innern Drang zu leben,
Die Scheererei der Egoisten Welt,
Die Noth nach Ruhm und Brod zu streben.
Muß jeder doch in diesen Hexenkessel rühren,
Worin des Mißbrauchs bittersüß Gebräu.
Muß Murmelthiere, Affen führen,
Mitmachen jede Eselei.
Muß all' die lockern Pillen schlucken,
Die uns vom Rheine werden hergesandt,
Muß huldigen den transalpinischen Kalmucken,
Die invasiren unser deutsches Vaterland:
Darf seinem Sinn für Schönes und für Gutes
Nicht folgen auf der edlen Bahn.
Er darf sich im Gefühl des Muthes
Zur Sonn' nicht schwingen himmelan.
Ja freilich, Du, Du bist geborgen,
Du sitzt im Schilfrohr, Dir ist wohl.
Dir macht das Schreiben nicht mehr Sorgen,
Du baust schon Deinen eignen Kohl.
Dir laufen nach die Herrn Verleger
Mit Säcken voll von Honorar.
Du hast gewaschen dieser Neger
Engherzig speculative Schaar.
Ich wollte grade Dich nicht loben
Und kitzeln Dein bescheidnes Ohr,
Talente kommen ja von oben,
Kannst Du doch eigentlich nichts davor.
Doch weil Du in die Publikümer

Mit deutscher Feder gedrungen bist,
Und Einhalt thust dem Weltschmerz und Gewimmer,
Das nicht mehr auszuhalten ist,
Weil Du nichts Frembes affectirest,
Nicht heut' Bellini, morgen Spohr,
Und oft das Zwergfell attaquirest
Durch fließend sprudelnden Humor,
Weil Du nicht unter Zangenwehen
Im Angstschweiß Deine Noten schwitz'st
Und nicht, unsterblich Dich zu blähen
A priori die Feder spitz'st,
Weil freundlich Du die deutsche Rechte
Dem schlichten Kunstcollegen drückst,
Und nichts gemein hast mit dem eiteln Geschlechte,
Aristokratisch aufgewichst.
Mit einem Wort, weil Du wie jene bist geblieben,
Die nicht verliebt nur in ihr liebes Ich,
Weil Du vom Herz zum Herzen hast geschrieben,
Sieh', Lortzing, deshalb lieb' ich Dich.
Weshalb ich Dir das jetzo sage,
Weshalb die Seele überquoll?
Das machen unsre heißen Tage,
Voll Afterkunst bizarr und toll.
Das ist ein Treiben ja und Orgen,
Als gält' es ex officio
Die heil'ge Tonkunst zu zerfetzen
Durch Wimmern und durch Jubilo.
Hier Sonnenschein, dort Nacht und Regen,
Da Zephirweh'n, dort Sturmgebrauß,
Stets zwischen Tartarns und Blumenwegen,
Das halten andre Nerven aus.
Deshalb, umgeben vom Getümmel,
Thut's wohl, man schreibt an einen Freund,
(Reit' ich statt Pegasus auch nur 'nen lahmen Schimmel)
Drum sei nicht bös', 's war gut gemeint.

So leb' denn wohl, und grüß von Haus zu Hause,
Es folge euch das freundlichste Geschick,
Mach' mit der Antwort nicht so lange Pause.
Bis in den Tod Dein treuer Freund

Gollmick.

Und hier die Antwort vom 17. November aus Leipzig:

Mein lieber Freund Gollmick!
Wär' mir zu Theil das Glück,
Daß Verse wie besessen
Mir auch vom Munde flössen,
Ich schmierte Bogen voll,
Daß Du Dich wundern soll-
test; doch ich hab' Momente,
Wo mich dieses Talente,
Grad wo es nöthig ist,
So ganz und gar verläßt.
Möcht nämlich gern dafür
In Reimen danken Dir,
Daß Du warst so gescheidt
Und mir Dein Du verleiht.
(Soll nämlich heißen: lieh'n)
Doch konnte ich nicht fin-
den einen bessern Reim;
Mußt drum zufrieden sein.
Der Zeilen schöner Sinn
Soll deuten darauf hin,
Daß nicht im Brief allein
Wir wollen Brüder sein —
Nein — überall und immer.
Bei Tag und Sternenschimmer —
(Jetzt werde ich poetisch)
Beim Weine und beim Theetisch,
In Versen wie in Prosa
Sei Carlos Du, ich Posa.

Es ist ja gar nicht nöthig,
Daß wir so übermöthig (müthig)
Und wie die beiden Herren
Jahrhunderte begehren;
Wir können Freunde bleiben
Ohne solch' Uebertreiben!
Denn das bleibt stets was Fades.
Orestes und Pylades,
Die jener Glück besungen,
Sie war'n auch brave Jungen;
Doch fiel es keinem ein
So arrogant zu sein,
Jahrhunderte zu wollen.
's ist doch zum Teufel hollen!
Drum also abgemacht,
Es bleibt, wie ich gesagt,
Daß es von meiner Seit'
Mich ganz entsetzlich freut. —
Nun aber muß ich schließen,
Thu' mir vor Allem grüßen
Deine Familie, Bester,
So wie das ganz' Orchester,
Auch Deinen Chef, Guhr heißt er,
Grüß' mir den Kapellmeister,
Ich thu' vor Freude brennen
College ihn zu nennen.
Und gehst Du einmal hin
Zum guten Valentin,
Wo auch mein Herzensfreund
Der Reger oft erscheint,
So stoße mit ihm an
Und denket, daß ein Mann
In Leipzig sich aufhält,
Der's gut meint mit der Welt,
Der stets sich freuet mit
Wenn Ein'm was Gut's geschieht.

(Der Gedank ist nicht von mir —
Kotz'bue hatt' ihn schon früh'r,
Doch das ist Einerlei —
Das Gut' bleibt ewig neu),
Leb' wohl, Familienvater!
Jetzt muß ich in's Theater
Und dorten den Barbier
Sevilla's dirigir'(en)
Leb' wohl, bleib mir gewogen
Und sei fest überzogen,
Daß ich mich freue sehn-
lichst Dich bald hier zu seh'n,
Der letzte Reim war schön.

Dein
Albert Lortzing.

Ein folgendes Schreiben vom 3. Mai 1845 giebt mir
nun das trauliche Du in Prosa, und erzählt von seiner
Hamburger Reise, von Pokorni's Antrag, die Undine in Wien,
Hamburg, Magdeburg u. s. w. zu geben, welches Alles aus-
führlicher zu lesen in den 50er Seiten unserer Broschüre.

Folgende Skizze giebt Folgendes in copia: . . . . Was
die Musik betrifft (Undine), so glaube ich nicht daneben ge-
tappt zu haben, wie vielleicht manche gehofft, da es ein mir
fremdes Terrain ist, das ich erwählt. Du weißt, ich bin nicht
eitel, aber ich darf gestehen, daß mich der Effekt einzelner
Musikstücke überraschte. — Nun, mit Gott wirst Du das Zeug
ja auch zu hören bekommen, und mir Deine Meinung nicht
verhehlen . . . . Ich habe mich den ganzen Winter hindurch
mit Gicht gequält, und bin noch nicht radikal geheilt. Hol'
der Henker das Kranksein. Guhr geht auf Freiers Füßen,
einem on dit zu Folge? und die kleine Capitain ist die Erwählte? sieh', sieh', was man nicht Alles für Leute kennt,

und wie die Zeit von dannen rennt! Was werde ich noch Alles erleben müssen?.. Hast Du noch die Intention Leipzig zu besuchen, so triffst Du mich jetzt auf jeden Fall, nur mußt Du nicht zu spät kommen u. s. w."

.. Ach, warum habe ich das versäumt? und — was versäumt der Mensch überhaupt nicht Alles?!

Von den beiden letzten Schreiben gebe ich einige Auszüge:

Leipzig, den 20. Mai 1845.

Lieber Gollmick!

Du hättest Dich Bezug des Schmähartikels über Dich etwas deutlicher ausquetschen sollen, in welcher Nummer er steht u. s. w., so aber kann ich Dir mit bestem Willen nicht dienen. Ich war in Person beim Redakteur der Signale, er wußte indessen von keinem injuriösen Aufsatze, und meinte, Du könntest Dich vielleicht touchirt gefühlt haben durch den Dresdener Bericht über Hiller's Oper. Ich lege ihn hier bei. Das dächte ich aber, wäre keine Schmähung, und muß sich unsereins ja häufig sagen lassen. Also muß es etwas Anders sein, oder Du hast Dir etwas weiß machen lassen. — ....

Leipzig. 8. Juli 1845.

Lieber Freund!

Dein Opernbuch hat im Allgemeinen meinen ganzen Beifall, kommt aber etwas post festum und concurrirt mit dem auf allen Bühnen heimisch gewordenen „verwunschenen Prinzen" — ich weiß nicht, ob die Posse bei Euch zur Aufführung kam, glaube es aber gewiß. Die Anlage und Pointe Deines Stoffes ist freilich ganz verschieden von jenem, dagegen ist, aber der Akt, in welchem Floris als Pseudo-Prinz auftritt, ganz dem jener Posse ähnlich und das dürfte den beabsichtigten Effekt Deines Werkes schmälern, so köstlich Du auch eben jenen Akt ausstaffirt hast. — Merkwürdig ist, daß wir beide hinsichtlich eines im dritten Akte vorkommenden Trinkliedes eine und dieselbe Idee hatten; Du wirst Dich davon überzeugen, wenn Du erst im Besitz des Clavierauszuges meiner Undine bist, welche entsetzlich lange herum zu schwimmen scheint, bis sie zu Dir gelangt. — Reger schwärmt, wie ich höre, auf Reisen herum. — Aus meinem Wiener Engagement ist nichts geworden — durch eine Perfidie; Reger wird Dir das deutlicher aus einander setzen! — Was mir an Deinem Text nicht so recht behagen will — es ist, versteht sich nur meine Ansicht, — daß Anlage und Pointe so ernsten Inhalts sind. Gieb acht, der letzte Akt wird auf dem drastischen dritten nicht schmecken. Aliko's Charakter ist auch sehr gut, nur wird er mir — wie schon erwähnt, auch stellenweise zu seriös, z. B. in der Arie des zweiten Aktes. Floris wird eine brillante, aber schwer zu besetzende Parthie werden. Er muß im ersten und letzten Akt ein guter Sänger und im dritten ein guter Komiker sein. Der dritte Akt ist gar zu hübsch, schade, daß man ihn nicht allein geben kann. Aber eben, weil er so hervorstechend ist, erinnert er auch zugleich zu sehr an jenen verfluchten verwunschenen Prinzen, und dieser ist leider auf allen deutschen Bühnen kein vorübergehender Gast gewesen, sondern treibt sich noch immer auf den Repertoiren herum. Ich zweifle übrigens nicht, daß Du für Deinen Floris bald einen guten Abnehmer findest, denn die Herren Compositeure sind nicht alle so scrupulös, wie ich.

Dank Dir für Dein Vertrauen wegen des Textes und wünsche Dir ein unsinniges Honorar dafür. Klopfe doch einmal bei Mendelssohn an, der sucht ja etwas Romantisches.

Das waren also die letzten Zeilen Lortzing's an mich — auf nimmer wieder schreiben und sehen — obgleich wir uns durch Grüße und Erinnerungen noch vielseitig mit einander beschäftigt haben.

Wie ist es aber auch möglich bei zunehmendem Alter und den daraus erwachsenden neuen Bekanntschaften stets derselben Correspondenzen zu pflegen. Da müßte man wenigstens so alt werden, wie Methusalem und zwölf Schreiber im Sold haben. Deshalb hat es unser Schöpfer weise eingerichtet, uns mit einer guten Portion Indolenz und Vergessenheit zu versehen.

Und nun möge es Niemand versäumen, die letzten Blätter aus der genannten Broschüre zu lesen, und sie seinem Herzen tief einzuprägen. „Es brach die Kette des Geschicks!" Lortzing starb am 21. Januar 1851 in Berlin, wo auch einst seine Wiege stand, im 47 Jahre seines Lebens am Schlagflusse.

Wenn der Wanderer auf dem Berliner Friedhofe die vielen stolzen Mausoleen und Epithaphien betrachtet, die auch verwittert einst sinken werden, so wird er an einem Steine, mit folgender einfachen Inschrift *) gewiß nicht kalt vorüber gehen!

> Deutsch war sein Lied und deutsch sein Leid,
> Sein Lebenskampf voll Noth und Neid.
> Das Leid flieht diesen Friedens-Ort,
> Der Kampf ist aus — sein Lied tönt fort.

---

*) Von Düringer verfaßt.

Edles Charivari.

Eine erste Stelle, die ich meinen Sänger-, Jubel- und
□-Festen, meinen Ehrengaben und sonstigen brillanten Er=
eignissen aufgespart, dürfte wohl das erste Würzburger
Sängerfest vom 4., 5. und 6. August 1845 ein=
nehmen, dem übrigens ein ernstes Vorspiel der späteren Be=
gebenheiten vom Jahr 1848 nicht abzusprechen ist. Hätten
unsere Leser das in Würzburg bei Ettlinger erschienene Album
zur Hand, so könnte ich folgende Notiz sparen. Da das aber
wahrscheinlich nur selten der Fall sein wird, so sei dieser Er=
innerung mein persönliches Schärflein dargebracht. Sänger=
feste, ob größer, ob kleiner, ob auf einem Weiler, ob in einer
Hauptstadt abgehalten, tragen, vom ersten Böllerschuß der
inspirirten Sängerankunft bis zu den letzten Zuckungen eines
unfehlbaren Katzenjammers, immer dasselbe Gepräge. Welcher
Gast hätte das nicht schon hundertfältig mitgemacht, oder sich's
von der Didaskalia erzählen lassen? Hier darf man unmög=
lich eine fein zergliederte Gesangeskunst erwarten. Hier han=
delt sich's um die Lust am Gesange. Ob da einmal ein em=
pfindlicher Tenor gegen zehn unternehmende Baribässe ankämpft
oder nicht, darauf kommt es bei Sängerfesten so genau nicht
an, wenn nur gesungen wird. Hier wird der Ton aus dem
Herzen in die Kehle getrieben, und was die Stimmung
betrifft, so haben die Sänger der neuen Pariser Stimmung
bereits vorgegriffen. Unsere Sänger werden am Schluß einer
Cantade oder einer nächsten Strophe, sobald keine Blechinstru=
mente mitkämpfen, schon von selbst um ein Dutzend Schwin=
gungsknoten tiefer fallen, und sollte noch etwas fehlen, so
hilft Freund Gambrinus durch seine Malz- und Fleisch-Er=

tracte schon nach. . . . Aber plagt mich denn Dieser oder Jener mitten in meinen besten Gefühlen?! Daß der sogenannte Humorist doch immer seine schlechten Witze unterdrücken kann. Ich könnte dieselben zwar v o r dem Drucke ausstreichen, aber ich lasse sie, mir selbst zur Strafe, als eine ungezogene Parenthese stehen, und will ich lieber damit beginnen, den Generalstab zu bezeichnen, der hier das Commando führte, und also im Voraus die Garantie gab, daß die musikalische Hermannschlacht gewonnen werden würde. Dazu gehörten die Direktoren C. L. Fischer, Eisenhofer, Friedrich Brandt, B. Hamm, Heinrich Neeb, die Gebrüder Otto u. A. m. — Unter den höheren Gästen befanden sich Friedrich Schneider aus Dessau, Reißiger, Neukomm, Reichard und wer zählt noch die Vielen aus so vieler Herren Länder Herbeigeströmten? Die mehr als hundert Orte des heiligen römischen Reichs zu nennen, welche den Würzburger Sängerbund gebildet, und als Bannerträger ihrer Chöre gelten konnten, diese Mühe werden mir meine Leser hoffentlich gern ersparen.

Nebst den in dem Album befindlichen Zeichnungen der verschiedenen Situationen in der Festhalle gewährten die Bildnisse der Herren Fischer und Brandt*) ein hervorragendes Interesse. Nicht minder auch ist des gelungenen Denkspruchs an der Spitze des Album's zu gedenken:

„Ein Theil giebt den Tenor, ein andrer singet Baß,
Und zu des Nordens Gab' legt auch der Süden was,
Allein ist keiner viel, auf ihn hat man nicht Acht.
Doch stehen sie vereint, dann siegt des Einklangs Macht!"

---

*) Einer der genialsten Guitarristen unserer Zeit.

Und nun darf ich auch wohl meines persönlichen Antheils bei diesem schönen Feste erwähnen, indem 'ich die Ehre hatte, am zweiten Festtage auf dem Marktplatze meinen Chor „deutscher Trost" (von Arndt) von der gesammten Sängerschaar produciren zu lassen.

> „Deutsches Herz, verzage nicht,
> Thu' was Dein Gewissen spricht
> Dieser Strahl des Himmelslichts,
> Thue recht und fürchte nichts.
> Offne Treue, ehrenfest,
> Und die Liebe, die nicht läßt;
> Einfalt, Demuth, Redlichkeit
> Steh'n Dir wohl, o Sohn des Teut!
> u. s. w.

Der gleich darauf folgende Gesang war von Hamm, mit Text von C. Bausback, dessen erste Verse:

> „Auf zur goldnen Morgenstunde
> Seid zu regem Leben wach!
> Stellt euch Sänger in die Runde
> Danket für ein gastlich Dach!" u. s. w.

Wer wäre nicht ehrgeizig genug, um zu gestehen, daß mir diese Auszeichnung, welcher das Diplom der Ehrenmitgliedschaft folgte, eine große Freude gewährte. Gleiche Auszeichnung wurde mir früher von unserem Frankfurter Liederkranz (dem ich seit 1830 anhänge) und vom Salzburger Mozarteum (1840) zu Theil.

Direktor-Wehen.

Daß ich, ebenfalls in den vierziger Jahren, 16 volle Monate lang Direktor der Frankfurter Liedertafel hieß, kann ich nicht sehr rühmen, obgleich ich manche treue Anhänger

darunter zählte. Ich sage hieß, denn ein Direktor der stets
dirigirt wird, ist eitel Schaum. Genug von diesen qualvollen
Wonnen vergeblicher Mühen und Zeitverluste. Sich „Herr
Direktor" nennen zu hören und alljährlich ein Stiftungsfest
mit Umständen zu feiern, ist freilich verführerisch, aber wer
es sattsam mitgemacht, hat sich gewiß auch Faust's Mantel
gewünscht, um mit demselben kopfüber zum Dachstuhl hinaus
zu fahren, und wer den Muth hat, es wirklich durchzumachen,
muß die Geduld eines Spartaners haben. Ich wählte das
Erstere und segne noch immer die Stunde dieses Entschlusses!

Frankfurter Liederkranz und Mozartstiftung.

Unseren Liederkranz und die Mozartstiftung betreffend, so
hat es meiner Theilnahme nie am Ausdrucke gefehlt. Bei dem
Sängerfeste, wenn auch — wie schon früher gesagt — der
Einzelne sich in der Masse verliert, so finden sich in meinen
Papieren, die jedenfalls in die Oeffentlichkeit übergegangen, noch
sprechende Beweise dieser Theilnahme. In meiner Rede an
die Mozartstiftung suchte ich den geschäftlichen Fortschritt des
Liederkranzes von seiner Entstehung bis zu diesem Moment
(ich rede vom Schlusse der dreißiger Jahre) im Detail zu
entwickeln. Ich erlaube mir den letzten Passus dieses Auf-
satzes zu copiren:

„Wir sehen, meine Herren, wie diese Sache der Gegenstand einer vielverzweigten Administration geworden ist, und
wie sie ihrer Tendenz und Verwaltung nach die allgemeinste
Theilnahme verdient hätte: Allein ein Gesammtinteresse des
Vaterlandes ist leider noch nicht erfolgt. Es ist daher Pflicht
der Presse so oft als möglich darauf hinzuweisen, diese schöne

Sache zu unterstützen und fördern zu helfen. Denn so lange die größeren Städte, wie Wien, Berlin, München, Hamburg, Dresden, Leipzig u. A. nicht Interesse dafür bieten, wird unser Institut immer nur auf sich angewiesen bleiben. Und wo fände sich eine schönere Gelegenheit zur Förderung eines nationalen und ächt künstlerischen Zweckes?"

Ich halte es für Pflicht, sowohl die Herren Vorsteher der Mozartstiftung und deren Zöglinge zu bezeichnen, und glaube darin am besten zu verfahren, wenn ich dazu ein eigenes Capitel gebe:

Statistisches aus den Protokollen des Frankfurter Liederkranzes.

1838. Gründung der Mozart-Stiftung.

Erste Mitglieder der Verwaltung:

W. Speyer, Präsident, Dr. A. Jost, Sekretär, F. Quilling, Cassier, P. Fink, Buchführer, Dr. Weismann, F. Schneider, Dr. Giar.

1840. Ausschreiben des ersten Stipendiums.

Preisrichter: L. Spohr in Cassel.

Franz Lachner in München.

Friedrich Schneider in Dessau.

Erster Stipendiat: Jean Bott von Cassel, unter Leitung von M. Hauptmann gegeben.

1843. Austritt von W. Speyer — dafür C. A. André.

   „   „   „ Dr. Weismann — dafür Dr. Martin.
Jost ward Präsident, Dr. Giar Sekretär.

1844. André ausgetreten — dafür J. A. Böhler.
Dr. Martin — Präsident.

1846. Zweites Stipendium.

Preisrichter: Marschner in Hannover.

Reißiger in Dresden.

Schnyder von Wartensee in Frankfurt a. M. —

Zweiter Stipendiat: C. J. Bischöff von Ansbach, an Kapellmeister Stunz in München zur Leitung überwiesen.

1846. Böhler gestorben — dafür Backes erwählt.

1851. Ausschreiben des dritten Stipendiums.

Preisrichter: Vincenz Lachner in Mannheim.

L. Spohr in Cassel.

W. Taubert in Berlin.

Dritter Stipendiat: Max Bruch von Cöln — an Ferd. Hiller zur Leitung übergeben.

1852. F. Schneider gestorben — dafür Dr. Ponfick erwählt.

1853. P. Finck ausgetreten — dafür F. Hessenberg erwählt.

1854. Backes ausgetreten — dafür L. Hessener erwählt.

1856. Dr. Martin tritt vom Präsidium ab; Dr. Ponfick, Präsident.

1856. Ausschreiben des vierten Stipendiums.

Preisrichter: H. Esser in Wien.

M. Hauptmann in Leipzig.

Franz Messer in Frankfurt a. M.

Vierter Stipendiat: J. Brambach von Bonn — an Hiller zur Unterweisung übergeben.

1857. F. Quilling tritt aus — dafür W. Heimberger.

1859. Dr. Jost und W. Heimberger treten aus — dafür von Moers und Dr. Eckhard.

1860. Ausschreiben des fünften Stipendiums.

Preisrichter: Julius Rietz in Dresden.

Aloys Schmitt in Frankfurt a. M.

W. Taubert in Berlin.

Fünfter Stipendiat: Ernst Deurer von Gießen — an B. Lachner in Mannheim überwiesen. Seit Herbst 1864 hier in Frankfurt zur ferneren Ausbildung.

1861. Dr. Giar gestorben und Dr. Martin ausgetreten — dafür Chr. Enders und L. Engel.

1862. Ausschreiben des sechsten Stipendiums.

Preisrichter: H. Dorn in Berlin.

Fr. Lachner in München.

Aloys Schmitt in Frankfurt a. M.

Ohne Erfolg — keine Ernennung eines Stipendiaten.

1863. Heſſemer gestorben — dafür J. Steinberger erwählt.

1863. Feier der 25 jährigen Begründung der Stiftung.

1864. Ausschreiben des sechsten Stipendiums (nochmals),

Preisrichter: Robert Franz in Halle.

C. A. Mangold in Darmstadt.

Carl Reinecke in Leipzig.

1865. Sechster Stipendiat: Leonhard Wolff von Crefeld an Ferd. Hiller zur Leitung überwiesen.

Die besagte Baurede betreffend, die ich am 10. Stiftungsfest des Liederkranzes hielt, sollte den Vergleich dieser Anstalt mit den Symbolen der Architektur einhalten, wobei Frau Concordia als Göttin der Eintracht in Schillers Glocke ja nicht fehlen durfte. Mit folgendem, etwas derben Witze schließt dieses Capitel „die berühmtesten alten Bauwerke sanken durch die Einfälle der Barbaren. Hoffentlich war dieser Einfall nicht so barbarisch, daß der frohen Laune unseres Tempels heute der Einsturz drohen sollte!

Adlerflug.

Im Jahr 1838 wurde ich in der ☐ „Adler" aufgenommen. Mein Pathe war Freund Meyer (Dr. philos.) der die Initiative zu diesem Akt ergriff, und den ich allein schon deshalb nicht vergessen darf*). Ich werde mich des Eindrucks stets erinnern, welcher bei meinem Eintritt „in dieses moralische Atelier" mit verbundenen Augen u. s. w. ein Quartettgesang auf mich machte, dessen magischer Zauber meinen inneren Sinn sogleich eingenommen hatte. Dieser Eindruck aber wurde noch erhöht durch die würdevolle Ansprache des damaligen Meisters vom Stuhl an den Novizen, meinem edlen Freunde Hamburger. Aber ich lasse hier lieber mein Tagebuch reden: „Also bin ich Maurer, und der alte Mensch ist abgestreift . . . . . Ich freute mich darauf, den vertrautesten Freunden mein Tagebuch mittheilen zu können. Das ist vorbei. Ich darf nicht. Aber nun lache ich mich aus, daß ich mich präparirte. War alles unnöthig. Von solcher Einweihung hat niemand eine Vorstellung. Auch mein Geheimnißvoller**)

---

*) Meyer lebt gegenwärtig in Strasburg, wohin ihm mein freundschaftliches Andenken stets gefolgt ist.

**) Dieser Geheimnißvolle war und blieb mir eine ganz fremde Persönlichkeit. Ich gab ihm das verlangte Rendez-vous, das keinen geringeren Zweck hatte, als mich auf die Hauptfragen des Meisters vorzubereiten. Der Mann wolle sich selbst, wenn es ginge, zu mir in das stille Gemach schleichen, um mir diese Argumente zu erleichtern.

hat mich falsch unterrichtet. . . . Ich bin noch entzückt in der Erinnerung. Es ist großartig, es ist edel. Nur so viel darf ich verrathen, daß ich wacker bestanden, namentlich schrift= lich, auch daß mir zu Ehren viele Brüder aus fremden Logen kamen, und zwar zum ersten Male; und daß zum Festmahl Guhr, Meck, Meisinger, Wiegand, Linker gekommen sind, mich zu begrüßen. Welch ein Eindruck auf mein Gemüth, daß man sich an mich drängte, wohlwollend, liebend, daß mir der Bruder= name so wohl gethan und daß man sich so viel von meiner poetischen Wirksamkeit „in diesen heiligen Hallen" verspricht. In jedem Fall ist dieser Abschnitt von großem Einfluß auf mein zukünftiges Leben! . . . Um zwei Uhr morgens nach Hause."

Wie die Begeisterung den Enthusiasten so leicht mit sich fortreißt, wie er durch Wort und Ton, in Leid und Freud auf die Gesellschaft zu wirken suchte, wie er's rasch von Stufe zu Stufe sich schwingend in kurzer Zeit zur Meisterwürde ge= bracht, gleicht der schon oft gelesenen Fabel von dem öffent= lichen Geheimniß. Aber wie alle Ueberstürzungen den nahen Fall vorbereiten, so schwand auch leider mein poetischer Paroxismus nach einem Decenium zu jener prosaischen Wahr= heit, die ich in meinem empirischen Privat=Schatzkästlein aufbewahre.

»Quod nunc ratio est, impetus ante fuit« *).

Dafür dankte ich denn doch entschieden. Ich halte das Ganze noch für eine Wichtigthuerei, wie ich dieselbe auch noch später bei Per= sonen antraf, welche jedoch, zur Ehre der Maurerei sei's gesagt, keinen Begriff von dem Wesen eines ächten Maurers gehabt haben mochten.

*) Was jetzt Besonnenheit, war sonst ein ungestümer Drang.

Ein diplomatisches Bankett.

In den Bereich von Festivitäten nachtauchend, seien hier zwei — obgleich in ganz verschiedenen Richtungen wirkend — nicht minder hochstehende Namen genannt: „Se. Excellenz, der Freiherr von Brints-Berberich, und — Rossini.

Das 50jährige Dienstjubiläum wurde am 11. Juli 1835 auf dem Sandhofe mit aristokratisch kaufmännischem Stolze gefeiert. Kein fremder Gast, außer Herr Dr. M. (ein damals berühmter Arzt) wurde geladen, folglich auch ich nicht, der ich doch die Ehre hatte, die ganze Festlichkeit auszuschmücken durch Poesie und Tonkunst. Da muß sich ein Tonkünstler, — wenn er nicht gerade zu den Hierophanten gehört — schon bescheiden drein fügen, will er Sonntags seinen Braten essen. Ich gab damals, wie gesagt, in den reichsten Häusern der Stadt Unterricht, woher, bei dem Rennomée, daß ich dann und wann auch einen Reim schmiede, eine solche Auszeichnung gerade kein Wunder ist. Ich componirte also ein Vocalquartett auf ein von mir verfaßtes Akrostichon das den ganzen Titel des Jubilars trug, ließ dasselbe drucken und auf einem reich gestickten Kissen während des Gesanges, den ich natürlich auch einstudirte, dem Fürsten überreichen. Aus dem Garten empor tönten die Musikchöre und nach jedem Toast schmetterte ein Tusch von Trompeten und Pauken, den ich, Gott sei Dank, nicht auch noch mitzuschlagen brauchte. Ich hatte für Alles dieses plein pouvoir. Daß die acht Herren vom Chor, die ich für mein Quartett engagirte, in einem Nebensalon fürstlich bewirthet und vor der Oper mit Equipagen in's Theater gefahren wurden, versteht sich von selbst.

Weshalb aber sangen unsere Sänger: Dobler, Nieser, Schmezer und Marder mein Quartett nicht und noch mehrere dazu? Darüber schweigt und schweige die Geschichte. Vielleicht weil die Herren lieber unter· sich bleiben wollten? ich will es nicht wissen.

Ich vermochte meinen Aerger selbst nicht im edelsten Sillery zu verschlucken, und glaubte meiner gekränkten Ehre selbst da nicht Genüge gethan zu haben, als mich zwei Herren vom Comité unter die Arme nahmen, mich dem Fürsten vorstellten, und mich von da an für werth erachteten, an den Freuden dieses Festmahls praktischen Theil zu nehmen; ja, und selbst da noch nicht ganz, als sich die Herren in Bezug auf ihren Dank in der That überraschend generös bewiesen haben. Ich eitler Thor!

Rossini in Frankfurt a. M.

In Bezug auf die Rossinifeste, welche zu jener Zeit vom Stapel liefen, kommt mein Gedächtniß ein wenig in's Gedränge. Festordner und Lokale weiß ich nicht mehr ganz genau anzugeben. Jedenfalls fand eine jener von Ferdinand Ries in die Hand genommenen Fêten am 18. Juni 1836 statt. Nebst den Würdeträgern der Diplomatie und Handelswelt fanden sich als selbstverständlich auch Künstler und Gelehrte ein.

Daß ich dabei nicht fehlte, dafür sorgte schon mein edler Protektor, und daß ich selbst nicht fehlte meine dichterische Ader dabei springen zu lassen, gehört nun einmal zu meinem Naturel, Andere mögen sagen zu meinen fixen Ideen. Das ist aber wohl zu entschuldigen, wenn man sonst kein Fixum hat. So gab es denn wieder ein Akrostichon, und zwar über die Melodie des schönen Quartetts aus Graf Ory »Noble chatelaine«. Für den, der sich nicht die Mühe geben mag, meine Dichtung zu lesen, sei dieselbe, da ich einigen Werth darauf lege, hiermit copirt:

Gruß
an den ersten der italischen Tonmeister.

Gesungen nach der Melodie des Quartetts aus Ory »noble chatelaine«.
Frankfurt am Main am 18. Juni 1836.

Gieße Gott der Töne
Italiens Wohllaut nieder,
Ohr und Herz erlabend
Anmuth im Geleit;
Cytherens Göttersohne
Huldigung zu singen,
Ihn, den Meister ehrend,
Nun und jederzeit! —
O wie hat Dein Schaffen
Reicher Melodieen
Oft den Ernst erheitert,
Sylphisch leichter Tanz;
So wie Du uns botest
Ideale deutscher Muse!
Nimm, o Schwan Pesaro's,
Ihn, den deutschen Kranz.

Diesmal durften aber unsere Sänger (Schmezer, Haffel, Hecht und G . . .) mit am Tische essen, und der Dichter auch, was uns sehr wohl gefiel. Den Dank brachte Rossini in italienischer Sprache aus, für mich aber besonders (auf

Was Anderen) schrieb Rossini mit Bleistift eine lange Ca-
denz, die leider mit meiner ganzen Autographensammlung
(wie schon berührt) den Weg alles Fleisches gegangen ist.

Diese Gelegenheit benutzend, schalte ich noch folgendes
ein: Rossini war in demselben Jahr mit Felix Mendelssohn,
Ries und Hiller auf der Mainlust im Liederkranz als Gast.
In dem Fremdenbuch des Liederkranzes stehen die vier eigen-
händigen Namen*).

Das Hassel-Fest.
(Bei dessen 50. Künstler-Jubiläum.)

Hatte ich auch nicht das Glück ein persönlicher Genosse
jenes in pag. 29 dieses Heftes bezeichneten diplomatischen
Bankets zu sein, so lag das so ziemlich in der Natur der
Sache und wurde mir dafür, wie schon erwähnt, eine freundliche Revanche. Nicht so war es bei diesem Hassel-Fest.

Abstrahire ich auch jede Anmaßung und selbst allen Ehrgeiz — das Ehrgefühl läßt sich nicht abstrahiren — so regt
sich doch dabei die Ueberzeugung, daß ich bei jenem Feste
nicht hätte übergangen werden dürfen, denn gerade weil dasselbe von einer höchsten Theater-Instanz**) ausgegangen, in
einem sogenannten engeren und vertrauteren Kreise von Künst-

---

*) Viel Freundliches wurde in unseren Blättern über diese Feste
geschrieben (namentlich über das Rossini'sche), wobei ich citire: Neuer
Hausschatz für Freunde der Künste und Wissenschaft. Hamburg bei
Behrendsohn.

**) Veranstaltet von dem engeren Ausschuß des hiesigen Stadt-
theaters am 10. November 1864, Abends 9 Uhr im Hof von Holland.

lern und Künstlerinnen abgehalten worden ist, mußte man
den ältesten Collegen der mit unserem würdigen Haffel ein
ganzes Künstlerleben durchgelebt, so viele Erfahrungen mit
ihm getheilt, so manches Fest mit ihm gefeiert hat, den ich
Freund und Bruder nenne — mußte ihn in diesen Künstler=
treis ziehen. Er war ein integrirender Theil- zu Haffel's
50jährigem Jubiläum und unserem Institut, und dennoch
hat man den ersten aller Sprüche außer Augen gelassen, „daß
dem Ehre werde, dem Ehre gebührt." Und hätten die Alt=
vorderen sämmtlicher Bühnen hier zu Tische gesessen, so ge=
hörte um so mehr auch dem Kunstveteranen ein Plätzchen daran.
Aber das geschah nicht, denn neben den Meistern saßen auch
Jünger, die nur ganz kurze Zeit mit dem Jubilar in Berührung
gekommen sind, und ihn kaum gekannt, vielweniger erkannt
haben. Ich trachtete diesen Gegenstand als eine Ehrensache der
Gesellschaft zu ordnen, erhielt aber nur ungewisse, in Zweifel
gehüllte — obgleich (nach bequemem Brauch) hochachtend er=
gebene — Antworten zurück. Da mußte ich freilich abstehen;
aber um so mehr gehört diese Erscheinung zu den betrübenden
Belegen gesellschaftlicher Blasirtheit *).

Weit lieber hätte ich diesen Passus überschlagen, aber das
durfte nicht sein, sollte mein Werk für eine solche Feigheit
nicht bestraft werden. Bedürfte ich hier aber des Schutzes, so
hätte ich ihn allein beim Publikum zu suchen.

---

*) Den Samstag darauf am 12. war ein solennes Banquett im
großen Saalbau, woran alle weiteren Freunde für ihr Geld Theil
nehmen konnten. Diese Fête mitzumachen, hatte ich wohl die Berech=
tigung, aber nicht die Lust dazu.

Pretia affectionis.

Wenn berühmte Dichter und Componisten sich an dem Anblick ihrer Pretiosen ergötzen, warum sollten nicht um so mehr auch kleinere Geister das Recht haben, sich solcher Gaben zu erfreuen? Von der lächerlichen Eitelkeit unserer römischen Eunuchensänger, deren Schatzkrämerei zu obscönen Anekdoten Material genug gegeben hat, sei nicht die Rede, aber selbst alte Meister, wie Vater Haydn, verschmähten es nicht, ihren schmucken Bazar zu mustern und wohl schmunzelnd dabei zu sagen, (wie ein Biograph behauptet) wie schön es doch sei, so hoch von großen Herren und Fürsten geehrt zu werden. So sei es denn auch dem Verfasser dieses Werks erlaubt, sich über die Anerkennungen recht herzlich zu freuen, die ihm von Seiten der Herzogin von Weimar, des Königs Ludwig von Baiern, des Herzogs Ernst von Coburg und des Königs von Preußen zu Theil geworden sind. Einige Daten darüber sind bereits in meine früheren Hefte einverleibt worden. In Bezug auf die goldene Zaïden-Medaille bemerkte ich nur noch den Titel. Auf der Vorderseite prangt das wohlgenährte Bildniß des Königs Friedrich Wilhelm IV. mit der Devise „Zur Huldigung." Auf dem Revers der fein gravirten Wappenzier der Medaille stehen die Worte »Suum cuique.« Als Begleitungs- und Beglaubigungsschreiben steht: An den Musikdirektor Herrn Gollmick. „Ich habe die von Ihnen aus dem Nachlasse Mozart's herausgegebene Oper Zaïde empfangen und bezeuge Ihnen hierdurch meinen Dank, mit welchem Sie die beikommende goldene Medaille als Zeichen meines Wohlwollens erhalten. Berlin am 21. April 1841. Folgt hierbei die eigene Namensunterschrift des Königs. Ein anderes, nicht minder ehrendes

Kabinetschreiben erhielt ich bei Gelegenheit eines an den Monarchen gerichteten Gesuchs. Die wörtliche Antwort lautet:
„An den Professor Gollmick." „Auf ihr Gesuch vom 16. vorigen Monats habe ich den Generallieutenant von Below*),
Commandanten des Cadettencorps beauftragt, die Aufnahme
Ihres 11 jährigen Sohnes Georg als Ganzpensionär in das
Cadettenhaus zu Bensberg**) zu verfügen. Sanssouci den
13. November 1845. Die Unterschrift des Königs ist diesmal sehr deutlich.

Eine meiner angenehmsten Erinnerungen wird auch eine
Audienz bleiben, deren mich der jetzige Großherzog von Darmstadt in seinem Palais gewürdigt. Die Veranlassung dazu
war die dem Fürsten darzubringende Danksagung für die
Aufführung der Conradin Kreutzer'schen „Aurelia", die in den
fünfziger Jahren auf der dortigen Hofbühne, wie auch früher
auf dem Frankfurter Theater zur stattlichen Aufführung gekommen ist. Bekanntlich floß die Dichtung dieser Oper aus
meiner damals sehr ergiebigen Feder, und als nach Kreutzer's
Tod die Familie in bedrängte Umstände gerathen war, gelang
es mir durch ein Schreiben, das mir der Baron Dalwigk
besorgte, den Großherzog zur Aufnahme dieser Oper zu bewegen. Da ein von dem edlen Fürsten der Wittwe gespendetes
bedeutendes Honorar nicht fehlte, so blieb den Dank auszudrücken
meine Pflicht. Es ist doch eine eigene Sache, einem Monarchen
gegenüber zu stehen, und — obgleich ich bei ähnlichen Gelegenheiten nicht sonderlich befangen bin — so konnte — als
die vornehme Welt endlich verabschiedet war, und der Künst-

---

*) Mit welchem ich in tonkünstlerischer Berührung stand.
**) Ohnweit Coblenz auf einer Höhe des rechten Rheinufers.

3*

ler allein übrig blieb, ich mich eines gewissen beengenden Ge-
fühls nicht erwehren. Zu einem Kanonenfieber ließ es aber
das humane Entgegenkommen des Fürsten nicht kommen, und
so fühlte ich beim Abschiede einen gewissen Stolz, den der
Spanier lieben mag, aber der Frankfurter zu besitzen nicht
immer Gelegenheit findet.

Welches Gefach ich aber den Briefen meiner Freunde,
und meinen Ehrentafeln einräume, mögen diejenigen beurtheilen,
die meinen Charakter genauer kennen. Ein kleiner Nachtrag
dürfte bei dieser Gelegenheit passend sein*).

Familienangelegenheiten.

Eine Verkettung sehr glücklicher Familienverhältnisse die
mein Haus im Jahr 1845 berührt, machte es mir möglich,
die Summen zu entrichten, welche das Cadettenhaus in Bens=
berg von mir verlangte, und wenn ich gestehe, daß meine äl=
teste Tochter (wie schon bemerkt in Irland ansässig) die
Grundsteine zu diesem Familienbau gesammelt hat, so ist dies
eine Wahrheit, welche die Dankbarkeit nicht verschweigen darf.
Im Jahr 1846 brachte ich in Begleitung meiner zweiten
Tochter Fanny und einer nahen Anverwandten meinen Sohn
auf dieses Militärschloß, worauf er seiner militärischen Gym=
nastik (allerdings nach vorausgegangenen Vorstudien) eifrig
oblag. Das Jahr 1848 aber brachte ihn wieder nach Frank=

---

*) Nun einmal von Eitelkeit besessen, geht's in einem hin, und
erinnere hier (natürlich nur der logischen Ordnung wegen) an die
silberne Tabatiere der Liedertafel und an den goldenen Siegelring des
Museums.

furt zurück (weil bekanntlich damals die Soldateska in Ab-
nahme gerathen) und widmete sich derselbe alsdann mit meinem
Sohne Wilhelm der polytechnischen Wissenschaft zu Darmstadt. Später zogen beide Söhne — wie schon angedeutet — der ältere als Musiker nach Australien, der jüngste
nach einem mexikanischen Umweg nach Moskau, sich der Pädagogik widmend. Was hier dazwischen liegt, was weite Meere
trennt, ist hier nicht der Ort in Kürze zusammen zu fassen.
Daß ich nach jener Bensberger Reise einen Abstecher nach
Brüssel machte, wo ich meinem Sohn Adolph im Hôtel de
l'Univers ein Rendez-vous gegeben, mit ihm und meinen
jungen Begleitern dort Alles Sehenswürdige: Die Theater
und Kirchen, die nachgemachte Pariser Welt, die Gemälde-
Schätze und breiten Plätze, die herrlichen Springbrunnen, die
goldene Bildsäule des heiligen Michael, das Haus Schott*)
u. s. w. in Augenschein genommen; darauf im glücklichen
Belgien umherschweiften, namentlich im Anblick des Egmont-
Hauses auf dem antiken Marktplatze in Antwerpen schwelgten
— die herrlichen Fischmärkte nicht zu vergessen. Dann in Lüttich
(Liège) der Wallonenstadt das Gretry-Haus besuchten, in
Ostende das nordische Meer und die holländischen Austerbänke,
die Seeschiffe und Leuchtthürme wohl examinirt hatten, um zuletzt nach Mitternacht von dem geliebten Sohn Abschied zu
nehmen — und ach von einer geliebten Person auf immer.
. . . . . Diese facta auch hier weitläufig wieder zu erzählen,
wird mir gerne erspart werden.

---

*) Als Curiosum zu berichten stand in der Indépendence die
Anzeige, daß der Schriftsteller C. G. über die Brüsseler Musikzustände
schreiben würde.

Heldenthaten im Jahre 1848.

Und nun mit Riesenschritten zum Jahre 1848. Daß die
constituirende Reichsversammlung, das deutsche Parlament, sich
im Mai gebildet und in langsamer Thätigkeit fortgeschritten,
daß nach vielen Debatten Erzherzog Johann zum deutschen
Reichsverweser gewählt, um Frankfurt in Blokadezustand zu
versetzen, daß der Bundestag seine ungeheure Wirksamkeit ein=
stellte, daß, während das übrige Deutschland in Unruhen auf=
loderte, in Frankfurt ruhig deklamirt wurde, daß unsere demo=
kratischen Politiker auf dem Römer nach Preßfreiheit, Censur
und Republik zugleich schrieen, daß während der höchsten
Aufregung der Lichtfreunde Ronge, Metternich u. A. die
Pulverfässer im Essighaus und ähnlichen Lokalen nur die bren=
nende Cigarre erwarteten, um ganz Frankfurt in die Luft zu
sprengen, und das feinere Publikum mitten in diesen Gräuel=
scenen gemüthlich herumwandelte, um sich eine Revolution in
der Nähe zu beschauen — diese wichtigen Ereignisse zu be=
schreiben, bedarf es meiner Feder nicht.

Jedenfalls aber war es klug und weise, daß sich in den
zwölf Quartieren unserer Stadt circa 2000 Mann Schutz=
wachen gebildet haben, um diese Aufrührer im Zaum zu
halten. Wir — denn meine Bürgerschaft durfte nicht fehlen —
unterschieden uns durch weiß=rothe, wahrhaft hugenottische Bin=
den am linken Arm, um in der Menge nicht verloren zu
gehen. Später wurden wir gar Miliz, trugen lakirte Kappen,
glänzende Patrontaschen mitten auf dem Bauch, und hatten
— hört, hört! selbst scharf geladen. Dies ist nun zwar keine
ungewöhnliche Erscheinung bei ehrlichen Bürgern, allein dies=
mal kam es anders. Wir zogen hinaus auf das Forsthaus,

lernten wirklich schießen und schossen auch wirklich, aber vor
der Hand noch nach der Scheibe. Wehe dem, der nur einen
Schuh daneben traf, er wurde gewiß die Zielscheibe des Witzes.
Aber nun kannte auch unser Uebermuth keine Gränzen mehr,
denn wenn wir, von Pulverdampf geschwärzt, heimkehrten in
mitternächtlicher Kühle — dann ging erst das Freischießen los,
es war kein Blatt am Baum mehr sicher, selbst unsere Weiber
und Kinder schossen mit, und lachten der Geschwulst am
Backen, wenn unvorsichtiger Weise ein galanter Ehemann —
zu scharf geladen hatte! Und nun zu einigen speciellen Helden=
thaten, die ich mit meinen Argonauten (Freund Happel an
der Spitze) ausgeübt habe. Herr von Bethmann hatte unserem
Quartier damals sein unteres Stockwerk als Wachtstube ein=
geräumt und uns trefflich mit Maiwein regalirt. Groteske
Situationen gab es sattsam, wenn nächtliche Patrouillen ge=
macht wurden, und eine hohe Aristokratie es nicht verschmähte,
oder vielmehr einen Werth hinein zu legen wußte, mit dem
ehrsamen Proletariat in Reih' und Glied gestellt zu werden,
mit ihr die Streifereien durch Stadt und Promenade zu
machen, und unterwegs auch wohl einen angebotenen Doppel=
kümmel mit angstvoller Wonne zu acceptiren; oder wenn eine
doppelte Patrouille einen armen Handwerksburschen gefangen
nahm, der in einem versteckten Gebüsch vielleicht eine Nachti=
gal belauschen wollte. Da half kein Bitten und kein Flehen,
der arme Kerl wurde auf die Wache geschleppt. So ernst die
Sache nun an sich auch gewesen ist, so fiel doch auch mancher
Jokus darin vor. So z. B. als im September nach Guhr's Tod,
der Kapellmeister Vincenz Lachner die interimistische Leitung
der Oper übernahm, und auch mehrere derselben mit großem

Beifall dirigirte*), ereignete sich das Unvermeidliche, daß nämlich bei so ungeheurer Aufregung in der Stadt das Personal die Probe irgend einer Oper zum Guguck wünschte. „Dem ist ja bald abzuhelfen," meinten einige Spaßvögel, schlichen sich (ich soll auch dabei gewesen sein) hinaus auf die Straße, bald wieder in's Parterre, und schrieen dann mit lauter Stimme: „Generalmarsch auf dem Paulsplatz — Sturm auf dem Römerberg!"

Da half natürlich kein Gebot mehr, alles stürzte hinaus, und — die lästige Probe war aufgehoben.

Eine Raubmord-Geschichte

finde hier, gleichsam ein gemüthlicher Ruhepunkt in Mitten so demokratischer Stürme, die geeignete Notiz.

Obschon ich nie einen besonderen Werth auf diese finstere Geschichte legte, so gehört sie doch um so mehr hierher, da fast in allen Blättern Deutschlands so viel Aufhebens davon gemacht wurde, und doch scheint mir die Sache ganz einfach. Es war zur Zeit der politischen Gährungsprozesse, als ich Abends gegen 9 Uhr am 24. Dezember 1835 nach einem Boston Whist mit einer Düte Confekt versehen durch den dunkeln rothen Hof (freilich ein schauerliches Omen) sorglos wanderte, um mich nach meiner Christbescheerung wieder zu meiner Familie zu begeben. Unter dem in dieser Gegend wohlbekannten alten Kastanienbaum plötzlich niedergeworfen, fühlte

---

*) „Und wird im November hoffentlich unser Kapellmeister werden" äußert sich mein Tagebuch.

ich einen heftigen Schmerz in der Seite, und konnte mich nur mit Mühe erheben. Verschwunden war der Thäter, fort waren Hut und Confekt-Düte, und als ich mich nach der nahen Wohnung meines Freundes F. zurückgeflüchtet, und man mir die Kleider vom Leibe gerissen, sank ich blutend zu Boden. Der Stich war durch Kleider und Mantel einen halben Zoll tief in das Fleisch unterhalb der linken Achsel gedrungen, und hätte mich der Stoß nicht sogleich niedergeworfen, so hätte ich wahrscheinlich den Heimweg sparen können. Das war freilich keine schöne Bescheerung.

Daß nun ganz Frankfurt in Allarm gerieth, ich in die Hände der Fiskal-Aerzte fiel und nach meiner Genesung criminaliter eraminirt wurde, konnte nicht fehlen. Aber die Sache blieb ohne Erfolg, und während das Publikum dieselbe nach allen Richtungen hin beurtheilte — der Eine machte eine politische, der Andere eine Liebesintrigue, der Dritte einen Selbstmord daraus (wahrscheinlich um mich interessant zu machen) — hielt ich ganz einfach dafür, daß ich für einen Anderen gehalten wurde (es fielen nämlich zu derselben Zeit ähnliche Allotria vor), denn um meinen alten Hut und meine Zuckerdüte war es dem guten Manne doch schwerlich zu thun. So verschwand nach und nach die Erinnerung an diesen Raubmord, aber sonderbarer Weise, und wie durch Verabredung gingen die Biographieen der Tonkünstler-Lerici mit ihren Berichten über mich niemals über diesen Punkt hinaus. Gerade, als hätte der mörderische Stahl mein Lichtlein ausgeblasen, so erloschen auch die Fortsetzungen von den Zeugnissen meiner ferneren Thätigkeit.

Wenn das ein Fehler war, so hoffe ich denselben durch dieses Werk so ziemlich reparirt zu haben.

Silberne Hochzeit.

Dieser Feier gebührt um so mehr ein eigenes Kapitelchen, da meine Frau und ich uns vorbehielten, die Sache blos unter uns auszumachen. Ueberhaupt sollte ein Tag von so zarter Bedeutung niemals an die große Glocke gehängt werden. Wie Silber muß das Glöckchen tönen und uns mahnen, daß es hoch Zeit ist, zur baldigen Besserung, woher denn auch der sinnige Name kommen mag. Hier muß sich die Familie mit sich selbst zurecht finden, und so war es auch diesmal, denn weder Freunde noch Verwandte erinnerten wir daran, noch wurden sie eingeladen. Wenn ich nun aber gleichsam im Widerspruche mit mir selbst die Sache dennoch an die große Glocke der Oeffentlichkeit hänge, so liegt das eben in der Natur dieses Werks. Doch ich lasse lieber mein Tagebuch reden: Der Morgen des 10. Juni 1847 war überraschend, und gleich bei dem Eintritt in die sogenannte „Gut Stubb“ sehen wir einen rosengeschmückten Feentempel, woran Elise*), Wilhelm und Georg die ganze Nacht gearbeitet haben, denn unser Fritzchen war noch zu klein für solche Aufgabe. Unter den freundlichen Gaben von Freunden und Verwandten lagen Gedichte und Glückwünsche aus der Nähe und Ferne, lagen die Großbrittanischen Gratulationen meiner abwesenden Kinder, und von den zwischen mir und meiner Frau gewechselten Geschenken, erwähne ich nur der poetischen Gaben, ein Gedicht aus meiner Feder, von meiner Frau einen gol-

---

*) Elise Marsteller, Pensionärin unseres Hauses und nun in Amerika verheirathet.

benen Ring, und die Werke Bulwer's, eines meiner Lieblings-
dichter. Ein sinniges Carmen von Freund Wilhelm Wagner
und das Beethoven-Album von Guhr machten mir besondere
Freude. Gegen Abend wollten wir mit den Kindern einen
einsamen Blüthengang nach dem schönen Nöberberg machen,
da ward aber nichts daraus, denn kaum davon Witterung erhalten, schaarten sich unsere Freunde unter Anführung des
stets heiteren Meck um uns, und hinaus ging's nun wieder
in's Wäldchen, gleichsam als Reminiscenz vor 25 Jahren,
wo denn alles getrieben wurde, was Lust und Humor ersinnen konnten."

Wieder ein Vorhang ist gefallen, damit der Entre-Akt aber
nicht zu lange dauere und ich mich auf eine größere Scene
vorbereiten muß, erlaube ich mir das Gedicht an meine Frau
vorzulegen. Vielleicht finden meine schönen Leserinnen Gefallen
daran:

Meiner Elise zur silbernen Hochzeit
am 10. Juni 1847.

Noch einmal will den Pegasus ich zäumen
Zum trauten Ritte hin zu ihr,
Die einst der Jungfrau'n schönste Blüthe,
Die jetzt der Mutter edle Zier.
Drum steht mir bei, ihr sonst verwandten Musen!
Ihr seht, es hebt sich sehnsuchtsvoll mein Busen,
Und haltet fest den Bügel mir.

Schon sind fünf Lustra pfeilschnell hingeflohen,
Seit ich als Gattin Dich zum erstenmal umschlang:
Viel Prosa warf die Zeit in unser Leben
Und noch — treibt mich des Dichtens inn'rer Drang.

Das ist fürwahr kein allzu schlimmes Zeichen!
Denn wohl nicht alle Silberfreier reichen
    Der Silberbraut den zweiten Festgesang!

    Ich schau' zurück in's bunt bewegte Leben
    Voll Sorge, Undank, Leidenschaft;
    Doch auch — der Wahrheit sei die Ehre —
    Voll Mängel an der eig'nen Kraft,
Wie unser Stern — nichts kann im Leben halten —
Umringt von freund- und feindlichen Gewalten,
    Gesunken hier und dort sich aufgerafft.

    Doch hat das Chaos uns noch nicht verschlungen,
    Noch steh'n wir aufrecht in der Parzen Streit;
    Und trotz des Silbers in den dünnen Locken —
    Noch sind wir Herr der untergeh'nden Zeit,
    Noch blüht uns manche schöne Blume:
    Die Schönsten — Dir zum Eigenthume —
    Sie heißen Fried und Heiterkeit!

    Nicht dürfen wir dem Schicksal grollen,
    Es soll uns nicht des Undanks zeih'n;
    Blick' auf die Kinder, die uns noch umgeben
    Im schönsten Kranz, im sinnigsten Verein.
Nicht Zeit noch Raum kann Sympathieen trennen;
Wo Herz und Seele für einander brennen,
    Da kann von Trennung nicht die Rede sein!

    Blick' auf die Freunde, redlich uns erworben.
    Die Zahl ist klein — doch wohl geprüft und treu.
    Wohl uns, wenn wechselweis' wir uns erheben
    Am ernsten Worte, offen, wahr und frei.
Dies sei uns Bürgschaft von noch schönern Tagen,
Drum wollen wir nicht bangen und nicht zagen;
Nicht selten grünt im Herbst die Eiche neu.

    Deshalb, mein theures Weib, laß uns verdienen
    Des heut'gen Ehrentages sel'nes Glück,
    Laß unser Schiff fortan nur sanfte Furchen ziehen,
    Der Sturm ist hinter uns mit seinem düstern Blick.

Kein Mißverständniß mehr! O laß uns bauen
Die Zukunft nur auf Liebe und Vertrauen!
Uns achtet dann und fürchtet das Geschick.

Die Schul' ist durchgemacht mit ihren Feuerproben,
Der Schüler nun empfang' des Weisen Kuß.
Laß in Genügsamkeit uns Reichthum finden;
Die Liebe nur sei unser Ueberfluß.
Reich' mir die Hand zum neuen Lebensbunde;
Für immer sei gesegnet diese Stunde!
Es ist nun Zeit zum ruhigen Genuß.

Neue Theaterphase.

Einen besseren Uebergangspunkt in diese Phase der fünfziger Jahre finde ich wohl bei Niemanden geeigneter, als bei Freund Georg Goltermann. Derselbe trat, von Würzburg gekommen, sein Engagement unter Hoffmann als zweiter Capellmeister und Chordirektor (an N. Baldenecker's Stelle) am 1. Mai 1853 beim hiesigen Theater an, und was seiner nutzbringenden Thätigkeit zu verdanken ist, was er als Cellist leistet und seinen Ruf als Liedercomponist gegründet, bedarf keines Commentars mehr. Goltermann's erstes Debut war die Aufführung seiner A-moll-Symphonie, an welchem Abend zum erstenmal auch mein Lustspiel „Tischrücken“ gegeben wurde. Einen noch größeren Erfolg hatte das zur 100 jährigen Schillerfeier von ihm componirte klassische Gedicht: „Die Worte des Glaubens“. Die hier vereinigten Effekte — Gesang, Orchestrik und decorative Ausschmückung — riefen den allgemeinsten Beifall des vollen Hauses hervor, und mußte die schöne Scene wiederholt werden.

Unter der bedeutenden Anzahl von Opern und Operetten, die in dem Zeitraum von 12 Jahren unter Goltermann's Leitung neu einstudirt worden sind, befinden sich die sehr schätzbaren eines Bojeldieu, Mehul, Auber, Rossini, Donizetti, Bellini, Fioravanti, Dittersdorf, Lortzing, Schubert (der häusliche Krieg), Mendelssohn (die Walpurgisnacht), Maillard (das Glöckchen des Eremiten) und viele Andere.

Es bedarf wohl keiner Frage, daß ich selbst zu Goltermann in den freundschaftlichsten Beziehungen stand und noch immer stehe.

Der so rasch auseinander gefolgte Direktions-Wechsel bis zu dem neuen Aktienverband unter Herrn von Guaita's Oberleitung gehört noch so sehr unserer Zeit an, daß es keiner Erinnerung bedarf, die meine Selbstschau doch hauptsächlich im Auge hat. Auch könnte die Sache so in's Weite schweifen, daß meine eigene werthe Person — um die es mir doch hier zu thun sein muß — darin aufgeht. Wer sich jedoch mit den einzelnen Daten begnügen mag, findet dieselben theils in einem Rückblicke des ersten Theiles pag. 122 (Apendikula), theils in einem späteren Artikel des zweiten Theils.

Hier wieder anknüpfend und ausfüllend erinnere ich daran, daß nach dem Meck-Mühling'schen Driumvirat im Jahr 1852 Mühling schied, aber neben Hoffmann artistischer Direktor geblieben ist, daß nach Meck's Austritt Hoffmann bis Mai 1855 alleiniger Direktor war, um dann dem Actienverband unter Roderich Benedix Leitung Platz zu machen. Nach Schindelmeißer'scher kurzer Capellmeisterschaft trat Gustav Schmidt im Jahr 1854 an dessen Stelle. Weshalb Schmidt eigentlich

seinen Abschied erhielt, wissen die Götter. Man sagt, er sei
mitunter etwas massiv aufgetreten und habe dem Geschmack
des Publikums nicht genug Rechnung getragen. Dies für und
wider kann ich nicht entscheiden, zumal ich in dieser Zeit zu
kränkeln anfing, und selbst an einer tödtlichen Hirnentzündung
litt, woraus mich meine lieben Aerzte Clemens glücklich gerissen haben. Wenn nun Schmidt nicht gerade mit Katzen-
pfötchen aufgetreten ist, so führte er dagegen einen energischen,
sich in allem kurz fassenden Scepter, denn er liebte die Proben
nicht gerade sonderlich, und den letzteren Vorwurf betreffend,
so wäre das eher ein Compliment. Nachdem Schmidt (klug
und weise) sich seine Pension gesichert hatte, privatisirte und
operirte er einige Zeit in seines Schwiegervaters (Meck's)
schönem Hause, um dann die höchst angenehme Stelle als Capellmeister am Leipziger Theater zu erreichen. Ein Abschiedsfest, das ihm seine Freunde vor seinem Scheiden aus Frankfurt gegeben haben, zeugt von dem Talente sich solche Freunde
zu erwerben.

Meine Privatverhältnisse zu diesen letzteren Herren Direktoren waren sehr verschiedener Art. Mit dem besonnenen
Mühling war ich unausgesetzt befreundet, mit Hoffmann weniger, denn wenn er mich und meine Lustspiele protegirte,
mich auch öfter zu seinen Diner's einlud, so spielte er hinterher um so auffallender den Tyrannen von Padua. Mit
Schindelmeißer kam ich in so pikante Conflikte, daß ich ihn
einst während einer Probe vor allen Mitgliedern prostituiren
mußte, um zu meinem Rechte zu gelangen. Von solchen oft
gravirenden Unarten war allerdings seine baldige Abdankung
zu erwarten. In Darmstadt vertrugen wir uns wieder um
so besser mit einander.

Was Herr Roderich Benedix betrifft, so hatten wir nie Sympathie für einander, wie wir dieselbe auch hervorsuchen mochten. Seine Indifferenz wollte nicht mit meinen Hinneigungen zusammen stimmen, und so blieben wir ohne Abschied getrennt, wie wir ohne besondere Begrüßung uns zum erstenmale entgegen kamen. Mit Gustav Schmidt endlich sich stets freundlich zu berühren, trugen gegenseitige Familienverhältnisse zu sehr das ihrige bei. Der Bruderkuß fehlte wieder nicht, aber um immer aufrichtig zu sein, war er zu sehr Diplomat.

Daß ich unter unserem gepriesenen Interim (Mai, Juni und Juli 1855) ein Stück Direktor war, ist pflichtschuldigst auch berührt *) und bleibt mir nur noch übrig, daß mein letzter Paukenschlag im Frankfurter Orchester in der Oper „Raymond“ oder „das Geheimniß der Königin“ von Thomas am 15. August 1857 gewesen ist, wonach pensionirt, meine Freunde unter der Aegide Dettmer's mir im Hotel Landsberg am 24. November 1857 ein solennes Abschiedsfest gaben, wobei die ersten Kräfte unseres Theaters, der Literatur und der Tonkunst, unter dem Vorsitz Roderich Benedix (also doch?!) vertreten waren. Unter Anderem sagt Dräxler Manfred in seiner „Muse“ darüber folgendes: .... „der Brennpunkt der zahlreichen Toaste und Ansprachen war eine von G ... verfaßte und verlesene Biographie in gedrängter Kürze, die schon deshalb von der noch immer rüstigen Spannkraft des Jubilar's zeugte. Auch traten die gehaltvollen Reden von Roderich Benedix, Gustav Schmidt und dem Genieinspektor

---

*) Ein langes Protokoll von dieser Zeit befindet sich noch unter meinen Manuscripten, doch weiß ich nicht mehr, ob dasselbe, obwohl vorgelesen, abgedruckt wurde. Kein Wunder unter diesem Wust von Schriften!

Seifert, wie auch einige kernhafte Gesänge unseres Dettmer hervor. G . . . . . . sang seine berühmte Monodie und begleitete sie am Piano. Sensation aber erregte ein Originalbrief Lortzing's an ihn, seinen damaligen Freund. (vide pag. 14 3. Theil) u. s. w. Jedenfalls gehörte dieses Fest in geistiger Beziehung zu den interessantesten in unsern Mauern". . . . .

Eine Personal-Statistik des Schauspiels und der Oper in jener verhängnißvollen Zeit aufzuzeichnen, dürfte hier an Ort und Stelle sein und erlaube ich mir gleichsam als Vorbereitung schon einen früheren Anlauf, wobei ich mich aber einer wiederholten Aufzählung der alten Mitglieder Anschütz-Capitain, Meck u. s. w. als selbstverständlich enthalte.

1854. Engagirt traten neu hinzu die Sängerinnen: Jenny Hoffmann, Werle, Turba, Bywater, Elise Schmidt; Vogt, Hirsch, Pichler. Sänger: Auerbach, Caspari, Hardtmuth, Visseur, Roberti, Rübsam, Benda. Schauspielerinnen: Genelli, Dettmer, Turba, Giers, Fanny Janauscheck (Antrittsrolle: Eugenie in „die Geschwister"). Schauspieler: Devrient, Wenzel, Vollmer, Büchner, Werkenthin, Hallenstein (jun.), Blattner, Gebhardt, Fleisch. Gäste: Die Sängerinnen: Jenny Ney, Wildauer, Anna de la Grange, von Marra-Vollmer, Leisinger, Marie Cruvelli. Sänger: Steger, Roger, Pischek. Schauspieler: Emil Devrient, Haase, Lußberger (von Wien), Hendrichs, Jra Aldridge. Besonderes: Die Maskenbälle im Theater, Concerte der Virtuosen Ernst, Levy, Rosa Kastner, Wieniavsky. Benefize für den artistischen Direktor Mühling: Zum ersten Male Lohengrin. Zum Benefize des Capellmeisters G. Schmidt: Zum ersten Mal am 2. Dezember „Der fliegende Holländer". Große musikalische Akademie von Gust. Schmidt.

1855. (Mit obigem Verfahren.) Sängerinnen: In diesem Jahre trat außer Fräulein Müller keine neue Sängerin hinzu. Sänger: Pichler (von Würzburg), Zimmermann, Hellmuth, Heim. Schauspielerinnen: Die Damen: Bognar, Liebich, Mai. Schauspieler: Scherer, Konrad Degen, Starke, Rhodius, Schwarz, Osten. **Gäste.** Die Sängerinnen: Wildauer und Johannsen, Rotter, Stork; und die Sänger: Ander, Raster, Faß, Schlösser und Grill. Im Schauspiel: der Tanzmeister Hummel (Scheiben-Toni). Besonderes: Concerte: Ferd. Laub, Molique, Mozartstiftung, die drei Gebrüder von Booth. Zum ersten Mal »Santa chiara« von E. H. z. S. (sehr oft wiederholt). Chinesische Jongleurs. Indische Spiele (öfter wiederholt). Tanz und Gruppirungen von der Madame Baumann (öfter wiederholt). Mehrere Maskenbälle. NB. Ein Beweis, welche Force-Mittel angewendet werden mußten, um das sinkende Schiff über Bord zu halten.

Gastspiele im Interim.

Sängerinnen: Agnese Bury (London), Neukäufler, Pruckner (Mannheim), Bertha Leisinger, Behrend-Brand. Die Sänger: Roger und Tichatscheck. Die Schauspieler: H. Schneider (Carlsruhe), Fritsche und Döring.

Ein abermaliger Beweis von der aufopfernden Humanität, womit diese Künstler uns in unseren Nöthen zu unterstützen herbei eilten.

Zur letzten Darstellung im Interim, „Nathan der Weise", sprach die Janauschek einen von Professor Hessemer gedichteten Epilog.

Kaum ist es glaublich, daß, da wir uns Haus und Inventarium aus Gnaden entlehnen mußten, und uns kein neues Manuscript hätten kaufen können, da wir selbst noch im Zweifel waren, ob wir auch wirklich die Sache fortzuführen im Stande waren (daher auch die verzögerte erste Vorstellung) *), kaum ist es glaublich, sage ich, daß zum Schlusse des Interims — natürlich in Folge solcher allgemeinen durch das Hülfscomite hervorgerufenen Theilnahme — wir noch einen erklecklichen Ueberschuß aufzuweisen hatten, den alle Mitglieder gleichmäßig unter sich vertheilten, daß endlich nach der Ferienzeit und der hineinfallenden vier Abonnements-Concerte im Weidenbusch der Neubau des Theaters in's Leben getreten war, und Herr Roderich Benedix durch den engeren Ausschuß zum Intendanten berufen wurde, welches Amt er auch am 1. November 1855 angetreten, bedarf kaum noch der Erinnerung.

Und nun erlaube ich mir in Betreff noch weiter hinzugetretener Persönlichkeiten von Ruf diesen Namenkreis wie folgt fortzuführen.

1856 und 57 (mit obigem Verfahren).

Sängerinnen: Die Damen Oswald und Göltel Küssenheimer, Labitzky (eingetreten am 18. August 56). Sänger: die Herren Mehrmann, Beck, Eppich, Altfeld. Schauspielerinnen: Die Damen Nowack, Zoller, Schäfer. Schauspieler: Die Herren Moritz, Elbe, Emil und Karl Schneider, Ganz, Petri, Evertz, Thelen. Gäste: Die Sängerinnen Margaretha Zirndorffer, Sophie Grimm, Laslo-Doria **).

---

*) Wir begannen erst am 5 statt am 1. Mai.

**) Im Auftrage meiner Collegen (und ich machte gerne den Ceremonienmeister) reiste ich nach Darmstadt, um die Sängerin

Rotter, Drüch. Die Sänger: Arnold, Kron, Kaufhold, Ackermann, Ernst Tomschitz (Sulpice, erster Versuch), Ander, Carl und Th. Formes, Beer (früher hier engagirt) Wagner und Stern. Schauspielerinnen: Die Damen: Veilchenduft, Brüning, Kramer, Sidonia Janauschek, Ellenberger.

Schauspieler: C. Weber, Fr. Haase, Pauli, Scheibe, Bargon, F. Blumauer, Meyer, Bergmann, Urban, Isouard. Französische Schauspieler Brindeau und Chapiseau, Wallburg, Huwart, Frey, Hallenstein (jun.), Paez u. A.

Bedenkt man den Verlust an Zeit und Fortschritts-Capital, wenn die eigenen Mittel brach liegen um den fremden Platz zu machen, so kann das Verwaltungsprincip einer Direktion, wie sie auch heißen mag, nur auf sehr sachkundigen Füßen stehen.

Und nun, dem Jahre 60 so nahe, möchte ich im Interesse meiner Leser folgende Aufstellung machen:

Laslo-Doria (jetzt Madame Zabemack) zu ersuchen, in unserer Benefize-Oper die Parthie der Königin der Nacht zu übernehmen, welche Bitte auch mit aller Bereitwilligkeit erfüllt wurde. Als ich das Vergnügen hatte, diese schöne Dame in die Probe zu führen, wurden ihr die verdienten Auszeichnungen zu Theil, und unser galantes Orchester gab seinen schönsten Tusch zum Besten.

Zusammenstellung dreier verschiedener Besetzungen der Oper „Faniska" von Cherubini.

	Besetzung bei der ersten Aufführung am 14. September 1806.	Besetzung bei der Aufführung am 30. November 1830.	Besetzung bei der Aufführung am 8. September 1860 (als am 100 jährigen Geburtstage des Componisten).
Zamoski	Berthold.	Dobler.	Pichler.
Rosinski	Berger.	Rieser.	Meyer.
Faniska	Mad. Lange, geb. Aloysia Weber.	Dem. Badoeni.	Frl. Carl.
Hedwig, ihre Tochter	Helene Amberg.	Lilla Löwe.	Dem. Müller.
Oranski	Hill.	Marber.	Uttner.
Moska	Mad. Urspruch.	Dem. Meißelbach.	Frl. Mebal.
Rasno	Haßloch.	Beils.	Baumann.
Manoski	Hartig.	Lußberger.	Diehl.
Eine Schildwache	Urspruch.	Ditt.	Lebrun.
Erster Kosak	Möbus.	Juft.	C. Müller.
Zweiter Kosak	Pabierra d. ä.	Riebel.	Zimmermann.

Tonkünstler-Gesellschaft.

In Mitte so verhängnißvoller Zeit, wo sich die Vereine und Verfassungen einander verschlingen, fordert es eigentlich schon der Nachahmungstrieb eine musikalische Corporation zu stiften. Allein dem war nicht so. Trotz des inneren Bedürf= nisses „lang getrennte Elemente zu vereinigen", wollte die Sache doch nie recht zur Sprache kommen. So lange unser Frankfurt besteht und sich Musiker durch einander tummeln, ohne sich — mit wenig Ausnahmen — jemals ge= und er= kannt zu haben, bestand meines Wissens nie eine Corporation von Tonkünstlern in unseren Mauern, und erst ein Zufall sollte den Riegel lösen, welcher die Götter der Geselligkeit unter Verschluß gehalten hat.

So geschah es denn, daß ich im Frühsommer 1863 das Bedürfniß fühlte, einige Collegen zu mir in meine Wohnung zu laden, um mit ihnen über einige musikalische Fragen *) die geeignete Aufklärung zu berathen. Wie solche Anregungen bei den Gebildeten stets Anklang finden, so auch hier, und frug man sich zuletzt weiter: „Könnte das nicht öfter und immer geschehen? Könnte durch die Beantwortung ähnlicher Fragen nicht endlich das werden, was so sehr Noth thäte, „Ein allgemein veredelndes künstlerisches Bildungselement?" **) Die Zündstoffe lagen bereit, die Idee fing Feuer, und schon im Mai, „wo alle Knospen sprangen", verwirklichte sich die= selbe in einem Sommerlokal am Friedhofsweg, welcher

---

*) Apostrophe über Clavierspiel, über Appogiaturwesen u. s. w.
**) Hier zu vergleichen den Artikel Museum im 1. Theil.

tragische Name aber jedenfalls die Todesverachtung bezeichnen
sollte, mit welcher wir bei mitternächtlichen Stürmen oft riskirten
beim Nachhausegehen in einen Stadtgraben zu fallen.

Nun galt es, Hans Nägeli's herrliches Volkslied zu
singen „Freut Euch des Lebens!!" Drum fort nun mit allen
Plackereien. Keine Musikmacherei mehr, kein stehendes Heer im
Orchester, kein dirigirender Pascha, keine Debatten über Schuster=
flecke und Bockstriller, keine Statuten und selbst kein Vor=
schlag mehr, es sei denn ein Vorschlag zur Güte, wie man
die Langeweile des Schanzens todtschlägt.

So constatirte sich den das junge Corps am 14. Sep=
tember 1863 rechtskräftig unter dem Schutze folgender al=
phabetisch bezeichneter Mtglieder: Jul. André, Buhl, Dietz,
Gellert, Gollmick, Henkel, Hauff, Hilliger, Horr, Ignaz Lach=
ner, Lichtenstein, Lutz, Oppel, Seiffert und Siebentopf, und
wenn ich dessen eigentlicher Gründer hieß, so wird mir diese
Ehre hoffentlich Niemand streitig machen. Die Hauptfrage, um
welche es sich nach vielen Debatten handelte, blieb noch immer
die, ob in unserer Gesellschaft überhaupt musicirt werden
soll oder nicht, bis endlich unser würdiger Präses, Jgn. Lach=
ner, das Grundprincip aufstellte zu musiciren, wie wir wollten
und nicht wie wir immer müßten, also die Aufführungen
von Manuscripten aus den Federn der Gesellschaft selbst her=
vorgehen zu lassen, eine Ansicht, welcher auch sogleich eine
bedeutende Anzahl von Mitgliedern beistimmten *). Es schien

---

*) Zumal da unser neues Lokal, einige Seitenzimmer im neuen
Saalbau akustisch ganz dazu geeignet waren. Resultate: Quintett
D-moll von Heinrich Wolff, vorgetragen von demselben und den
Herren Stein, Welcker, J. Lachner und Siebentopf. — Streich-Quar-

uns nöthig, nicht blos beim Seidel zu fitzen, nicht allein beim
Eß- und Theetisch, sondern auch äfthetisch mitzuwirken.
Ich stimmte natürlich der Meinung bei, nicht stets die alten
und neuen Classiker mit ausbeuten zu helfen, wie es überhaupt an der Zeit wäre, deren übermäßige Wiberholungen
ein wenig bei Seite zu schieben *) und auch einmal etwas
neueres kennen zu lernen, das man für gut hält.

Um unserem Motto: „Ordnung läßt Zeit gewinnen", sein
Recht anzuthun, sprangen auch plötzlich fir und fertig, wie
Minerva aus dem Haupte Jovis, folgende Aemter hervor:
ein Prä- und Vicepräsident, ein Cassirer, resp. Buchhalter und
Protokollführer; und so lebten wir denn zwischen Statuten-
Wesen und freier Willkühr, zwischen Dynastie und Republik
in forgenloser Eintracht eine Zeit lang neben einander hin,
bis wir im Uebermuth des Daseins auf den Gedanken kamen,
unser vierteljähriges Stiftungsfest zu feiern. Ein solches lief
denn auch in der That mit Hinzuziehung vieler Gäste am
26. Dezember im Hôtel de Hollande am 16. Abend vom

<hr>

tett von J. Lachner, A-dur, von demselben und den Herren Wolff,
Welder und Siebentopf. — Streich-Quartett von Michael Wallenstein (Vater) G-dur, vorgetragen von demselben und den Herren
Weder, Rauch und Siebentopf. — Hier auch bliebe ein geeignetes
Plätzchen für folgende Notiz übrig. Von J. Lachner's acht Streich-
quartetten sind deren drei im Stich erschienen, zwei davon (G- und
F-dur) bei Schott in Mainz, und das in der Tonkünstler-Gesellschaft
aufgeführte in C-dur bei Littolf in Braunschweig. Des Beifalls, dessen
sich die Aufführung dieser acht Quartette in verschiedenen Kreisen
erfreuen, erwähnt die Presse mit Emphase.

*) Und ich fürchte nicht, dieser Aeußerung wegen in effigie ver-
brannt oder in Wirklichkeit aufgehängt zu werden.

Stapel, und verursachte in den Annalen unserer lieben Vaterstadt, wie des kurhessisch-sächsischen Auslandes eine bedeutende Agitation. Denn was soll man dazu sagen, wenn die
alten Ciceronen wieder zu flotten Alcibiaden werden, die bunten
Jacken einer Kindersymphonie um sich hängen und alle Allotria mitmachen, welche eine aufgefrischte Phantasie nur zu
erfinden vermag. Es konnte nicht fehlen, daß unter solchen
Auspicien unsere Mitgliederzahl (trotz aller Vorsicht mit den
Aufnahmen) bedeutend heranwuchs. Unser Protokoll vom 26.
Februar 1865 stellt folgendes, ebenfalls alphabetisch geordnetes
Verzeichniß auf, wobei wiederholte Namen, Titel u. s. w. —
soll dem Ordnungsprincip Folge geleistet werden — unvermeid-
lich werden mußten.

André (Julius), Becker (Rupprecht), Baumann (Sänger),
Bischof (Kasp. Jac.), Brinkmann, Buhl (August), Beck (Jul.),
Dietz, Eliason (Ed. Concertmeister), Friedrich (Musikdirektor),
Friese, Gellert (Musikdirektor), Goltermann (Musikdirektor und
zweiter Capellmeister). Gollmick (Carl), Großmann (sen.
Musikdirektor), Großmann (jun.), Hauff (J. C.), Henkel (H.
Musikdirektor), Hecht (Henry), Heinemeier, Hilliger *), Hill
(Wilh.), Hill (Carl, Sänger), Horr (Peter), Lachner (Ign.
Capellmeister), Lichtenstein (L.), Lutz, Leibfried, Müller (C.,
Musikdirektor), Mohr (B.), Nenninger. Oppel, Duilling,
Rauch (J. N.), Rode (Heinrich), Rühl (Musikdirektor), Sachs
(J.), Schmitt (Dr. Aloys), Schmidt (F.), Schnyder von
Wartensee (Xaver), Siebentopf, Schoch (Joh.), Schaub, Stein,
Suppus (Anton), Seifert (Ed.), Trauner, Vieuxtemps (Henry),

---

*) Leider starb dieser Ehrenmann an zu angestrengten Arbeiten
(er hatte neun Kinder zu ernähren) vor kurzer Zeit.

Wallenstein (Vater und Sohn), Wecker, Welcker, Wiegand, (E.), Widemann, Wolff (H. Concertmeister). Der Sänger Pichler trat später hinzu.

So sitzen nun über ein halb Hundert, fast allen musikalischen Kunstrichtungen angehörende ehrenfeste Kämpen an der olympischen Tafel und mögen nur unsere Musikdirektoren, Concertmeister, Virtuosen, Orchestermitglieder u. s. w. alle die speciellen Titel, welche sie sonst noch beanspruchen, gefälligst unter sich selbst ausmachen. Habe ich hier aber etwas zu weit ausgeholt, so wäre es allerdings einer gewissen Partheilichkeit für meine Tonkünstler-Gesellschaft zuzuschreiben, und fürchte deshalb nicht getadelt zu werden.

Zwischen den menu plaisirs unserer (61) Sitzungen drängte sich auch eine größere Festivität, meinem 68. Geburtstage zu Ehren, deren humoristisches Arrangement mir stets werth bleiben wird. Leider zwangen mich später meine Gesundheitsumstände meine active Thätigkeit an andere Collegen abzugeben, welches aber keineswegs meine Theilnahme (namentlich die am Kegelschieben im schönen Sommerlokale bei Stock-Henselt) verhindert hat.

Daß sich im Laufe der Zeit auch Dichter- und Rednertalente in unserem Kreise immer geltender machten, war zu erwarten, so z. B. nebst unserem stets ruhig vermittelnden würdigen Präses Lachner, ein Buhl *), Lichtenstein **), Suppus ***), Rühl †) u. A. Winden wir uns durch dieses Chaos

---

*) Jetziger Protokollführer.
**) Cassirer und Buchhalter.
***) Humoristischer Zwergsellerschütterer.
†) Während einer der letzten Sitzungen in einer musikalischen Antithese drastisch wirkend.

von Materie und schließen wir nach so vielen unserer Gesellschaft nützlichen Anregungen in den Reden unserer Mitglieder mit einem Toaste Buhls *). „Auch diese Gesellschaft
hat ihren Gährungsprozeß zu verschiedenen Malen durchgemacht. Hoffen wir demnach auch noch das Rechte zu treffen.
Zu läugnen ist nicht, daß wir mit noch weit größeren Hin-
dernissen zu kämpfen haben, die aber unsere Erfahrung, unsere
Beharrlichkeit in derselben, unser Takt, und hauptsächlich die
oben ausgesprochenen Resultate unseres Grundprincips endlich
doch besiegen werden.

Und so schließen wir denn für heute mit dem Rufe: Es
lebe die Kunst, es leben die Künstler!

Nachtrag.

Daß nichts beständiger als der Wechsel, ist eine alte
Wahrheit, und auch unsere Gesellschaft mußte dieselbe fühlen.
Nach den Hochgenüssen wonniger Sommerabende denen sich
selbst meine unzuverlässigen Gliedmaßen anschlossen, nach neuen
Zwangsprotokollen und daraus resultirenden Fahrlässigkeiten
entstanden wieder für uns höchst nachtheilige Pausen. Dennoch
siegte das Bedürfniß nach Mittheilung und Berücksichtigung
guter Rathschläge. Dies Bedürfniß war dem nach Fortschritt
Strebsamen schon ins Fleisch gewachsen, ein gänzlicher Still-
stand konnte nicht mehr eintreten, und ehe wir es uns ver-
sahen, war auch mit den Besseren, d. h. mit denen, die das
Gute ernstlich wollen — ein neuer Bund geschlossen. Wem

---

*) Aus dem Protokoll der letzten Sitzung vom 29. April vor
Beginn der Ferien.

es nicht ernst war, blieb lieber weg, weniger wurde dann mehr, und so entstand die Frage, ob wir nicht endlich einmal selbstständig auftreten, und darauf bedacht sein wollen, daß das gute altdeutsche Wort: Schanzen mit künstlerischer Thätigkeit nicht ganz und gar synonym werde.

Hoffen wir endlich die Maaßregel zu treffen, daß aus dem feineren Takte des Publikums die Billigkeit — d. h. nicht die Billigkeit des Preises und daraus ein Recht entstehe, das verlangen zu dürfen, was dem Lehrer dem Schüler gegenüber zukommt.

Aber hoffen wir nicht blos darauf, sondern thun wir auch etwas dafür, uns einer unbedingten Willkür zu entziehen! Seien wir stets darauf bedacht, in jeder Lage des Lebens die Würde des Menschen und Künstlers zu behaupten.

Das goldene Buch.

(Ein Räthsel.)

Ich darf es nicht sagen,
Ich darf es nicht klagen.
Ich darf nicht verrathen
Die Heldenthaten,
Die hier geschehen,
Die ich mit angesehen.
In meines Herzens Falten
Muß ich es tief behalten,
Und doch muß ich bedenken,
Wie Alles sei zu lenken.
Welch buntes Durcheinander,
Finsterniß und Salamander,
Weise Lehr' und arger Schnack,
Alles in demselben Sack.

So hier auch mein Reimgedichte,
Welch' confuse Tagesgeschichte.
Hier hilft Vers nicht und Scansion,
Ach, das ist des Denkens Lohn.
Ein Ziegenbock mit langem Bart
Credenzt ein Seidel wie ein Faß.
Es ist ein Thier ganz eig'ner Art,
Es mäckert bald Tenor, bald Baß.
Dann seh' ich einen grauen Mann
Ganz alterthümlich angethan,
Das Haupt tief athmend er erhebt,
Als wenn er nach Gesängen strebt.
Ein Waizenhalm im linken Arm
Und rechts ein Seidel kühl und warm,
Die Beine auf ein volles Faß,
Was Alles wohl bedeutet das?
Bin aufgenommen in den Kreis,
Wo ich im Frost so glühend heiß,
Wo mir da ward ein Pretium,
Das vor Entzücken mich macht stumm.
Hier strahlt Sarastro stolz und klar
In Sonnen-, Mond- und Sternen-Schein,
In Hopfenblüthe hoch und wahr,
Erleuchteter kann Niemand sein.
Hier soll ich Weisheitsregeln finden,
Soll häufen sie auf Lust und Sünden,
Bald soll ich darben, schwelgen, naschen,
Ein glücklich Pech im Flug erhaschen,
Und dennoch fehlt die wahre Deutung:
Der Ingredienzen Zubereitung.
Namen nennen Dich nicht;
Stets ein ander Gesicht;
Was soll mir Gänse-Fleisch und Ratte,
Was Morphy, Kümmel, Dur und Latte,
Was soll mir Spatz und was Sulpice?
Da Aufklärung mich von sich stieß.

Was sollen mir die andern Nebelnamen,
Die nicht zu fassen sind in einen Rahmen,
Was soll der große Freundes-Kreis,
Wo jeder macht sich selbst was weis?!
Und dennoch fühl' ich mich so seelig,
So angefrischt, so frei und fröhlich.
Tret' ich in diese Hallen ein,
Als wenn das Alles müßt' so sein,
Als wenn von Zweifel keine Spur,
Und alles fügte die Natur.
O edler Hof, o goldnes Buch,
Wirst schützen mich vor List und Trug?
Sagt an, wer kann die Räthsel lösen,
Wer findet hier das rechte Wesen?
Geheimnißvolle Sympathie . . . .
Gebt Antwort! sagt, wo find' ich sie?!

————

(Leider ging auch diese vortreffliche Gesellschaft vor Kurzem den Weg alles Fleisches, und hoffen wir nur, daß sie bald wieder, und in dankbarerer Form erscheine.)

————

Wie man Uebersetzungen macht.

Manche schon hielten mich für ein Sprachgenie, weil ich, wie sie sagen, die Uebersetzung so vieler Opern aus allen Sprachen aus dem Aermel schüttele. Ich blieb gewöhnlich die Antwort schuldig, weil kein Kluger die Kunstgriffe seines Handwerks verrathen wird. Bei dieser Gelegenheit aber, wo ich klares Wasser einschenken muß, darf ich auch mit der Beantwortung dieser Frage nicht zurückhalten. Schade, daß man

keine lateinischen Originale in deutscher Uebersetzung von mir
verlangt, ich würde wohl leichter damit fertig werden, wie
mit dem holperigen Englisch, oder dem halsbrechenden
Holländisch, welche letztere Sprache (wenn das wirklich eine
Sprache ist), ich kürzlich das heitere Vergnügen hatte, in eine
deutsche Oper umzuwandeln. Folgendes eine Beispiel gelte
für alle, die ich in dem letzten Kapitel meines Verzeichnisses
(3. Theil) angeführt habe.

Im Ganzen ist diese Sache sehr einfach: Mein Holländer
(kein fliegender) fragt mich, ob ich diese Sprache verstände?
„Ei freilich, nur schnell her damit!" und der Contrakt war
geschlossen. Wenn ich aber nur eine Sylbe von diesem Jar-
gon verstehe, so soll mich u. s. w. Ich wollte in der That
einmal riskiren, mich daran zu machen, da ich aber in einem
holländischen Lexikon das Wort „Zauberin" aufschlug, worunter ich natürlich eine „bezaubernde Fee" verstand, und in
der deutschen Uebersetzung ein scheußliches »Tooverheks«
darin fand, entfloh ich mit Siebenmeilenstiefeln. Auch begann
ich einmal das Englische, da ich aber immer feste Regeln verlangte, und selten eine fand, lief ich zwar auch davon, bereute es aber doch hinterdrein. Daß es daher mit dem Französischen und Italienischen schon leichter ging, versteht sich von
selbst. Aber wieder auf unsere Windmühlen zu kommen: Wie
kann ein guter Christ z. B. mit folgender Poesie fertig werden:

>Ik moet heen, — —!

't zoest genot op aarde ontberen u. s. w. ohne sogleich in's Heidenthum überzugehen? Doch wußte ich mir zu
helfen, da ich einmal gewahr wurde, daß obiger Satz folgendermaßen: „Ich muß hin — —!

Den süßesten Genuß auf Erden entbehren u. s. w.

übersetzt werden sollte. Auch war die Sache nicht so schlimm, wie sie aussah, denn als mein Deus ex machina ferner behülflich war, mir die Hauptsätze verständlich zu machen, so müßte ja der eingefleischteste Lateiner ein Strohkopf sein, wenn er nun nicht auch mit den Details fertig werden wollte. Nur muß man musikalisch sein, und vor Allem den Gesang perfekt verstehen, will man nicht aus allen Geleisen des Rhythmus und der Scansion fallen. Mit solchen Mitteln aber versehen, wollte ich mich nicht vor chinesischen oder moskowitischen Dichtungen fürchten. Ueberhaupt ist eine freie Uebersetzung im Vergleich mit dem sclavischen Unterlegen nur ganz geringe Mühe, und — ich behaupte es fest — mögen unsere Sänger, selbst viele Componisten nur wenig Begriff haben von der anstrengenden Tüftelei einer solchen Arbeit, und ich begreife nicht, daß mein Augenlicht — welches allerdings jetzt auch im Abnehmen begriffen — nicht schon längst erloschen ist.

Man hat keinen Begriff von der Undankbarkeit dieser rasinirten, spitzfindigen Metrik, wogegen die Räthsel der griechischen Sphinx ein Kinderspiel. Und dennoch, welche Vorwürfe, wenn man nur ein i Tippelchen daran versäumt fände, namentlich in der französischen Oper: Je weniger man die Schwierigkeit einer solchen Arbeit erkennt, desto mehr verlangt man das fast Unmögliche.

Sieht man doch ganz ruhig zu, wenn die deutschen Componisten den gröbsten Verstoß in ihren Deklamationen machen, und daß dem Sänger nicht einfällt dieselben zu verbessern, wenn z. B. ähnliche Sätze, wie folgende in der That vorgetragen werden.

Zauberflöte

Du bist un = schuldig

Wer sollte da nicht glauben, daß Freund Tamino Schulden mache, und doch ließe sich diese falsche Scantion so leicht verbessern mit den Worten: „Du bist ja schuldlos", wenn ein Solches unseren nächtlichen Königinnen nur einfallen wollte.

Im Freischütz

Ich darf's nicht wa = gen, mich zu be = klagen.

Ferner die As-dur=Cavatine in derselben Oper, und ferner die rhytmische Verschiebung in Agathens As-dur=Cavatine. Nachdem sie zum erstenmal richtig deklamirt

Das Auge e=wig rein und klar u. s. w.

fällt es dem Componisten ein bei der Wiederholung folgenden Scansionsfehler zu machen:

Das Au = ge e=wig rein und klar . . . .

also das Auge, ein rechtes oder linkes, ein braunes oder schwarzes Auge? und ja kein anderes.

Ließ sich Jemand in der tiftelichsten Uebersetzung aus dem Chaldäischen oder Arabischen nur den achten Theil solcher Schnitzer zu Schulden kommen, unsere ästhetischen Sänger erklärten ihn für einen musikalischen Proletarier. — Während nun dergleichen Allotria mit der freundlichsten Pommade getrieben werden, verlangt man von dem deutschen Uebersetzer die untrüglichste Unfehlbarkeit der Scansion und Metrik. Als ein eklatantes Beispiel einer solchen feinen Uebersetzung sei die berüchtigte Stelle in der Arie des Oktavio angeführt:

Ein Band der Freundschaft

Also wirklich ein Einband, ob aber von Seide, Maroquin oder — Schweinsleder, weiß ich nicht genau. — Und nicht allein dieses, man verlangt auch Correcturen, die hernach nicht befolgt werden. Wie schien einst eine damals hochgestellte Sängerin entzückt, als ich ihr in einer glücklichen Stimmung, um die bekannte viergegliederte Vozelle=Kette: „Ihr, die Ihr Triebe u. s. w." zu vermeiden *), zur Erleichterung „des Herzens Regungen" vorschlug und aus Artigkeit noch weitere Scansionsfehler aus dieser schaudervollen Uebersetzung verbesserte. Als nun das nächstemal wieder Figaro war, und ich schon anfing, mich auf meine Correcturen zu freuen, schien sich Dem. E. S. mit ihres Herzens Regungen nicht befreun-

---

*) Romanze des Pagen: Figaro's Hochzeit.

ben zu können, und trug nach wie vor mit der kindlichsten Unschuld ihren alten Sauerteig wieder vor. Ein artiges Anek-
dötchen mag als Muster einer metrischen Uebersetzung hier ein
Plätzchen finden.

Der böhmische Ottokar begrüßt bekanntlich den Eremiten
im Freischütz mit folgenden Worten: „Sei mir gegrüßt, ge-
segneter des Herrn", wonach eine Pariser Uebersetzung (wie
verlautet)

Bon jour Monsieur, comment vous portez vous.

In einer Guhr'schen Raketenlaune octroirte er mir solche
Verbesserungen auf und wurden von den Sängern auch eine
Zeit lang eingehalten. Aber mit der Zeit, mit den Gästen,
zerfiel Alles wieder in den alten Schlendrian, begann nur
desto ärger wieder. Doch ist mir der eine Trost geblieben, daß
ich in meinen Uebersetzungen, wenigstens was Deklamation
betrifft, etwas weniger Unheil angerichtet haben mag, als mancher verfeinerte Reimkünstler ohne theatralische Praxis, und daß
meine Regimentstochter von ihren Marieen, Sulpicen und
Maggiorivoglios nur stets mäßige Correkturen bedurften.

Letzte Theaterphase 1866.

Das Material meiner Tagebücher und Briefe böte mir noch des Stoffes genug für die Ausfüllung einer zweiten Selbstschau. Allein der Weise muß zur rechten Zeit zu enden wissen. Wenn das vorletzte Kapitel nun die letzte Theater=phase ankündigt, so erwarte man ja keine längere Zer=gliederung. Während und nach meiner Pension wurde ich so leidend, daß mir aller weitere Theaterbesuch fast unmöglich wurde, obgleich Herr von Guaita den freien Eintritt freund=lichst gestattete. Von dem jetzigen Theaterwesen, von dessen Werth und Mängel weiß ich nur meist von Hören sagen, und daß ich hierauf mein Urtheil nicht gründen will, versteht sich von selbst. Daß Herr von Guaita, welcher im Jahr 1857 Präsident des engeren Ausschusses wurde, sogleich einen ge=regelten und gemessenen Geschäftsgang angeordnet, und nach manchen Stürmen, die bei einem strengen Regiment nie aus=bleiben, sich zuletzt die Achtung des ganzen Personals erworben hat, ist eine bekannte Sache. Wenn nun in den letzten Jahren zwischen der Theater=Verwaltung und den Nestoren unserer Kritik solche Zerwürfnisse stattgefunden, daß beide Theile nichts mehr von einander wissen wollen, so ist das wohl eine un=angenehme Sache, denn der Mime hört gern seinen Ruhm in die Welt streuen, allein man gewöhnt sich zuletzt an Alles, selbst an das Todt=Schweigen.

Wenigstens ist bis jetzt noch kein lebensgefährlicher Fall eingetreten, und wer weiß, ob manchem das Schweigen nicht ersprießlicher gewesen ist, als das Veröffentlichtwerden. Ob nun ein reicheres und neues Opernrepertoir nicht erwünschter

wäre, und ob . . . aber was gäbe es nicht noch all für Ob's in
der Welt . . . das sei dahingestellt, und was schadet das
auch? Die Räume des Theaters sind voll, das Publikum zu=
frieden und — kommt Zeit, kommt Rath, d. h. wenn in dem
projektirten neuen und vergrößerten Theater der Bürger durch
den hohen Preis nicht abgeschreckt wird mit Frau und Kind
das Theater zu besuchen, wodurch freilich einmal Geschmack
und Urtheil in das Volk käme.

Eine der wichtigsten Nummern in dieser Theaterphase
bleibt das Engagement unseres würdigen Kapellmeisters Lach=
ner, welcher es versteht, ohne alle Pretention die Zügel fest
und elastisch zu lenken. Auch mit ihm habe ich das Vergnügen
in nähere und freundschaftliche Berührung gekommen zu sein,
und außer diesem bleibt unser Domino=Club immer eine denk=
würdige Begebenheit. Nachdem Ignatz Lachner vom Jahre
1853 bis 58 erster Kapellmeister in Hamburg und dann bis
1861 Hof=Kapellmeister in Stockholm gewesen ist, trat er am
1. September desselben Jahres sein Frankfurter Engagement
unter Herrn von Guaita an. Um Alles in ein Wort zu fassen,
bedurfte es seines berühmten Familiennamens nicht, um sein
Talent als Componist und Direktor zu documentiren. So
weit es mir bekannt geworden, sind unter Lachner's Direktion
bis jetzt folgende Opern neu einstudirt worden:

Faust von Gounaud, Hiarne von Marschner, Templer
und Jüdin von demselben, Adlers Horst von Gläser,
Die Jüdin von Halevy, Schwarzer Domino von
Auber, Jessonda von Spohr, Cosi fan tutte, Ido=
meneus und Entführung von Mozart, Wasser=
träger von Cherubini, Ernani von Verdi, Prophet von
Meyerbeer.

Es kann nicht fehlen, daß zwischen Anfang und Ende, um nicht zu sagen zwischen Auf- und Untergang einer Arbeit sich oft noch Dinge ereignen, die nicht voraus gesehen, noch einer Nachlese benöthigt wären. So macht es mir denn eine wahre Freude mittheilen zu können, daß, ohne der Thätigkeit des Schauspiels zu nahe zu treten, gegenwärtig über vierzig Opern stets zu einer in sich abgerundeten Darstellung, auch wenn es gälte, ohne Probe, ausgerüstet auf dem Repertoir stehen. Ein Faktum, das, weil es die pretentiösen Anstrengungen der Maschinen-Opern beschämt, würdig ist, hervorgehoben zu werden. Ein anderes Faktum berührt und stimmt uns wahrlich heilig, da uns im Januar ein Ehrmonat beschieden wurde, der mit der Darstellung der Mozart'schen Oper Zaide den würdigen Schluß findet. Die Historie dieser Oper hat Zeit gehabt, seit 80 Jahren bekannt zu werden, es bedarf keines Commentars. Auch hat uns der Vorbericht zu A. André's gedrucktem Clavierauszug mit allem Nöthigen bekannt gemacht. Daß aber unsere Zaide mit Meyerbeer's Afrikanerin zusammen fiel, und beide Opern hier zum erstenmal gegeben wurden, ist gewiß ein seltenes Ereigniß. Die Veranlassung dazu war Mozarts 110. Geburtstag am 27. Januar und wenn meine Person dabei eine nicht unbedeutende Rolle spielte, so darf ich das auf meine wahrscheinlich letzte Lebensphase wohl auch als ein denkwürdiges Ereigniß gelten lassen. Jedenfalls Ehre einer Theater-Verwaltung, die es dahin gebracht hat, den Geschmack unseres Publikums zu verbessern. Ob es endlich ein eben so großes Verdienst ist, auch hier die Pariser Orchesterstimmung eingeführt zu haben, wo sich bis jetzt so manche Zweifel in Bezug auf eine feststehende Intonation der Sänger

eingeschlichen haben, mag der Zukunft zu beurtheilen über=
lassen bleiben.

Und nun zur Uebersicht des sämmtlichen Personals von
diesem Jahre.

Oper:

Solo=Parthieen.

Herr von Kaminsky . . . Heldentenor.

" Müller . . . . Lyrischer Tenor.

" Baumann . . . . Spieltenor.

" Pichler . . . . Erster Bariton.

" Liebisch . . . . Zweiter Bariton.

" Dettmer

" Köhler } . . . Bässe.

" Offenbach

" Hassel

" Stotz } . . . Buffo=Parthieen.

Frau Fabbri, dramatische Sängerin.

Fräulein Wallbach, Coloratur=Sängerin.

" Labitzky, Opern=Soubrette.

" Oppenheimer, Mezzo=Sopran, in Altparthieen.

" Deiner, jugendliche Sängerin.

Frau Oswald, kleinere Gesangsparthieen.

Fräulein Schwenke, Vaudeville=Soubrette.

Der Chor besteht aus 19 Herren und 18 Damen. Kleine
Rollen singen: Herr Greis, Pfeiffer, Weber, Krug, Collin,
Klein, dann die Damen Fräulein Zehner, Frau Baumann,
Fräulein Krug.

Erste Violine.	Zweite Violine.
Herr H. Wolf, Concertmeister.	Herr Wallerstein.
„ Eliason.	„ Kayser sen.
„ Hom.	„ Heydenhaus.
„ Stein.	„ Noback.
„ Wecker.	„ Hachenburger.
„ Rauch.	„ Wagner.
„ Reimer.	„ Kayser jun.
„ Friese.	

Viola.	Violoncell.
Herr Welcker.	Herr Ripfel.
„ Fritsch.	„ Sieglitz.
„ Pinks.	„ G. Becker.
„ Gottlöber.	

Contra=Baß.

Herr Sachar.
„ Müller.
„ W. Becker.

Flöten.	Fagott.
Herr Heinemeyer.	Herr Siegel.
„ Correggio.	„ Düring.

Oboen.	Horn.
Herr Heefer.	Herr Grimm.
„ Baumann.	„ George.
	„ Kahl.
	„ Gräfe.

Clarinetten.	Trompete.
Herr Mehner.	Herr Weinhardt.
„ Triebel.	„ Kümpel.

Posaunisten.	Pauken.
Herr Göbel.	Herr Behnken.
„ Maul.	
„ Rötscher.	

Große Trommel.	Harfe.
Herr Bergmann.	Fräulein Arnold.

———

Ober-Regisseur, Herr Th. Vollmer, gleichzeitig Regisseur des Schau- und Lustspiels.

Herr J. Hysel, Regisseur der Oper und der Posse.

Inspicienten, die Herren Gebhardt und Heyl.

Schauspiel:

Darstellende Mitglieder.

Herren: Degen, Diehl, Hassel, Heusenstamm, Lebrun, Leser, Moritz, A. Müller, Roll, Schneider (Emil), Stotz (Otto), Vollmer (Ober-Regisseur), Welb, Zademack, Zielfelder. Zu kleineren Rollen außerdem vom Chor verwendet:

Collin, Gellert, Jacobi, Klein, Krug, Meyerer, C. Müller.

Damen: Fräulein Bartelmann, Frau Burggraf, Fräulein Köhler, Fräulein Hoppe vom Hoftheater zu Braunschweig, Frau Lauber-Versing, Frau Oswald, Frau Röhrig, Fräulein Santz, Frau Welb, Fräulein Brandt vom Hoftheater zu München.

Vom Damen-Chor für kleine Rollen.

Frau Gebhardt, Fräulein Hofmann, Fräulein Krug, Fräulein Hollenstein, Frau Meyerer, Frau Müller, Fräulein Schäfer.

———

Bei so ausgezeichneten Persönlichkeiten kann es nicht fehlen, daß Zeit und Umgang mir manchen Freund näher gebracht, darunter der Sänger Pichler, der durch sein Talent, durch seinen edlen Trieb nach Fortschritt und durch sein zartes Ehrgefühl die Achtung stets vermehrt hat, die ich längst für ihn gehegt. Desgleichen meine Freunde Vollmer, E. Schneider, Diehl und Zademack, die mich in meinen Lustspielen durch Rath und schöne Leistungen so lange redlich unterstützt hatten, bis auch dieser poetische Traum aufgehört, wie sich denn endlich Alles in Traum und Schaum auflöst. Aber hiermit meinen tiefgefühlten Dank diesen edlen Freunden im realistischen Leben, wie da, wo es keine Comödien mehr giebt.

Verzeichniß meiner Werke und Werkchen.

„Wo seid ihr hin, ihr schönen Tage von Arranguez?"

1) **Jugendbibliothek.** Ueber fünfzig bei André erschienene Werke für Piano und Gesang (meistens vergriffen).

2) Weitere Folge derselben bis Opus 125, erschienen bei verschiedenen Verlegern: Diabelli und Spina (Wien). Edmund Stoll (Leipzig). B. Schott (Mainz). Balls and Son (London). Henkel (Frankfurt a. M.) und andern Verlegern.

3) Werke von größerer Tragweite bezeichne ich mit: Scherzo. Rondo brillant (Op. 20). Mignon, Lied (Op. 30). 13 Duette (Op. 38). Rondo brillante à 4 Mains, Ries gewidmet (Op. 40). Fantasie an Laura, dramatischer Gesang

mit Text von G. (Op. 42). Monodie, mehrere Ausgaben
mit Text von G. (Op. 45). Praktische Gesangschule, 2 Bände
(Op. 52). Zwei Duette für Sopran und Baß (Op. 55). Seher-
gabe, Gesang für Altstimme. Text von A. Clemens (Op. 56).
Die beiden Grenadiere, Duett für zwei Bässe (Op. 60). Zwei
Lieder „An das Meer" für Sopran oder Tenor (Op. 121).
„Auf ewig Dein!" für Sopran und Bariton (Op. 123).
Das Mädchen am See, Lied für Sopran. Umfang:

(Op. 109). »Les petites fauvettes« Rondo à 4 mains,
arrangirt von Horr (Op. 125).

4) Selbstständige Opernbücher, meistens Manuskripte, theils
Originale, theils nach Stoffen bearbeitet. (Die an verschiedenen Bühnen aufgeführten Opern sind durch (*) bezeichnet.

„Der Landsturm zu Dünkelweil oder die Patrioten", komische Operette in 1 Akt, componirt von Aloys Schmitt (*).
„Der Cid", heroische Oper nach spanischen Romanzen, com-
ponirt von Heinrich Neeb (*). „Floris von Namur", nach
Zschokke, componirt von Oberthür (*). „Das Rittergespenst
von Robenstein", componirt von F. Löbmann. „Klassomanie
in tausend Nöthen", componirt von Moritz Haupt. „Aurelia
oder der Raub im Schwarzwald", componirt von Conrabin
Kreutzer (*). „Aladin, oder die Wunderlampe", componirt von
Wichtl. „Sitas." „Riquiqui", componirt von Heinrich Esser (*).
„Der Sängerkrieg auf Wartburg", componirt von Ignatz
Lachner. „Der Traum in der Christnacht", componirt von

Ferdinand Hiller (*). „Cäsario", nach Shakespeare, componirt von Emil Steinkühler (*). „Der Zigeunerin Warnung", componirt von Julius Benedix (*). „Die Deserteure", componirt von Conrad. „Die letzten Tage von Pompeji", componirt von J. Muck. „Der Weihnachtsabend", „die Comödie am Hof", „Tantchen Rosmarin", componirt von Adolph Gollmick. „Die Brautschau Friedrichs des Großen", „Die Verschwörung auf Kamschatka", componirt von Ernst Pauer. „Florette, oder Heinrich des Vierten erste Liebe", componirt von Alexander Dreyschock. „Richard Löwenherz", componirt von Gottfried Herrmann. „Der Winterkönig", componirt von Wilhelm Hill. „Fluch und Segen" (aus dem Englischen der Miß Charlotte Oliver). „Der Stellvertreter", componirt von A. Berlyn.

5) Uebersetzte Opern aus verschiedenen Sprachen (größtentheils gedruckt):

„Der Hausirer" (Onslow). „Die Regimentstochter". „Don Pasquale". „Gesänge aus Lucia von Lammermoor" (Donizetti). „Die Porcherons." „Das Wunderwasser" (Grisar). „Teufels Antheil" (Auber). „Minna", „Der Sommernachtstraum" (Thomas). „Der Cadi" (?) „Die Musquetire der Königin" (Halevy). „Gibbi" (Clapisson). „Cagliostro" (Adam). „Die Montenegriner" (Limnander). Der Dämon der Nacht" (J. Rosenhain). „Der Stern von Sevilla". „Keolanthe" (Balfe). „Die Sylphe des Gebirgs" (Parnet). „Proserpina" (A. Berlyn) aus dem Holländischen des G. von Koning.

6) **Umarbeitungen.** „Richard Löwenherz" nach Palianti (Gretry „König Siegmar" (Carl Guhr). „Zaide"

(Vorläuferin von „Belmonte und Constanze" von Bretzner und Mozart) (in Auftrag des Herrn Hofrath André).

7) Mehrere Hefte Lieder und Romanzen aus verschiedenen Sprachen übersetzt und größtentheils bei Schott erschienen.

8) Zwei Oratorien-Texte (Manuscripte).

a) „Judith" (Löbmann). „Die Erlösung" (nach biblischem Texte, noch nicht componirt).

9) Literarische Werke (gedruckt):

Kritische Terminologie, zwei Auflagen. (Sauerländer in Frankfurt a. M.)

Musikalische Novellen und Silhouetten. (Zeitz, bei Julius Schieferdecker.)

Feldzüge und Streifereien im Gebiete der Tonkunst. (G. Jonghaus in Darmstadt.)

Deutscher Sängersaal, eine Auswahl von Gedichten zum Componiren. (Bei demselben.)

Rosen und Dornen. Novellen-Kranz. (Bei demselben.)

Leitfaden für junge Lehrer im Clavierspielen. (Bei demselben.)

Neues Liederbuch für Bürger- und Volksschulen. (Bei demselben.)

Der Unsterbliche. Roman. (Kollmann in Leipzig.)

Handlexikon der Tonkunst, nebst Gallerien von Tonkünstlern. (André in Offenbach.)

Zwei Novellen:

a) Schicksale einer neuen Oper.

b) Kirschkern, Zündhölzchen und Stricknadel. (Frankfurter Conversationsblatt.)

10) Kritische Blätter, gesammelt während 53 Jahrgängen verschiedener Zeitschriften.

11) Abhandlungen, Aufsätze, Gedichte, gesammelt in einem Band.

12) Album. Citate eigener und fremder Gedanken. a) Allgemeines Leben und Wirken. b) Politik. c) Musik. d) Malerei und Blumen. e) Fremde Wörter in Bezug auf Kunst, Wissenschaft und Literatur. f) Sentenzen in fremder Sprache. g) Deutsche Sprüche und Sentenzen. h) Curiosa u. s. w. (Manuscript.)

13) Gesammelte Gedichte.

14) Literaturstunde (für junge Freunde in Form von Vorlesungen bearbeitet).

15) Musikalische Mythologie (in obiger Form bearbeitet, noch nicht vollendet).

16) Neue Gesangschule zum Behuf des Treffens. (a vista.)

17) Verschiedene Operntexte noch zu verwenden. (Manuscript.)

18) Lustspiele. (Alle gedruckt und an verschiedenen Bühnen aufgeführt.)

„Der Roman eines Abends" (nach Spindler).

„Malchen und Milchen" (nach Ferdinand Stolle).

„Tantchen Rosmarin" (nach Zschokke).

„Die Mutter des Hauses".

„Victorinens Heirath". Aus dem Französischen des Georg Sand.

„Schreibereien" (nach einer Novelle von Rochlitz).

„Ein neuer Don Quixotte" (nach Kotzebue).

„Die weibliche Waffe." (Original.)

„Eine Räubergeschichte." (Original.)

„Die drei Pantöffelchen." (Manuscript und noch nicht gegeben.)

Musikalische Manuscripte.

Duettinen für die reifere Jugend, mit leichter Clavierbegleitung.

Die Castilianerin-Ballade für eine Altstimme.

Lieder und Gesänge für eine Baßstimme.

Ode an den Gesang (Mozart).

Der alte Grenadier.

Sieben deutsche Lieder für Sopran oder Tenor.

Gedichte von König Ludwig von Baiern:

1) An den Entfernten. 4) Alpenlied.
2) Liebesglück. 5) Antwort.
3) An die Liebende. 6) So oder so.

7) Das sanfte Joch (biblischer Text).

Deutsche Concert-Gesänge.

Herbstgefühl. Tiefe Liebe. Der Thautropfen. Umfang:

Liebesglück. Der Frühling. Der Abschied. Die Rose. Die Heimath. die Lerche.

Italienische Gesänge für Sopran oder Tenor.

Lamenti d'un Amante. Preghiera d'Amore.

⸗ Divertimento für Pianoforte und Fagotte oder Violon⸗ cello über ein Thema aus Gaza ladra von Roſſini.

Feſtliche Geſänge für Männerquartett und gemiſchten Chor. Neuvermählten gewidmet.

Nr. 1. Altar⸗Geſang. Vor und nach der Einſegnung (Männerquartett).

Nr. 2. Daſſelbe. Für gemiſchten Chor mit Orgelbegleitung.

Nr. 3. Ständchen. Männerquartett „Kennt ihr das Land“.

„Der Fiſcher“. Lied für Bariton. (Gedicht von Göthe.) „Entzücken!“ Männerquartett mit Chor.

1) Etuden für Pianoforte. Auf den Dreiklang gegründet.

2) Volksgeſänge. Für gemiſchtes Quartett arrangirt.

3) Feſt⸗Cantaten für Mädchenſtimmen. Inſtituten ge⸗ widmet.

4) Eine Sammlung neuer Männerquartette.

Dramatiſche Scene.

Sopran mit großem Orcheſter, gedichtet und componirt für Frl. Doris Haus (bei Gelegenheit unſeres Concerts).

Komiſches Potpourri für eine Baritonſtimme.

Große Sonate in F-dur für Pianoforte. Gewidmet ſeinem Lehrer Martin Marx.

Sonate pour le Piano-Forte, composée et dediée à son cher père. Strasbourg le 27. Sept. 1813.

Schlußbemerkung.

Ich weiß recht gut, daß eine allgemeine oder vielmehr rückwirkende Theilnahme an diesem Werk nicht wohl ermöglicht werden kann, da der größte Theil derer, welche ein Interesse an der Frankfurter Theaterphase nehmen könnten — welche hier als selbstverständlich nicht umgangen werden kann — längst dahin geschieden sind; und daß ich daher mit einer Art von ängstlicher Hast den Druck des Manuscripts zu fördern suchte, damit nicht auch der letzte der Mohikaner in's Reich der Schatten stiege. Und dennoch wage ich zu hoffen, daß, wie sich aus der Asche alter Stämme neue Blüthen entwickeln, auch für ein jüngeres Geschlecht eine neue Theilnahme für die Erzählungen der Väter erwachen werde.

Auf diese Pietät nun baue ich in Bezug auf meine Theaterphase, während die Erzählungen meiner sonstigen Erlebnisse schon eine größere Tragweite in Anspruch nehmen dürften.

Auf den Status quo meiner bürgerlichen Verhältnisse nothwendig hindeutend, beginne ich ohne Umschweife mit dem offenen Geständniß, daß nach Beendigung dieses Manuscripts auf meine Verlagsauerbieten nicht weniger als eilf hochachtungsvolle Refus aus verschiedener Herren Länder fast alle zu gleicher Zeit an mich nach Nauheim gesandt wurden, allwo ich mich meiner Gesundheit wegen! gerade im Bade befand. Mein Frankfurter Verleger machte den Anfang, ohne Rücksicht auf meine Bürgerkrone, auf mein langes Wirken, auf mein bischen Ruf, und trotzdem man annehmen durfte, daß mein Werk ein Frankfurter Buch sei. Oder refusirte man das Manuscript gerade deswegen?

Jedenfalls wollten Gelehrte behaupten, der Buchhandel sei in der Journalistik untergegangen, er liege sehr im Argen, und, da unsere Leihanstalten, unsere Bürgervereine, Volksbibliotheken u. s. w. das Geschäft des Lesens oder vielmehr des gelesen w e r = b e n 's übernommen haben, fast kein Buch mehr gekauft wird *).

Die Gelehrten mögen Recht haben, und somit bleibt mir nichts übrig, als mein Buch auf Bettelmönchsweg, d. h. auf Subscription herauszugeben, wenn ich mit meiner Arbeit kein Autodafé anstellen will. Was dabei herauskommt, weiß jeder der diesen bitteren Kelch schon einmal gelehrt hat, und somit bleibt es denn wieder für den geehrten Autor eine — Ehrensache!

Was endlich meine gegenwärtige S t e l l u n g betrifft, so habe ich außer Briefwechsel und t e s t a m e n t a r i s c h e n Arbeiten keine eigentliche Stellung.

Wie ich meinen seeligen Vater gepflegt und ihm die Augen zugedrückt habe, so thun es jetzt meine braven Kinder Enkel an mir; sie unterstützen mich in meinen gichtisch-nerv Uebeln, und erhalten mein erlöschendes Augenlicht, d. l lesen mir meine alten Klassiker vor, die ja immer neu bl

Mit folgendem Spruch endlich schließe ich meine so i begonnene und so mühsam beendete Selbstschau:

20. Kapitel, 2. Buch Mose, 12. Vers.

---

*) Mit b i l l i g e r Ausnahme gewichtvoller Schulbücher, leichter Romane, unpolitisch-politischer Broschüren und ähnlicher Gelegenheits produkte.